최신 금융법

오영환 · 박구용 · 윤명수 공저

머리말

　우리 경제와 사회에서 저성장·저금리에 노령화가 심화되고, 금융시장에서는 전자금융으로 일컬어지는 디지털화가 진전되고 글로벌화가 가속되는 가운데, 금융겸업화에 따른 관리감독, 금융기관에 대한 건전성 감독, 금융소비자의 보호 강화, 그리고 불공정 금융거래에 대한 관리감독 강화 등 여러 과제가 부과되어 있는 실정이다.

　이와 관련하여 금융관련 법과 제도에도 여러 가지 변화가 나타나 이를 이해하기 위한 금융관련 종합적 법서가 요구되어, 금번에 공동 저자들은 이러한 시대의 흐름과 요구에 부응하여 강학상의 금융 법규 이론과 현장 실무를 잘 조화시킨 교재를 제작하고자 하였다.

　'금융법'이라는 개념은 강학상의 용어로서, 흔히 이를 금융조직법, 금융거래법, 금융감독법으로 구분하기도 하고, 우리 금융감독법규에서는 금융관련 법령, 금융관계 법률, 금융업 관련법 등으로 표현하고도 있는데, 이들이 바로 금융법에 해당된다고 하겠다.

　이 책의 구성은 은행법, 자본시장법, 보험업법의 주요 내용을 3대 근간으로 하고, 그 공통 금융법규로서 금융위원회설치법, 금융실명법, 금융분쟁조정세칙, 신용정보업법, 금융기관 검사 및 제재에 관한 규정, 내부통제, 금융사고보고, 사고신고 등의 내용을 그 앞에 게재하여 금융 일선의 실무와 관련된 전문적인 정통 금융법 도서를 지향하였다.

　대학에서 금융을 공부하는 학생들, 금융기관에의 취업과 금융자격증 시험을 준비하는 수험생, 그리고 금융관련 업무에 종사하는 분들의 애독을 바라며, 발간사에 대신 한다.

2017. 2.

공동 저자 일동

차 례

금융법 총설

CHAPTER 01

총 설

제1절 금융법의 개념 등

1. 금융과 금융업, 금융기관

1) 금융

금융(金融, finance)이란 기업 등 경제주체의 자금 조달(융통)을 의미하며, 산업 활성화와 지속적인 경제 발전, 지역의 균형 발전, 그리고 효율적인 자원 배분을 위하여 중요한 역할을 수행한다.

2) 금융업

금융업은 금융 관련 영업(business)을 말한다. 금융업은 상법 제46조 기본적 상행위 제8호(수신·여신·환 기타의 금융거래)를 위시하여, 제10호(상행위의 대리의 인수), 제11호(중개에 관한 행위), 제12호(위탁매매 기타의 주선에 관한 행위), 제15호(신탁의 인수), 제16호(상호부금 기타 이와 유사한 행위), 제17호(보험)을 영업으로 하는 것이고, 특별법인 금융관련 법규에 규정되어 있는 것은 아니다.

우리나라의 금융업은 은행업, 금융투자업, 보험업을 3대 축으로 하고 있다. 우리나라의 금융관련법규는 그간 전업주의(sound banking system)와 겸업주의(universal banking system)의 논란을 거쳐, 전업주의를 바탕으로 하면서 부수업무, 겸영업무 방식을 인정하고, 여기에 자회사 방식을 통해 업무 영역을 확대할 수 있도록 함으로써, 금융회사들의 겸업화를 허용하고 있다. 이는 겸업화라는 세계적 추세에도 불구하고 전업주의가 갖고 있는 장점들, 즉 업의 전문성과 효율성, 관리감독의 효율성 등을 완전히 외면하기 어렵기 때문이다.

3) 금융기관

금융기관은 금융업무를 하는 회사이다. 그리하여 '금융기관' 대신에 '금융회사'라는 표현을 사용하기도 한다. 금융감독원 '금융기관 검사 및 제재에 관한 규정'은 「'금융기관'이라 함은 설립·해산, 영업의 인·허가, 승인 또는 업무감독·검사 등과 관련하여 금융위원회 설치 등에 관한 법률 및 금융업관련법의 적용을 받는 회사·관계기관·단체 등을 말한다.」라고 규정하고 있다(동 규정 제3조 2호).

2. 금융법의 개념

'금융법'이라는 개념은 강학상의 용어로서, 단행법의 명칭이 아닌 금융과 관련된 법을 통칭하는 용어이며, 통상 금융법은 금융시장에서 금융거래의 질서를 유지하기 위하여 금융시장의 조직과 운영에 관한 사항을 규정한 개별 금융법의 총체로서, 금융제도의 형성과 운영에 관한 법률이라고 한다. 이 금융법은 금융조직법, 금융거래법, 금융감독법으로 구분할 수 있다.[1]

우리나라의 금융관련법규에서는 '금융관련법령'(은행법 제13조 제1항, 자본시장과 금융투자업에 관한 법률('자본시장법') 제24조 제1항), 금융관계법률(보험업법 제13조 제1항), '금융업관련법'(금융기관 검사 및 제재에 관한 규정 제3조 제1호) 등으로 표현하고 있는데, 이들이 모두 금융법에 해당된다고 하겠다.

---

1) 정형찬·최동준·김용재, 「로스쿨 금융법」(박영사, 2009), 50~51면

제2절 금융법의 체계

1. 법단계

금융관련 법규는 법률, 법시행령, 법시행규칙의 법단계, 그리고 그 하부에 일종의 법규명령이나 행정규칙 성격의 행정입법으로서 금융위원회(이하 '금융위')규정과 금융감독원(이하 '금감원' 또는 '감독원'이라 한다) 규칙의 총 5단계로 구성된다.

2. 금융위 규정과 감독원 규칙

금융위 규정은 금융위원회가 관계법령에서 위임·위탁한 사항과 금융관련 법령의 집행 등을 위하여 필요한 사항 등에 관한 준칙을 정해 놓은 것이다. 감독원 규칙은 금융위 규정에서 위임·위탁한 사항과 금감원의 업무수행을 위하여 필요한 사항을 정해 놓은 것이다.

CHAPTER 02

금융법의 목적과 기본원리

제1절 금융법의 목적

1. 금융법의 이념과 목적

1) 개별 금융법의 규정

금융법은 단일법이 아니므로 그 이념과 목적에 대하여는, ① 금융위원회의 설치 등에 관한 법률(이하 '금융위설치법'이라 한다) ② 은행법 ③ 자본시장법 ④ 보험업법에서 살펴보기로 한다.

(1) 금융위원회설치법

이 법은 금융위원회와 금융감독원을 설치하여 금융산업의 선진화와 금융시장의 안정을 도모하고 건전한 신용질서와 공정한 금융거래 관행(慣行)을 확립하며 예금자 및 투자자 등 금융 수요자를 보호함으로써 국민경제의 발전에 이바지함을 목적으로 한다(금융위설치법 제1조).

(2) 은행법

이 법은 은행의 건전한 운영을 도모하고 자금중개기능의 효율성을 높이며 예금자를 보호하고 신용질서를 유지함으로써 금융시장의 안정과 국민경제의 발전에 이바지함을 목적으로 한다(은행법 제1조).

(3) 자본시장법

이 법은 자본시장에서의 금융혁신과 공정한 경쟁을 촉진하고 투자자를 보호하며 금융투자업을 건전하게 육성함으로써 자본시장의 공정성·신뢰성 및 효율성을 높여 국민경제의 발전에 이바지함을 목적으로 한다(자본시장법 제1조).

(4) 보험업법

이 법은 보험업을 경영하는 자의 건전한 경영을 도모하고 보험계약자, 피보험자, 그 밖의 이해관계인의 권익을 보호함으로써 보험업의 건전한 육성과 국민경제의 균형있는 발전에 기여함을 목적으로 한다(보험업법 제1조).

2) 금융법의 이념과 목적

이상 금융법의 이념과 목표는 다음과 같이 정리할 수 있다.

(1) 금융소비자의 보호

금융법의 가장 중요한 이념과 목표는 금융소비자의 보호이다. 공정한 금융거래, 혹은 금융기관의 건전한 경영, 금융시장의 안정도 결국 금융소비자 보호를 위해 필요한 것들이다. 금융소비자 보호의 구체적 사례로는 예금자보호, 투자자보호, 보험계약자(보험수익자 등 이해관계자 포함) 보호 등을 들 수 있다.

(2) 금융기관의 건전성 확보

금융기관의 건전성은 금융법의 매우 중요한 목표 중 하나이다. 금융기관이 부실해지면 금융소비자의 보호도 흔들리고, 그 부실의 결과는 국민의 세금으로 조성된 공적자금의 지원이 필요해 그 부담이 국민들에게 전가되기 때문이다. 금융감독원의 업무도 '금융기관 건전성 확보'가 가장 중요한 핵심 업무로 되어 있고 상시감시업무, RM(금융기관별 담당자, relation manager)제도 등도 활용되고 있다.

(3) 공정한 금융거래 질서의 확립

공정한 금융거래 질서의 확립도 금융시장에 대한 신뢰 확충 및 건전한 발전을 위한 금융법의 중요한 목적 중의 하나이다. 이를 위하여 법규의 준수 외에도 불공정 약관의 시정, 불공정거래의 감시에 역점을 두는 것이 필요하다.

(4) 국민경제의 발전

국민경제 발전은 금융소비자의 보호, 금융기관 건전성 확보, 공정한 금융거래 등의 실현에 따라 결과적으로 달성되는 목표라고 할 수 있다.

제2절 금융법의 기본원리 등

금융법의 기본원리는 크게 공익성의 원리와 자율성의 원리로 구분해 볼 수 있다.[2] 자율성의 원리는 권리의 측면에서의 원리이고, 공익성의 원리는 책임의 측면에서의 원리라고 할 수 있다.

1. 기본원리

1) 자율성의 원리

사인간의 자율적인 거래를 존중하는 민법의 기본원리가 금융법에도 적용된다.

(1) 사적자치의 원칙

사적자치의 원칙이란 법률관계의 형성을 자신이 결정하고, 자신이 한 행위에 대하여는 책임을 부담한다는 원칙이다. 사적자치의 원칙에는 자기결정의 원칙과 자기책임의 원칙이 핵심이다. 사적자치의 원칙은 계약자유의 원칙이라고도 하는데, 이에 따라 금융시장에서 거래당사자들은 원칙적으로 자유롭게 법률관계를 형성할 수 있다.

(2) 과실책임의 원칙

타인에게 손해를 입힌 경우에 고의나 과실이 있는 경우에만 책임을 진다는 원칙이다. 과실책임의 원칙은 계약책임과 불법행위 책임에 모두 적용된다.

(3) 사유재산권 존중의 원칙

개인은 자신이 소유하는 재산에 대해 모든 권리를 가지며, 국가나 다른 사람은 이 권

---

2) 이영기, 「금융거래법의 이해」, 동아대학교출판부, 2013, 8면

리를 침해해서는 안 된다는 원칙이다. 우리 헌법은 '모든 국민의 재산권은 보장된다. 그 내용과 한계는 법률로 정한다. 공공필요에 의한 재산권의 수용·사용 또는 제한 및 그에 대한 보상은 법률로써 하되, 정당한 보상을 지급하여야 한다.'고 정하고 있고(헌법 제23조), 민법에서도 '소유자는 법률의 범위 내에서 그 소유물을 사용, 수익, 처분할 권리가 있다.'고 하고 있으며, '토지의 소유권은 정당한 이익 있는 범위 내에서 토지의 상하에 미친다.'(민법 제211조, 제212조)고 규정하여 소유권과 관련된 법적 보호를 명확히 하고 있다.

2) 공익성의 원리

(1) 형평의 일반법리

① 사적자치의 원칙의 부분 수정 ☞ 계약(거래) 공정의 원칙

거래당사자간의 자유로운 거래는 허용되지만 일정한 경우에는 제한받을 수 있다. 예컨대 은행법에서 동일인의 은행주(의결권 있는 주식)에 대하여 10%의 소유한도를 정하면서, 비금융주력자에 대하여는 4%로 더욱 규제를 강화하고 있는 경우이다. 이는 산업자본의 금융자본에 대한 지배를 억제하기 위한 것이다. 우리 헌법도 '재산권의 행사는 공공복리에 적합하도록 하여야 한다.'(헌법 제23조 제3항)고 규정하여 공공복리를 위한 재산권 행사의 제한을 인정하고 있다. 그리고 민법도 '권리의 행사와 의무의 이행은 신의에 좇아 성실히 하여야 한다. 권리는 남용하지 못한다.'고 하여 권리 행사에 있어서 신의성실로 할 것과 권리남용의 금지를 규정하고 있다(민법 제2조).

② 재산권의 내용·소유의 한계

재산권은 보장과 그 행사는 되지만 때로는 공공의 이익을 위해 제한받을 수도 있다. 예컨대 은행법에서 동일인의 은행주(의결권 있는 주식)에 대하여 10%의 소유한도를 정하는 경우 등을 생각해 볼 수 있다. 우리 헌법도 '모든 국민의 재산권은 보장된다. 그 내용과 한계는 법률로 정한다.'(헌법 제23조 제1항) 라고 규정하여 그 한계를 정하고 있다.

(2) 금융시장참가자의 보호 및 규제

금융법은 금융시장참가자를 보호하는 법이며, 이를 위하여 금융회사 및 금융거래 등을 규제하는 규제법이다. 일례로 자본시장법은 내부자거래의 규제, 단기매매차익의 반환제도, 각종의 공시제도 등의 규제를 통하여 자본시장의 안정성을 확보하고 자본시장 참여자들의 공정한 거래와 경쟁을 도모하고 있다.

제3절 금융법의 법원과 범위

1. 금융법의 법원

법원(法源)은 법의 존재양식을 말한다. 법은 여러 가지 모습으로 존재할 수 있는데 이러한 법의 존재양식을 법원이라고 한다.

1) 대한민국 헌법

재산권의 보장과 그 행사, 경제질서, 경제에 관한 규제와 조정 등의 사항은 금융법과 관련이 깊은 조항이다.

2) 법률

법률로서는 공통관련법규, 은행관련법규, 금융투자관련법규(자본시장법 등), 보험관련법규, 비은행관련법규 등이 있다.

3) 조약과 국제법규

헌법에 의하여 체결·공포된 조약과 일반적으로 승인된 국제법규는 국내법과 같은 효력을 가지므로(헌법 제6조 제1항), 외국과 체결한 금융관련 조약과 국제법규는 금융법의 법원이 된다.

4) 명령

명령은 행정권에 의해 제정되는 법규명령(法規命令)으로서, 대통령령, 총리령, 부령이 있다.

5) 자치법규

광의로는 헌법, 지방자치법, 교육법, 지방세법, 지방공무원법, 조례, 규칙과 같이 지방자치단체의 자치에 관계가 있는 모든 법을 다 가리키며, 협의로는 법령의 범위 안에서 지방자치단체가 제정하는 자치에 관한 규정, 즉 조례와 규칙만을 의미한다.

2. 금융법의 구분

이상 금융법은 그 내용상 금융조직법, 금융거래법, 금융감독법으로 구분할 수도 있으나, 여기에서는 공통법규와 금융업의 종류에 따라 은행법, 자본시장법, 보험업법을 중심으로 서술하기로 한다.

3. 금융법규의 범위

1) 공통관련법규

- □ 공적자금관리특별법
- □ 공적자금상환기금법
- □ 금융위원회의 설치 등에 관한 법률
- □ 금융기관부실자산 등의 효율적 처리 및 한국자산관리공사의 설립에 관한 법률
- □ 금융산업의 구조개선에 관한 법률
- □ 금융실명거래 및 비밀보장에 관한 법률
- □ 금융지주회사법
- □ 기업구조조정촉진법
- □ 기업구조조정투자회사법
- □ 산업발전법

- 신용정보의 이용 및 보호에 관한 법률
- 예금자보호법
- 외국환거래법
- 특정금융거래정보의 보고 및 이용 등에 관한 법률
- 근로자퇴직급여보장법
- 전자금융거래법
- 공공기관의 개인정보보호에 관한 법률
- 휴면예금관리재단의 설립 등에 관한 법률
- 공중 등 협박목적을 위한 자금조달행위의 금지에 관한 법률
- 채권의 공정한 추심에 관한 법률
- 보증인 보호를 위한 특별법
- 채무자 회생 및 파산에 관한 법률
- 금융중심지의 조성과 발전에 관한 법률

2) 은행 관련 법규

- 한국은행법
- 은행법
- 농업협동조합법
- 담보부사채신탁법
- 수산업협동조합법
- 기술보증기금법
- 신용보증기금법
- 장기신용은행법
- 주택저당채권유동화회사법
- 중소기업은행법
- 한국산업은행법
- 한국수출입은행법
- 한국주택금융공사법

3) 금융투자 관련 법규

□ 자본시장과 금융투자업에 관한 법률

□ 공사채등록법

□ 자산유동화에 관한 법률

□ 주식회사의 외부감사에 관한 법률

4) 보험 관련 법규

□ 보험업법

□ 화재로 인한 재해보상과 보험 가입에 관한 법률

□ 자동차손해배상보장법

5) 비은행(서민금융) 관련 법규

□ 산림조합법

□ 상호저축은행법

□ 신용협동조합법

□ 여신전문금융업법

□ 유사수신행위의 규제에 관한 법률

□ 대부업 등의 등록 및 금융이용자보호에 관한 법률

□ 전기통신금융사기 피해방지 및 피해금 환급에 관한 특별법

PART

02

공통법규

금융위원회의 설치 등에 관한 법률
(금융위설치법)

1. 금융위설치법의 목적

금융위원회의 설치 등에 관한 법률(금융위설치법)은 금융위원회와 금융감독원을 설치하여 금융산업의 선진화와 금융시장의 안정을 도모하고 건전한 신용질서와 공정한 금융거래 관행(慣行)을 확립하며 예금자 및 투자자 등 금융 수요자를 보호함으로써 국민경제의 발전에 이바지함을 목적으로 한다.

2. 공정성의 유지

금융위원회와 금융감독원은 그 업무를 수행할 때 공정성을 유지하고 투명성을 확보하며 금융기관의 자율성을 해치지 아니하도록 노력하여야 한다.

3. 금융위 설치 및 지위 등

금융정책, 외국환업무 취급기관의 건전성 감독 및 금융감독에 관한 업무를 수행하게 하기 위하여 국무총리 소속으로 금융위원회를 둔다. 금융위원회는 '정부조직법' 제2조에 따라 설치된 중앙행정기관으로서 그 권한에 속하는 사무를 독립적으로 수행한다.

4. 금융위의 구성

금융위원회는 9명의 위원으로 구성하며, 위원장·부위원장 각 1명과 다음의 위원으로 구성한다.
- 기획재정부차관
- 금융감독원 원장
- 예금보험공사 사장
- 한국은행 부총재
- 금융위원회 위원장이 추천하는 금융 전문가 2명
- 대한상공회의소 회장이 추천하는 경제계대표 1명

5. 금융위 위원장의 국회 인사청문회

금융위원회 위원장(이하 '위원장'이라 한다)은 국무총리의 제청으로 대통령이 임명하며, 금융위원회 부위원장(이하 '부위원장'이라 한다)은 위원장의 제청으로 대통령이 임명한다. 이 경우 위원장은 국회의 인사청문을 거쳐야 한다.

6. 추천 등

금융위원회 위원장이 추천하는 금융 전문가 2명과 대한상공회의소 회장이 추천하는 경제계대표 1명의 위원은 대통령령으로 정하는 바에 따라 해당 기관의 추천을 받아 대통령이 임명한다.

7. 위원장과 부위원장은 정무직 국가공무원

위원장과 부위원장은 정무직(政務職) 국가공무원으로 임명하고, 금융위원회 위원장이 추천하는 금융 전문가 2명의 위원은 고위공무원단에 속하는 별정직 공무원으로 임명하며, 대한상공회의소 회장이 추천하는 경제계대표 1명의 위원은 비상임으로 한다. 위원장은 국무회의에 출석하여 발언할 수 있다.

8. 위원의 임기 등

위원장·부위원장과 금융위원회 위원장이 추천하는 금융 전문가 2명, 대한상공회의소 회장이 추천하는 경제계대표 1명의 위원('임명직 위원')의 임기는 3년으로 하며, 한 차례만 연임할 수 있다.

9. 정치활동의 금지

임명직 위원은 '정당법' 제22조에도 불구하고 정당에 가입할 수 없으며 정치운동에 관여할 수 없다.

10. 위원의 결격사유

다음의 어느 하나에 해당하는 사람은 임명직 위원이 될 수 없다.
① 대한민국 국민이 아닌 사람
② 금치산자 또는 한정치산자
③ 파산선고를 받고 복권되지 아니한 사람
④ 금고 이상의 형의 집행유예를 선고받고 그 유예기간 중에 있는 사람
⑤ 금고 이상의 실형을 선고받고 그 집행이 끝나거나(집행이 끝난 것으로 보는 경우를 포함한다) 집행이 면제된 날부터 5년이 지나지 아니한 사람
⑥ 이 법 또는 그 밖의 금융 관계 법령(외국의 금융 관계 법령을 포함한다)에 따라 벌금형을 선고받고 5년이 지나지 아니한 사람
⑦ 이 법 또는 그 밖의 금융 관계 법령(외국의 금융 관계 법령을 포함한다)에 따라 해임되거나 면직된 후 5년이 지나지 아니한 사람

11. 겸직 등의 금지

위원장, 부위원장 및 금융위원회 위원장이 추천하는 금융 전문가 2명의 위원은 재직 중 다음의 직(職)을 겸하거나 영리를 목적으로 하는 사업을 할 수 없다.

① 국회의원 또는 지방의회의원
② 국가공무원 또는 지방공무원
③ 이 법과 다른 법령에 따라 감독의 대상이 되는 단체의 임직원
④ 그 밖에 보수를 받는 직

12. 위원의 신분보장 등

임명직 위원은 법률로 정하는 결격사유(동법 제8조), 심신장애, 기타 금융위설치법에 따른 직무상 의무를 위반하여 금융위 위원으로서의 직무 수행이 부적당하게 된 경우 외에는 임기 전에 그 의사에 반하여 해임되지 아니한다(동법 제10조).

13. 회의 등

금융위원회의 회의는 3명 이상의 위원이 요구할 때에 위원장이 소집한다. 다만, 위원장은 단독으로 회의를 소집할 수 있다. 금융위원회의 회의는 그 의결방법에 관하여 이 법 또는 다른 법률에 특별한 규정이 있는 경우를 제외하고는 재적위원 과반수의 출석과 출석위원 과반수의 찬성으로 의결한다.

금융위원회 위원은 3명 이상의 찬성으로 의안(議案)을 제의할 수 있다. 다만, 위원장은 단독으로 의안을 제의할 수 있다.

14. 제척 및 기피

1) 제척사유(除斥事由)

① 자기와 직접적인 이해관계가 있는 사항
② 배우자, 4촌 이내의 혈족, 2촌 이내의 인척 또는 자기가 속한 법인과 이해관계가 있는 사항
③ 제4조제1항제2호 및 제3호의 위원인 경우에는 해당 기관의 예산·결산 및 정관 변경 등에 관한 사항

2) 기피

당사자는 위원에게 공정한 심의·의결을 기대하기 어려운 사정이 있는 경우에는 기피신청(忌避申請)을 할 수 있다. 금융위원장은 이 기피신청에 대하여 금융위의 의결을 거치지 아니하고 결정한다.

3) 회피

위원 본인이 제척사유 혹은 기피사유에 해당하는 경우에는 스스로 그 사항의 심의·의결을 회피할 수 있다.

15. 금융위원회의 소관 사무

① 금융에 관한 정책 및 제도에 관한 사항
② 금융기관 감독 및 검사·제재(制裁)에 관한 사항
③ 금융기관의 설립, 합병, 전환, 영업의 양수·양도 및 경영 등의 인가·허가에 관한 사항
④ 자본시장의 관리·감독 및 감시 등에 관한 사항
⑤ 금융소비자의 보호와 배상 등 피해구제에 관한 사항
⑥ 금융중심지의 조성 및 발전에 관한 사항
⑦ 제1호부터 제6호까지의 사항에 관련된 법령 및 규정의 제정·개정 및 폐지에 관한 사항
⑧ 금융 및 외국환업무 취급기관의 건전성 감독에 관한 양자 간 협상, 다자 간 협상 및 국제협력에 관한 사항
⑨ 외국환업무 취급기관의 건전성 감독에 관한 사항
⑩ 그 밖에 다른 법령에서 금융위원회의 소관으로 규정한 사항

16. 금융감독원에 대한 지도·감독

금융위원회는 금융감독원의 업무·운영·관리에 대한 지도와 감독을 하며, 다음의 사

항을 심의·의결한다.

① 금융감독원의 정관 변경에 대한 승인

② 금융감독원의 예산 및 결산 승인

③ 그 밖에 금융감독원을 지도·감독하기 위하여 필요한 사항

17. 증권선물위원회

금융위원회에 둔 증권선물위원회는 다음의 업무를 수행한다.

① 자본시장의 불공정거래 조사

② 기업회계의 기준 및 회계감리에 관한 업무

③ 금융위원회 소관 사무 중 자본시장의 관리·감독 및 감시 등과 관련된 주요 사항에 대한 사전 심의

④ 자본시장의 관리·감독 및 감시 등을 위하여 금융위원회로부터 위임받은 업무

⑤ 그 밖에 다른 법령에서 증권선물위원회에 부여된 업무

18. 증권선물위원회의 구성

1) 구성

증권선물위원회는 위원장 1명을 포함한 5명의 위원으로 구성하며, 위원장을 제외한 위원 중 1명은 상임으로 한다. 증권선물위원회 위원장은 금융위원회 부위원장이 겸임하며, 증권선물위원회 위원은 다음의 어느 하나에 해당하는 사람 중에서 금융위원회 위원장의 추천으로 대통령이 임명한다.

① 금융, 증권, 파생상품 또는 회계 분야에 관한 경험이 있는 2급 이상의 공무원 또는 고위공무원단에 속하는 일반직 공무원이었던 사람

② 대학에서 법률학·경제학·경영학 또는 회계학을 전공하고, 대학이나 공인된 연구기관에서 부교수 이상 또는 이에 상당하는 직에 15년 이상 있었던 사람

③ 그 밖에 금융, 증권, 파생상품 또는 회계 분야에 관한 학식과 경험이 풍부한 사람

2) 회의

증권선물위원회의 회의는 2명 이상의 증권선물위원회 위원이 요구할 때에 증권선물위원회 위원장이 소집한다. 다만, 증권선물위원회 위원장은 단독으로 회의를 소집할 수 있다. 증권선물위원회의 회의는 3명 이상의 찬성으로 의결한다.

19. 금융감독원

1) 성격

금융위원회나 증권선물위원회의 지도·감독을 받아 금융기관에 대한 검사·감독 업무 등을 수행하기 위하여 금융감독원을 설립한다. 금융감독원은 무자본(無資本) 특수법인이다.

2) 집행간부

금융감독원에 원장 1명, 부원장 4명 이내, 부원장보 9명 이내와 감사 1명을 둔다. 금융감독원의 원장(이하 '금감원장' 또는 '원장'이라 한다)은 금융위원회의 의결을 거쳐 금융위원회 위원장의 제청으로 대통령이 임명한다. 부원장은 원장의 제청으로 금융위원회가 임명하고, 부원장보는 원장이 임명한다. 감사는 금융위원회의 의결을 거쳐 금융위원회 위원장의 제청으로 대통령이 임명한다. 원장·부원장·부원장보 및 감사의 임기는 3년으로 하며, 한 차례만 연임할 수 있다.

3) 금융감독원의 검사 대상 기관

① '은행법'에 따른 인가를 받아 설립된 은행
② '자본시장과 금융투자업에 관한 법률'에 따른 금융투자업자, 증권금융회사, 종합금융회사 및 명의개서대행회사
③ '보험업법'에 따른 보험회사
④ '상호저축은행법'에 따른 상호저축은행과 그 중앙회
⑤ '신용협동조합법'에 따른 신용협동조합 및 그 중앙회
⑥ '여신전문금융업법'에 따른 여신전문금융회사 및 겸영여신업자(兼營與信業者)

⑦ '농업협동조합법'에 따른 농협은행

⑧ '수산업협동조합법'에 따른 수산업협동조합중앙회의 신용사업부문

⑨ 다른 법령에서 금융감독원이 검사를 하도록 규정한 기관

⑩ 그 밖에 금융업 및 금융관련 업무를 하는 자로서 대통령령으로 정하는 자

4) 규칙제정권

금감원장은 금융감독원의 업무 수행과 관련하여 필요한 경우에는 규칙을 제정할 수 있다. 금융감독원은 규칙을 제정 또는 변경한 경우에는 금융위원회에 즉시 보고하여야 한다. 금융위원회는 규칙이 위법하거나 부당한 경우에는 시정을 명할 수 있다.

5) 자료제출 요구권

금감원장은 업무 수행에 필요하다고 인정할 때에는 금융위원회설치법 제38조 각 호의 기관 또는 다른 법령에 따라 금융감독원에 검사가 위탁된 대상 금융기관에 대하여 업무 또는 재산에 관한 보고, 자료의 제출, 관계자의 출석 및 진술을 요구할 수 있다.

6) 시정명령 및 징계요구

금감원장은 법 제38조 각 호에 해당하는 기관의 임직원이 다음의 어느 하나에 해당하는 경우에는 그 기관의 장에게 이를 시정하게 하거나 해당 직원의 징계를 요구할 수 있다. 징계는 면직·정직·감봉·견책 및 경고로 구분한다.

① 이 법 또는 이 법에 따른 규정·명령 또는 지시를 위반한 경우

② 이 법에 따라 원장이 요구하는 보고서 또는 자료를 거짓으로 작성하거나 그 제출을 게을리한 경우

③ 이 법에 따른 금융감독원의 감독과 검사 업무의 수행을 거부·방해 또는 기피한 경우

④ 원장의 시정명령이나 징계요구에 대한 이행을 게을리한 경우

7) 임원의 해임권고 등

금감원장은 법 제38조 각 호에 해당하는 기관의 임원이 이 법 또는 이 법에 따른 규

정·명령 또는 지시를 고의로 위반한 때에는 그 임원의 해임을 임면권자에게 권고할 수 있으며, 그 임원의 업무집행의 정지를 명할 것을 금융위원회에 건의할 수 있다.

8) 영업정지

금감원장은 법 제38조 각 호의 기관이 이 법 또는 이 법에 따른 규정·명령 또는 지시를 계속 위반하여 위법 또는 불건전한 방법으로 영업하는 경우에는, 금융위원회에 다음의 어느 하나의 조치를 명할 것을 건의할 수 있다.
① 해당 기관의 위법행위 또는 비행(非行)의 중지
② 6개월의 범위에서의 업무의 전부 또는 일부 정지

9) 분쟁조정

법 제38조 각 호의 기관, 예금자 등 금융수요자와 그 밖의 이해관계인은 금융관련 분쟁이 있을 때에는 금감원장에게 분쟁의 조정(調停)을 신청할 수 있다.

(1) 합의 권고

금감원장은 분쟁조정의 신청을 받으면 관계당사자에게 그 내용을 알리고 합의를 권고할 수 있다. 다만, 분쟁조정의 신청내용이 다음의 어느 하나에 해당하는 경우에는 합의권고를 하지 아니하거나 조정위원회에 회부하지 아니할 수 있다.
① 이미 법원에 제소된 사건이거나 분쟁조정을 신청한 후 소송을 제기한 경우
② 신청한 내용이 분쟁조정 대상으로서 적합하지 아니하다고 인정하는 경우
③ 신청한 내용이 관련 법령 또는 객관적인 증빙(證憑) 등으로 비추어 볼 때 합의권고절차 및 조정절차를 진행할 실익이 없는 경우
④ 그 밖에 대통령령으로 정하는 경우

(2) 분쟁조정위원회 회부

금감원장은 분쟁조정의 신청을 받은 날부터 30일 이내에 위 (1)에 따른 합의가 이루어지지 아니하면 지체 없이 이를 조정위원회에 회부하여야 한다. 조정위원회는 조정의 회부를 받으면 60일 이내에 이를 심의하여 조정안을 작성하여야 한다. 원장은 조정위원회가 조정안을 작성하면 신청인과 관계 당사자에게 이를 제시하고 수락을 권고할

수 있다.

(3) 조정위원회의 회의

조정위원회의 회의는 조정위원회 위원장 1명을 포함하여 조정위원회 위원장이 회의마다 지명하는 7명 이상 11명 이하의 조정위원회 위원으로 구성하며, 조정위원회 위원장이 소집한다. 조정위원회는 구성원 과반수의 출석과 출석위원 과반수의 찬성으로 의결한다. 금감원장은 조정위원회의 의결사항이 위법하거나 공익에 비추어 매우 부당하다고 판단하면 재의(再議)를 요구할 수 있다. 재의요구가 있으면 구성원 3분의 2 이상의 출석과 출석위원 3분의 2 이상의 찬성으로 재의결한다.

(4) 조정의 효력

당사자가 조정안을 수락한 경우 그 조정안은 재판상화해와 동일한 효력을 갖는다. 금감원장은 조정신청사건의 처리절차 진행 중에 한쪽 당사자가 소송을 제기한 경우에는 그 조정의 처리를 중지하고 그 사실을 양쪽 당사자 모두에게 통보하여야 한다.

10) 검사 또는 공동검사 요구 등

(1) 한국은행

한국은행은 금융통화위원회가 통화신용정책을 수행하기 위하여 필요하다고 인정하는 경우에는 금융감독원에 대하여 '한국은행법' 제11조의 금융기관에 대한 검사를 요구하거나 한국은행 소속 직원이 금융감독원의 금융기관 검사에 공동으로 참여할 수 있도록 하여 줄 것을 요구할 수 있다.

(2) 예금보험공사

예금보험공사는 업무수행을 위하여 필요하다고 인정할 때에는 금융감독원에 '예금자보호법' 제2조제1호의 부보금융기관(附保金融機關) 및 해당 부보금융기관을 '금융지주회사법'에 따른 자회사 등으로 두는 금융지주회사에 대한 검사를 실시할 것을 요청하거나, 예금보험공사 소속 직원이 검사에 공동으로 참여하도록 '예금자보호법' 제8조에 따른 예금보험위원회의 의결을 거쳐 요청할 수 있다.

CHAPTER 02 금융실명거래 및 비밀보장에 관한 법률
(금융실명법)

제1절 금융실명제

1. 금융실명제

1993년 8월 12일 이후 금융기관이 실지명의에 의해 금융거래를 하도록 하는 제도이다.

금융실명거래 및 비밀보장에 관한 법률(금융실명법) 제3조

① 금융회사 등은 거래자의 실지명의(實地名義, 이하 '실명'이라 한다)로 금융거래를 하여야 한다.

② 금융회사 등은 제1항에도 불구하고 다음의 어느 하나에 해당하는 경우에는 실명을 확인하지 아니할 수 있다.

ㄱ 실명이 확인된 계좌에 의한 계속거래(繼續去來), 공과금 수납 및 100만 원 이하의 송금 등의 거래로서 대통령령으로 정하는 거래

ㄴ 외국통화의 매입, 외국통화로 표시된 예금의 수입(受入) 또는 외국통화로 표시된 채권의 매도 등의 거래로서 대통령령으로 정하는 기간 동안의 거래

ㄷ 다음의 어느 하나에 해당하는 채권(이하 '특정채권'이라 한다)으로서 법률 제5493호 금융실명거래및비밀보장에관한법률 시행일(1997년 12월 31일) 이후 1998년 12월 31일 사이에 재정경제부장관이 정하는 발행기간·이자율 및 만기 등의 발행조건으로 발행된 채권의 거래

2. 실명확인의무

금융기관은 '금융실명거래 및 비밀보장에 관한 법률'('금융실명법')에 따라 실지명의에 의해 금융거래를 하여야 한다. 실명확인은 성명과 주민등록번호의 확인 뿐 아니라 실명확인증표에 첨부된 사진 등에 의하여 명의인 본인 여부를 확인한다. 제시된 실명확인증표의 사진으로 본인여부의 식별이 곤란할 경우에는 다른 실명확인증표를 보완적으로 사용할 수 있다. '실지명의'란 주민등록표상의 명의, 사업자등록증상의 명의, 그 밖에 대통령령으로 정하는 명의를 말한다.

3. 실명확인증표

1) 개인

개인의 실지명의는 주민등록표상의 성명 및 주민등록번호가 해당된다. 실명확인증표는 주민등록증이 원칙이다. 다만 국가기관 또는 지방자치단체, 유아교육법, 초중등교육법, 고등교육법에 의한 학교의 장이 발급한 것으로서, 성명, 주민등록번호가 기재되어 있고 부착된 사진에 의하여 본인임을 확인할 수 있는 증표도 가능하다.

(1) 실명확인증표 예시

① 일반인 : 주민등록증(주민등록증 발급 확인신청서 포함), 운전면허증(임시운전, 연습용 운전면허증 포함), 청소년증, 노인복지카드(경로우대증), 장애인복지카드(장애인등록증 포함), 공무원증, 공익근무요원증, 여권(여행증명서, 출입국에 관한 사실증명 등), 선원수첩, 국가(독립, 5·18 등)유공자(유족 포함)증, 새터민임시신분증

② 학생 : 학생증

③ 군인 : 장기하사관 이상의 신분증, 비밀취급인가증, 군운전면허증

④ 외국인 : 외국인등록증, 여권, 여행증명서, 국내발급 운전면허증

⑤ 재외동포(재외국민, 외국국적 동포) : 재외국민(외국국적 동포)국내거소신고증, 여권

⑥ 소년소녀가장 : 주민등록등본(세대주가 본인인 것), 학교장이 확인한 것

⑦ 주민등록증 미발급자 : 주민등록등본＋법정대리인의 실명확인증표

⑧ 국가기관(입법, 사법, 정부조직법상 행정기관) 또는 지방자치단체(지방자치법상 특

별시와 광역시 및 도, 시와 군 및 구)가 발급한 신분증 및 자격증

⑨ 기타 신분증 : 정부투자기관·출자기관 등에서 발급한 자격증+주민등록등(초)본, 주민등록번호가 없는 학생증+주민등록등(초)본, 건강보험증

(2) 실명확인증표로 사용할 수 없는 경우

① 실명확인증표 사본

② 유효기간이 지난 실명확인증표

③ 사원증, 주민등록(등)초본

2) 법인

법인의 실지명의는 '법인세법'에 의하여 교부받은 사업자등록증에 기재된 법인명 및 등록번호이다. 다만, 사업자등록증을 교부받지 아니한 법인은 '법인세법'에 의하여 납세번호를 부여받은 문서에 기재된 법인명 및 납세번호이다. 법인의 실명확인증표는 사업자등록증, 고유번호증, 사업자등록증명원이 해당된다.

※ 개인사업자 : 개인사업자는 법인이 아니므로 개인의 실명확인증표로 실명확인하여야 하며, 사업자등록증을 실명확인증표로 사용할 수 없다.

3) 임의단체

① 납세번호 또는 고유번호가 있는 경우 : 납세번호증, 고유번호증

② 납세번호 또는 고유번호가 없는 경우 : 대표자 개인의 실명확인증표

4. 실명확인자

실제로 고객의 실명을 확인한 직원이다. 실명확인자는 실명확인업무에 대한 권한·의무가 주어진 영업점(본부의 영업부서 포함) 직원이다. 후선부서 직원(본부직원, 서무원, 청원경찰 등)은 실명확인할 수 없으나, 본부부서 근무직원이 실명확인 관련업무를 처리하도록 명령받은 경우는 확인할 수 있다. 영업점 직원에는 계약직, 시간제근무자, 도급직이 포함된다.

5. 실명확인 방법

실명확인자가 관련장표에 실명확인필을 날인 또는 서명하는 방법에 의한다. 단, 전산인자로 실명거래의 확인자가 식별되는 경우(직원번호 등)에는 생략할 수 있다. 실명확인자와 전산조작자가 다른 경우 실명확인자가 날인 또는 서명한다.

6. 실명확인 생략이 가능한 거래

① 실명이 확인된 계좌에 의한 계속거래 : 실명확인된 계좌에 의하여 통장·거래카드(현금·직불카드 포함)·전자적 수단 등으로 거래하는 경우를 말한다.
② 각종 공과금 등의 수납
③ 100만 원 이하의 원화 송금(무통장 입금을 포함한다)과 100만 원 이하에 상당하는 외국통화의 매입·매각
④ 외국통화의 매입, 외국통화로 표시된 예금의 수입 또는 외국통화로 표시된 채권의 매도 등의 거래로서 법 시행일 이후 1998년 12월 31일 사이에 이루어지는 거래

제2절   금융실명법

1. 목적

이 법은 실지명의에 의한 금융거래를 실시하고 그 비밀을 보장하여 금융거래의 정상화를 꾀함으로써 경제정의를 실현하고 국민경제의 건전한 발전을 도모함을 목적으로 한다.

2. 주요 개념

1) 금융회사

① '은행법'에 따른 은행

② '중소기업은행법'에 따른 중소기업은행

③ '한국산업은행법'에 따른 한국산업은행

④ '한국수출입은행법'에 따른 한국수출입은행

⑤ '한국은행법'에 따른 한국은행

⑥ '자본시장과 금융투자업에 관한 법률'에 따른 투자매매업자 · 투자중개업자 · 집합투자업자 · 신탁업자 · 증권금융회사 · 종합금융회사 및 명의개서대행회사

⑦ '상호저축은행법'에 따른 상호저축은행 및 상호저축은행중앙회

⑧ '농업협동조합법'에 따른 조합과 그 중앙회 및 농협은행

⑨ '수산업협동조합법'에 따른 조합 및 중앙회

⑩ '신용협동조합법'에 따른 신용협동조합 및 신용협동조합중앙회

⑪ '새마을금고법'에 따른 금고 및 중앙회

⑫ '보험업법'에 따른 보험회사

⑬ '우체국예금 · 보험에 관한 법률'에 따른 체신관서

⑭ 그 밖에 대통령령으로 정하는 기관

2) 금융자산

금융회사 등이 취급하는 예금 · 적금 · 부금(賦金) · 계금(契金) · 예탁금 · 출자금 · 신탁재산 · 주식 · 채권 · 수익증권 · 출자지분 · 어음 · 수표 · 채무증서 등 금전 및 유가증권과 그 밖에 이와 유사한 것으로서 총리령으로 정하는 것을 말한다.

3) 금융거래

금융회사등이 금융자산을 수입(受入) · 매매 · 환매 · 중개 · 할인 · 발행 · 상환 · 환급 · 수탁 · 등록 · 교환하거나 그 이자, 할인액 또는 배당을 지급하는 것과 이를 대행하는 것 또는 그 밖에 금융자산을 대상으로 하는 거래로서 총리령으로 정하는 것을 말한다.

4) 실지명의

주민등록표상의 명의, 사업자등록증상의 명의, 그 밖에 대통령령으로 정하는 명의를 말한다.

3. 금융실명거래 의무

금융회사등은 거래자의 실지명의('실명')로 금융거래를 하여야 한다. 다음의 어느 하나에 해당하는 경우에는 실명을 확인하지 아니할 수 있다.

① 실명이 확인된 계좌에 의한 계속거래(繼續去來), 공과금 수납 및 100만 원 이하의 송금 등의 거래로서 대통령령으로 정하는 거래

② 외국통화의 매입, 외국통화로 표시된 예금의 수입(受入) 또는 외국통화로 표시된 채권의 매도 등의 거래로서 대통령령으로 정하는 기간 동안의 거래

③ 다음의 어느 하나에 해당하는 채권('특정채권')으로서 법률 제5493호 금융실명거래 및 비밀보장에 관한 법률 시행일(1997년 12월 31일) 이후 1998년 12월 31일 사이에 재정경제부장관이 정하는 발행기간·이자율 및 만기 등의 발행조건으로 발행된 채권의 거래

    ㉠ 고용 안정과 근로자의 직업능력 향상 및 생활 안정 등을 위하여 발행되는 대통령령으로 정하는 채권

    ㉡ '외국환거래법' 제13조에 따른 외국환평형기금 채권으로서 외국통화로 표시된 채권

    ㉢ 중소기업의 구조조정 지원 등을 위하여 발행되는 대통령령으로 정하는 채권

    ㉣ '자본시장과 금융투자업에 관한 법률' 제329조에 따라 증권금융회사가 발행한 사채

    ㉤ 그 밖에 국민생활 안정과 국민경제의 건전한 발전을 위하여 발행되는 대통령령으로 정하는 채권

4. 실명확인계좌의 명의자 소유 추정

실명이 확인된 계좌 또는 외국의 관계 법령에 따라 이와 유사한 방법으로 실명이 확인된 계좌에 보유하고 있는 금융자산은 명의자의 소유로 추정한다.

5. 실지명의

실지명의(實地名義)는 다음의 구분에 따른 명의로 한다.

① 개인의 경우 주민등록표에 기재된 성명 및 주민등록번호. 다만, 재외국민의 경우에는 여권에 기재된 성명 및 여권번호(여권이 발급되지 아니한 재외국민은 '재외국민등록법'에 의한 등록부에 기재된 성명 및 등록번호)

② 법인('국세기본법'에 의하여 법인으로 보는 법인격없는 사단 등을 포함한다)의 경우 '법인세법'에 의하여 교부받은 사업자등록증에 기재된 법인명 및 등록번호. 다만, 사업자등록증을 교부받지 아니한 법인은 '법인세법'에 의하여 납세번호를 부여받은 문서에 기재된 법인명 및 납세번호

③ 법인이 아닌 단체의 경우 당해 단체를 대표하는 자의 실지명의. 다만, '부가가치세법'에 의하여 고유번호를 부여받거나 '소득세법'에 의하여 납세번호를 부여받은 단체의 경우에는 그 문서에 기재된 단체명과 고유번호 또는 납세번호

④ 외국인의 경우 '출입국관리법'에 의한 등록외국인기록표에 기재된 성명 및 등록번호. 다만, 외국인등록증이 발급되지 아니한 자의 경우에는 여권 또는 신분증에 기재된 성명 및 번호

⑤ 제1호 내지 제4호의 규정에 의하는 것이 곤란한 경우 총리령이 정하는 실지명의

6. 실명확인의 생략

법 제3조제2항제1호 및 제2호의 규정에 의하여 실명의 확인을 하지 아니할 수 있는 거래는 다음과 같다.

① 실명이 확인된 계좌에 의한 계속거래

② 각종 공과금 등의 수납

③ 100만 원 이하의 원화 송금(무통장 입금을 포함한다)과 100만 원 이하에 상당하는 외국통화의 매입·매각

④ 외국통화의 매입, 외국통화로 표시된 예금의 수입 또는 외국통화로 표시된 채권의 매도 등의 거래로서 법 시행일 이후 1998년 12월 31일 사이에 이루어지는 거래

7. 실명거래의 확인

금융거래를 할 때 실지명의는 다음의 구분에 따른 증표 · 서류에 의하여 확인한다.
① 개인의 경우
    ㉠ 주민등록증 발급대상자는 주민등록증. 다만, 주민등록증에 의하여 확인하는 것이 곤란한 경우에는 국가기관, 지방자치단체 또는 '교육기본법'에 따른 학교의 장이 발급한 것으로서 실지명의의 확인이 가능한 증표 또는 주민등록표 등본과 신분을 증명할 수 있는 증표에 의하여 확인한다.
    ㉡ 주민등록증 발급대상자가 아닌 자는 주민등록표 등본과 법정대리인의 증표 또는 실지명의의 확인이 가능한 증표 · 서류
    ㉢ 재외국민은 제3조제1호 단서에 따른 여권 또는 재외국민등록증
② 법인의 경우 : 제3조제2호에 따른 사업자등록증이나 납세번호를 부여받은 문서 또는 그 사본
③ 법인이 아닌 단체의 경우 : 제3조제3호에 따른 해당 단체를 대표하는 자의 실지명의를 확인할 수 있는 제1호의 증표 · 서류. 다만, 제3조제3호 단서에 따른 단체는 고유번호 또는 납세번호를 부여받은 문서나 그 사본에 의하여 확인한다.
④ 외국인의 경우 : 제3조제4호에 따른 외국인등록증, 여권 또는 신분증
⑤ 제1호부터 제4호까지의 규정에 따라 실지명의를 확인하기 곤란한 경우 : 관계 기관의 장의 확인서 · 증명서 등 금융위원회가 정하는 증표 · 서류

8. 업무위탁

금융회사 등은 법 제3조제7항에 따라 실명거래의 확인 업무를 다른 금융회사 등에 위탁할 수 있다.

9. 금융회사 등에 종사하는 자의 범위

법 제4조에 따른 금융회사 등에 종사하는 자는 금융회사 등의 임 · 직원 및 그 대리인 · 사용인 기타 종업원으로서 금융거래의 내용에 대한 정보 또는 자료를 취급 · 처리

하는 업무에 사실상 종사하는 자로 한다.

10. 거래정보 등의 범위

법 제4조제1항 및 동법 시행령 제5조에 따른 금융거래의 내용에 대한 정보 또는 자료는 특정인의 금융거래사실과 금융회사 등이 보유하고 있는 금융거래에 관한 기록의 원본·사본 및 그 기록으로부터 알게 된 것('거래정보 등'이라 한다)으로 한다. 다만, 금융거래사실을 포함한 금융거래의 내용이 누구의 것인지를 알 수 없는 것(당해 거래정보 등만으로 그 거래자를 알 수 없더라도 다른 거래정보등과 용이하게 결합하여 그 거래자를 알 수 있는 것을 제외한다)을 제외한다.

11. 금융거래의 비밀보장

금융회사 등에 종사하는 자는 명의인(신탁의 경우에는 위탁자 또는 수익자를 말한다)의 서면상의 요구나 동의를 받지 아니하고는 그 금융거래의 내용에 대한 정보 또는 자료('거래정보 등')를 타인에게 제공하거나 누설하여서는 아니 되며, 누구든지 금융회사 등에 종사하는 자에게 거래정보 등의 제공을 요구하여서는 아니 된다. 다만, 다음의 어느 하나에 해당하는 경우로서 그 사용 목적에 필요한 최소한의 범위에서 거래정보 등을 제공하거나 그 제공을 요구하는 경우에는 그러하지 아니하다.

① 법원의 제출명령 또는 법관이 발부한 영장에 따른 거래정보 등의 제공

② 조세에 관한 법률에 따라 제출의무가 있는 과세자료 등의 제공과 소관 관서의 장이 상속·증여 재산의 확인, 조세탈루의 혐의를 인정할 만한 명백한 자료의 확인, 체납자의 재산조회, '국세징수법' 제14조제1항 각 호의 어느 하나에 해당하는 사유로 조세에 관한 법률에 따른 질문·조사를 위하여 필요로 하는 거래정보 등의 제공

③ '국정감사 및 조사에 관한 법률'에 따른 국정조사에 필요한 자료로서 해당 조사위원회의 의결에 따른 금융감독원장 및 예금보험공사사장의 거래정보 등의 제공

④ 금융위원회(증권시장·파생상품시장의 불공정거래조사의 경우에는 증권선물위원회를 말한다. 이하 이 조에서 같다), 금융감독원장 및 예금보험공사사장이 금융회

사 등에 대한 감독·검사를 위하여 필요로 하는 거래정보 등의 제공으로서 다음의 어느 하나에 해당하는 경우와 해당 조사위원회에 제공하기 위한 경우

㉠ 내부자거래 및 불공정거래행위 등의 조사에 필요한 경우

㉡ 고객예금 횡령, 무자원(無資源) 입금 기표(記票) 후 현금 인출 등 금융사고의 적발에 필요한 경우

㉢ 구속성예금 수입(受入), 자기앞수표 선발행(先發行) 등 불건전 금융거래행위의 조사에 필요한 경우

㉣ 금융실명거래 위반, 장부 외 거래, 출자자 대출, 동일인 한도 초과 등 법령 위반행위의 조사에 필요한 경우

㉤ '예금자보호법'에 따른 예금보험업무 및 '금융산업의 구조개선에 관한 법률'에 따라 예금보험공사사장이 예금자표(預金者表)의 작성업무를 수행하기 위하여 필요한 경우

⑤ 동일한 금융회사 등의 내부 또는 금융회사 등 상호간에 업무상 필요한 거래정보 등의 제공

⑥ 금융위원회 및 금융감독원장이 그에 상응하는 업무를 수행하는 외국 금융감독기관(국제금융감독기구를 포함한다)과 다음의 사항에 대한 업무협조를 위하여 필요로 하는 거래정보 등의 제공

㉠ 금융회사 등 및 금융회사 등의 해외지점·현지법인 등에 대한 감독·검사

㉡ '자본시장과 금융투자업에 관한 법률' 제437조에 따른 정보교환 및 조사 등의 협조

⑦ '자본시장과 금융투자업에 관한 법률'에 따라 거래소허가를 받은 거래소('거래소')가 다음의 경우에 필요로 하는 투자매매업자·투자중개업자가 보유한 거래정보 등의 제공

㉠ '자본시장과 금융투자업에 관한 법률' 제404조에 따른 이상거래(異常去來)의 심리 또는 회원의 감리를 수행하는 경우

㉡ 이상거래의 심리 또는 회원의 감리와 관련하여 거래소에 상응하는 업무를 수행하는 외국거래소 등과 협조하기 위한 경우. 다만, 금융위원회의 사전 승인을 받은 경우로 한정한다.

⑧ 그 밖에 법률에 따라 불특정 다수인에게 의무적으로 공개하여야 하는 것으로서 해당 법률에 따른 거래정보 등의 제공

12. 거래정보 누설금지

거래정보 등을 알게 된 자는 그 알게 된 거래정보 등을 타인에게 제공 또는 누설하거나 그 목적 외의 용도로 이용하여서는 아니 되며, 누구든지 거래정보 등을 알게 된 자에게 그 거래정보 등의 제공을 요구하여서는 아니 된다.

누설된 거래정보 등을 취득한 자(그로부터 거래정보 등을 다시 취득한 자를 포함한다)는 그 위반사실을 알게 된 경우 그 거래정보 등을 타인에게 제공 또는 누설하여서는 아니 된다.

13. 거래정보 등의 제공사실의 통보

금융회사 등은 명의인의 서면상의 동의를 받아 거래정보 등을 제공한 경우나 거래정보 등을 제공한 경우에는 제공한 날부터 10일 이내에 제공한 거래정보 등의 주요 내용, 사용 목적, 제공받은 자 및 제공일 등을 명의인에게 서면으로 통보하여야 한다.

14. 기록관리

금융회사 등은 명의인의 서면상의 동의를 받아 명의인 외의 자에게 거래정보 등을 제공한 경우나 명의인 외의 자로부터 거래정보 등의 제공을 요구받거나 명의인 외의 자에게 거래정보 등을 제공한 경우에는 다음 각 호의 사항이 포함된 금융위원회가 정하는 표준양식으로 기록·관리하여야 한다. 자료는 거래정보 등을 제공한 날(제공을 거부한 경우에는 그 제공을 요구받은 날)부터 5년간 보관하여야 한다.

① 요구자(담당자 및 책임자)의 인적사항, 요구하는 내용 및 요구일
② 제공자(담당자 및 책임자)의 인적사항 및 제공일
③ 제공된 거래정보 등의 내용
④ 제공의 법적 근거

⑤ 명의인에게 통보한 날

⑥ 통보를 유예한 경우 통보유예를 한 날, 사유, 기간 및 횟수

15. 비실명자산소득에 대한 차등과세

실명에 의하지 아니하고 거래한 금융자산에서 발생하는 이자 및 배당소득에 대하여
는 소득세의 원천징수세율을 100분의 90(특정채권에서 발생하는 이자소득의 경우에는
100분의 15)으로 하며, 소득세법 제14조제2항에 따른 종합소득과세표준의 계산에는 이
를 합산하지 아니한다.

16. 행정처분

1) 조치 및 조치요구

금융위원회는 금융회사 등이 이 법 또는 이 법에 따른 명령이나 지시를 위반한 사실
을 발견하였을 때에는 다음의 어느 하나에 해당하는 조치를 하거나 해당 금융회사 등
의 영업에 관한 행정제재처분의 권한을 가진 관계 행정기관의 장에게 그 조치를 요구
할 수 있다.

① 위반행위의 시정명령 또는 중지명령

② 위법행위로 인한 조치를 받았다는 사실의 공표명령 또는 게시명령

③ 기관경고

④ 기관주의

2) 조치요구

금융위원회는 금융회사 등이 다음 각 호의 어느 하나에 해당하는 경우에는 6개월 이
내의 범위에서 그 업무의 전부 또는 일부의 정지를 명하거나 해당 금융회사 등의 영업에
관한 행정제재처분의 권한을 가진 관계 행정기관의 장에게 그 조치를 요구할 수 있다.

① 명령을 이행하지 아니한 경우

② 기관경고를 3회 이상 받은 경우

③ 그 밖에 이 법 또는 이 법에 따른 명령이나 지시를 위반하여 건전한 금융거래의 질서 또는 거래자의 이익을 크게 해칠 우려가 있는 경우

3) 기타 요구

금융위원회는 금융회사 등의 임원 또는 직원이 이 법 또는 이 법에 따른 명령이나 지시를 위반한 사실을 발견하였을 때에는 다음의 구분에 따른 조치를 하여 줄 것을 해당 금융회사 등의 장에게 요구할 수 있다.

(1) 임원
① 해임
② 6개월 이내의 직무정지
③ 문책경고
④ 주의적 경고
⑤ 주의

(2) 직원
① 면직
② 6개월 이내의 정직
③ 감봉
④ 견책
⑤ 주의

17. 벌칙

법 제3조제3항 또는 제4항, 제4조제1항 또는 제3항부터 제5항까지의 규정을 위반한 자는 5년 이하의 징역 또는 5천만 원 이하의 벌금에 처한다. 징역형과 벌금형은 병과할 수 있다.

18. 과태료

위반한 금융회사 등의 임원 또는 직원에게는 3천만 원 이하의 과태료를 부과한다. 과태료는 대통령령으로 정하는 바에 따라 금융위원회가 부과·징수한다.

19. 양벌규정

법인의 대표자나 법인 또는 개인의 대리인, 사용인, 그 밖의 종업원이 그 법인 또는 개인의 업무에 관하여 제6조 또는 제7조의 위반행위를 하면 그 행위자를 벌하는 외에 그 법인 또는 개인에게도 해당 조문의 벌금 또는 과태료를 과(科)한다. 다만, 법인 또는 개인이 그 위반행위를 방지하기 위하여 해당 업무에 관하여 상당한 주의와 감독을 게을리하지 아니한 경우에는 그러하지 아니하다.

신용정보의 이용 및 보호에 관한 법률
(신용정보업법)

제1절 개 요

1. 목적

신용정보업법은 신용정보업을 건전하게 육성하고 신용정보의 효율적 이용과 체계적 관리를 도모하며, 신용정보의 오용·남용으로부터 사생활의 비밀 등을 적절히 보호함으로써 건전한 신용질서의 확립에 이바지함을 목적으로 한다.

2. 신용정보의 개념 등

1) 신용정보

금융거래 등 상거래에 있어서 거래 상대방의 신용을 판단할 때 필요한 다음의 정보로서 대통령령으로 정하는 정보를 말한다.

(1) 특정 신용정보주체를 식별할 수 있는 정보

생존하는 개인의 성명, 주소, 주민등록번호, 외국인등록번호, 국내거소신고번호, 여권번호, 성별, 국적 및 직업 등과 기업(사업을 경영하는 개인 및 법인과 이들의 단체를 말한다) 및 법인의 상호, 법인등록번호, 사업자등록번호, 본점 및 영업소의 소재지, 설립연월일, 목적, 영업실태, 종목, 대표자의 성명 및 임원 등에 관한 사항

(2) 신용정보주체의 거래내용을 판단할 수 있는 정보

대출, 보증, 담보제공, 당좌거래(가계당좌거래를 포함한다), 신용카드, 할부금융, 시설대여와 금융거래 등 상거래와 관련하여 그 거래의 종류, 기간, 금액 및 한도 등에 관한 사항

(3) 신용정보주체의 신용도를 판단할 수 있는 정보

금융거래 등 상거래와 관련하여 발생한 연체, 부도, 대위변제, 대지급과 거짓, 속임수, 그 밖의 부정한 방법에 의한 신용질서 문란행위와 관련된 금액 및 발생·해소의 시기 등에 관한 사항. 이 경우 신용정보주체가 기업인 경우에는 다음의 어느 하나에 해당하는 자를 포함한다.

① 국세기본법 제39조제2항에 따른 과점주주로서 최다출자자인 자
② 국세기본법 제39조제2항에 따른 과점주주인 동시에 해당 기업의 이사 또는 감사로서 그 기업의 채무에 연대보증을 한 자
③ 해당 기업의 의결권 있는 발행주식총수 또는 지분총액의 100분의 30 이상을 소유하고 있는 자로서 최다출자자인 자
④ 해당 기업의 무한책임사원

(4) 신용정보주체의 신용거래능력을 판단할 수 있는 정보

금융거래 등 상거래에서 신용거래능력을 판단할 수 있는 다음의 어느 하나에 해당하는 정보

① 개인의 재산·채무·소득의 총액 및 납세실적
② 기업의 연혁·주식 또는 지분보유 현황 등 기업의 개황(槪況), 판매명세·수주실적 또는 경영상의 주요 계약 등 사업의 내용, 재무제표(연결재무제표 및 결합재무제표 포함) 등 재무에 관한 사항과 '주식회사의 외부감사에 관한 법률'에 따른 감사인의 감사의견 및 납세실적

(5) 그 밖에 (1)~(4)까지와 유사한 정보

① 법원의 금치산선고·한정치산선고·실종선고의 재판, 회생·개인회생과 관련된 결정, 파산선고·면책·복권과 관련된 결정, 채무불이행자명부의 등재·말소 결정 및 경매개시결정·경락허가결정 등 경매와 관련된 결정에 관한 정보

② 국세·지방세·관세 또는 국가채권의 체납 관련 정보

③ 벌금·과태료·과징금 또는 추징금 등의 체납 관련 정보

④ 사회보험료·공공요금 또는 수수료 등 관련 정보

⑤ 기업의 영업에 관한 정보로서 정부조달 실적 또는 수출·수입액 등의 관련 정보

⑥ 개인의 주민등록 관련 정보로서 출생·사망·이민·부재에 관한 정보, 주민등록번호·성명의 변경 등에 관한정보

⑦ 기업등록 관련 정보로서 설립, 휴업·폐업, 양도·양수, 분할·합병, 주식 또는 지분 변동 등에 관한 정보

⑧ 다른 법령에 따라 국가, 지방자치단체 또는 공공기관으로부터 받은 행정처분에 관한 정보 중에서 금융거래 등 상거래와 관련된 정보

⑨ 그 밖에 신용정보주체의 신용등급, 신용조회회사의 신용정보 제공기록 또는 신용정보주체의 신용회복 등에 관한 사항으로서 금융위원회가 정하여 고시하는 정보

2) 개인신용정보

신용정보 중 개인의 신용도와 신용거래능력 등을 판단할 때 필요한 정보로서 신용정보 중 기업 및 법인에 관한 정보를 제외한 개인에 관한 신용정보를 말한다.

3) 신용정보주체

처리된 신용정보로 식별되는 자로서 그 신용정보의 주체가 되는 자를 말한다.

4) 신용정보업

법 제4조제1항 각 호에 따른 업무의 전부 또는 일부를 업(業)으로 하는 것을 말한다.

5) 신용정보회사

신용정보업을 할 목적으로 금융위원회의 허가를 받은 회사이다.

6) 신용정보집중기관

신용정보를 집중하여 관리·활용하는 자로서 금융위원회에 등록한 자를 말한다.

7) 신용정보제공자·이용자

고객과의 금융거래 등 상거래를 위하여 본인의 영업과 관련하여 얻거나 만들어 낸 신용정보를 타인에게 제공하거나 타인으로부터 신용정보를 제공받아 본인의 영업에 이용하는 자와 그 밖에 이에 준하는 자로서 대통령령으로 정하는 자를 말한다.

8) 신용조회업무

신용정보를 수집·처리하는 행위, 신용정보주체의 신용도·신용거래능력 등을 나타내는 신용정보를 만들어 내는 행위 및 의뢰인의 조회에 따라 신용정보를 제공하는 행위를 말한다.

9) 신용조사업무

타인의 의뢰를 받아 신용정보를 조사하고, 그 신용정보를 그 의뢰인에게 제공하는 행위를 말한다.

10) 채권추심업무

채권자의 위임을 받아 변제하기로 약정한 날까지 채무를 변제하지 아니한 자에 대한 재산조사, 변제의 촉구 또는 채무자로부터의 변제금 수령을 통하여 채권자를 대신하여 추심채권을 행사하는 행위를 말한다.

11) 채권추심의 대상이 되는 채권

상법에 따른 상행위로 생긴 금전채권, 판결 등에 따라 권원(權原)이 인정된 민사채권으로서 대통령령으로 정하는 채권, 특별법에 따라 설립된 조합·공제조합·금고 및 그 중앙회·연합회 등의 조합원·회원 등에 대한 대출·보증, 그 밖의 여신 및 보험 업무에 따른 금전채권 및 다른 법률에서 신용정보회사에 대한 채권추심의 위탁을 허용한 채권을 말한다.

12) 처리

'처리'란 다음의 어느 하나에 해당하는 행위를 말한다.

① 컴퓨터를 이용하여 신용정보를 입력·저장·가공·편집·검색·삭제 또는 출력하는 행위

② 신용정보를 배달·우송 또는 전송 등의 방법으로 타인에게 제공하는 행위

③ 그 밖에 ① 또는 ②와 비슷한 행위

제2절 신용정보업의 진입

1. 신용정보업의 종류와 허가

1) 종류

① 신용조회업 : 신용조회업무 및 그에 딸린 업무

② 신용조사업 : 신용조사업무 및 그에 딸린 업무

③ 채권추심업 : 채권추심업무 및 그에 딸린 업무

2. 허가

신용정보업을 하려는 자는 업무의 종류별로 금융위원회의 허가를 받아야 한다.

1) 허가 대상

신용조회업, 신용조사업 및 채권추심업 허가를 받을 수 있는 자는 다음의 자로 제한한다.

① 대통령령으로 정하는 금융기관 등이 100분의 50 이상을 출자한 법인

② '신용보증기금법'에 따른 신용보증기금

③ '기술신용보증기금법'에 따른 기술신용보증기금

④ '지역신용보증재단법'에 따라 설립된 신용보증재단

⑤ '무역보험법'에 따라 설립된 한국무역보험공사

⑥ 신용조회업·신용조사업·채권추심업 업무의 전부 또는 일부를 허가받은 자가 100분의 50 이상을 출자한 법인. 다만, 출자자가 출자를 받은 법인과 같은 종류의 업무를 하는 경우는 제외한다.

2) 허가의 요건

(1) 시설 등

신용정보업의 허가를 받으려는 자는 다음의 요건을 갖추어야 한다.

① 신용정보업을 하기에 충분한 인력과 전산설비 등 물적 시설을 갖출 것

② 사업계획이 타당하고 건전할 것

③ 대통령령으로 정하는 주요출자자가 충분한 출자능력, 건전한 재무상태 및 사회적 신용을 갖출 것

④ 신용정보업을 하기에 충분한 전문성을 갖출 것

(2) 자본금

① 신용조회업을 하려는 경우에는 50억 원 이상

② 신용조사업 및 채권추심업을 각각 또는 함께 하려는 경우에는 50억 원 이내에서 대통령령으로 정하는 금액 이상

3. 신용정보업의 양도·양수 등의 인가 등

신용정보회사가 그 사업의 전부 또는 일부를 양도·양수 또는 분할하거나, 다른 법인과 합병('상법' 제530조의2에 따른 분할합병을 포함한다)하려는 경우에는 대통령령으로 정하는 바에 따라 금융위원회의 인가를 받아야 한다.

4. 영업 중단, 폐업

영업의 전부 또는 일부를 일시적으로 중단하거나 폐업하려면 총리령으로 정하는 바에 따라 미리 금융위원회에 신고하여야 한다.

5. 겸업신고

신용정보회사는 다음의 업무 외에는 총리령으로 정하는 바에 따라 금융위원회에 미리 신고하고 허가받은 업무와 관련된 업무를 겸업할 수 있다.

① 개인에 대하여 타인의 신용정보 및 신용정보를 가공(加工)한 신용정보를 제공하는 업무

② 다른 회사 채권에 대한 부채증명서 발급 대행 업무(대통령령으로 정하는 경우를 제외한다.)

③ 부실채권 매입, 채권추심 등 타인의 권리실행을 위한 소송사건 등의 대리업무 등 신용정보회사의 업무 범위를 벗어난 업무

④ 그 밖에 신용정보주체 또는 사회에 명백하게 해악을 끼칠 수 있는 업무로서 대통령령으로 정하는 업무

6. 임원의 겸직 금지

신용정보회사의 상임 임원은 금융위원회의 승인 없이 다른 영리법인의 상무(常務)에 종사할 수 없다.

7. 신용정보의 수집·조사 및 처리

신용정보회사, 신용정보집중기관 및 신용정보제공·이용자('신용정보회사 등')는 신용정보를 수집·조사하는 경우에는 이 법 또는 정관으로 정한 업무 범위에서 수집·조사의 목적을 명확하게 하고 그 목적 달성에 필요한 범위에서 합리적이고 공정한 수단을 사용하여야 한다.

8. 수집 · 조사 및 처리의 제한

신용정보회사 등은 다음의 정보를 수집 · 조사하여서는 아니 된다.
① 국가의 안보 및 기밀에 관한 정보
② 기업의 영업비밀 또는 독창적인 연구개발 정보
③ 개인의 정치적 사상, 종교적 신념, 그 밖에 신용정보와 관계없는 사생활에 관한
　정보
④ 확실하지 아니한 개인신용정보
⑤ 다른 법률에 따라 수집이 금지된 정보
⑥ 그 밖에 대통령령으로 정하는 정보

9. 수집 · 조사 및 처리의 위탁

신용정보회사 등은 그 업무 범위에서 의뢰인의 동의를 받아 다른 신용정보회사 등에
신용정보의 수집 · 조사를 위탁할 수 있다.

10. 신용정보 관리책임의 명확화 및 업무처리기록의 보존

다음의 사항에 대한 기록은 3년간 보존하여야 한다.
① 의뢰인의 주소와 성명 또는 정보제공 · 교환기관의 주소와 이름
② 의뢰받은 업무 내용 및 의뢰받은 날짜
③ 의뢰받은 업무의 처리 내용 또는 제공한 신용정보의 내용과 제공한 날짜
④ 그 밖에 대통령령으로 정하는 사항

11. 개인식별정보의 제공 · 이용

개인식별정보를 신용정보회사 등에 제공하려는 경우에는 해당 개인의 동의를 받아야
한다.

12. 신용정보의 열람 및 정정청구 등

신용정보주체는 신용정보회사 등에 본인의 신분을 나타내는 증표를 내보이거나 전화, 인터넷 홈페이지의 이용 등 대통령령으로 정하는 방법으로 본인임을 확인받아 신용정보회사 등이 가지고 있는 본인정보의 제공 또는 열람을 청구할 수 있으며, 본인정보가 사실과 다른 경우에는 금융위원회가 정하여 고시하는 바에 따라 정정을 청구할 수 있다.

CHAPTER
04

개인정보 보호법

제1절　개 요

1. 목적

이 법은 개인정보의 처리 및 보호에 관한 사항을 정함으로써 개인의 자유와 권리를 보호하고, 나아가 개인의 존엄과 가치를 구현함을 목적으로 한다.

2. 개인정보의 개념 등

1) 개인정보

'개인정보'란 살아 있는 개인에 관한 정보로서 성명, 주민등록번호 및 영상 등을 통하여 개인을 알아볼 수 있는 정보(해당 정보만으로는 특정 개인을 알아볼 수 없더라도 다른 정보와 쉽게 결합하여 알아볼 수 있는 것을 포함한다)를 말한다.

2) 처리

'처리'란 개인정보의 수집, 생성, 연계, 연동, 기록, 저장, 보유, 가공, 편집, 검색, 출력, 정정(訂正), 복구, 이용, 제공, 공개, 파기(破棄), 그 밖에 이와 유사한 행위를 말한다.

3) 정보주체

처리되는 정보에 의하여 알아볼 수 있는 사람으로서 그 정보의 주체가 되는 사람을 말한다.

4) 개인정보파일

개인정보를 쉽게 검색할 수 있도록 일정한 규칙에 따라 체계적으로 배열하거나 구성한 개인정보의 집합물(集合物)이다.

5) 개인정보처리자

업무를 목적으로 개인정보파일을 운용하기 위하여 스스로 또는 다른 사람을 통하여 개인정보를 처리하는 공공기관, 법인, 단체 및 개인 등이다.

6) 공공기관

국회, 법원, 헌법재판소, 중앙선거관리위원회의 행정사무를 처리하는 기관, 중앙행정기관(대통령 소속 기관과 국무총리 소속 기관을 포함한다) 및 그 소속 기관, 지방자치단체, 그 밖의 국가기관 및 공공단체 중 대통령령으로 정하는 기관이다.

7) 영상정보처리기기

일정한 공간에 지속적으로 설치되어 사람 또는 사물의 영상 등을 촬영하거나 이를 유·무선망을 통하여 전송하는 장치로서 대통령령으로 정하는 장치이다.

제2절 개인정보 보호법의 내용

1. 개인정보 보호의 원칙

① 개인정보처리자는 개인정보의 처리 목적을 명확하게 하여야 하고 그 목적에 필요한 범위에서 최소한의 개인정보만을 적법하고 정당하게 수집하여야 한다.

② 개인정보처리자는 개인정보의 처리 목적에 필요한 범위에서 적합하게 개인정보를 처리하여야 하며, 그 목적 외의 용도로 활용하여서는 아니 된다.

③ 개인정보처리자는 개인정보의 처리 목적에 필요한 범위에서 개인정보의 정확성, 완전성 및 최신성이 보장되도록 하여야 한다.

④ 개인정보처리자는 개인정보의 처리 방법 및 종류 등에 따라 정보주체의 권리가 침해받을 가능성과 그 위험 정도를 고려하여 개인정보를 안전하게 관리하여야 한다.

⑤ 개인정보처리자는 개인정보 처리방침 등 개인정보의 처리에 관한 사항을 공개하여야 하며, 열람청구권 등 정보주체의 권리를 보장하여야 한다.

⑥ 개인정보처리자는 정보주체의 사생활 침해를 최소화하는 방법으로 개인정보를 처리하여야 한다.

⑦ 개인정보처리자는 개인정보의 익명처리가 가능한 경우에는 익명에 의하여 처리될 수 있도록 하여야 한다.

⑧ 개인정보처리자는 이 법 및 관계 법령에서 규정하고 있는 책임과 의무를 준수하고 실천함으로써 정보주체의 신뢰를 얻기 위하여 노력하여야 한다.

2. 정보주체의 권리

정보주체는 자신의 개인정보 처리와 관련하여 다음 각 호의 권리를 가진다.

① 개인정보의 처리에 관한 정보를 제공받을 권리

② 개인정보의 처리에 관한 동의 여부, 동의 범위 등을 선택하고 결정할 권리

③ 개인정보의 처리 여부를 확인하고 개인정보에 대하여 열람(사본의 발급을 포함한다. 이하 같다)을 요구할 권리

④ 개인정보의 처리 정지, 정정·삭제 및 파기를 요구할 권리

⑤ 개인정보의 처리로 인하여 발생한 피해를 신속하고 공정한 절차에 따라 구제받을 권리

3. 국가와 지방자치단체의 책무

국가와 지방자치단체는 개인정보의 목적 외 수집, 오용·남용 및 무분별한 감시·추적 등에 따른 폐해를 방지하여 인간의 존엄과 개인의 사생활 보호를 도모하기 위한 시책을 강구하여야 한다.

4. 다른 법률과의 관계

개인정보 보호에 관하여는 다른 법률에 특별한 규정이 있는 경우를 제외하고는 이 법에서 정하는 바에 따른다.

5. 개인정보 보호위원회

개인정보 보호에 관한 사항을 심의·의결하기 위하여 대통령 소속으로 개인정보 보호위원회(이하 '보호위원회'라 한다)를 둔다. 보호위원회는 그 권한에 속하는 업무를 독립하여 수행한다. 보호위원회는 위원장 1명, 상임위원 1명을 포함한 15명 이내의 위원으로 구성하되, 상임위원은 정무직 공무원으로 임명한다. 위원장은 위원 중에서 공무원이 아닌 사람으로 대통령이 위촉한다. 위원은 다음의 어느 하나에 해당하는 사람을 대통령이 임명하거나 위촉한다. 이 경우 위원 중 5명은 국회가 선출하는 자를, 5명은 대법원장이 지명하는 자를 각각 임명하거나 위촉한다.

① 개인정보 보호와 관련된 시민사회단체 또는 소비자단체로부터 추천을 받은 사람
② 개인정보처리자로 구성된 사업자단체로부터 추천을 받은 사람
③ 그 밖에 개인정보에 관한 학식과 경험이 풍부한 사람

6. 기본계획

개인정보의 보호와 정보주체의 권익 보장을 위하여 안전행정부장관은 3년마다 개인정보 보호 기본계획('기본계획')을 관계 중앙행정기관의 장과 협의 하에 작성하여 보호위원회에 제출하고, 보호위원회의 심의·의결을 거쳐 시행하여야 한다.

7. 개인정보 보호지침

안전행정부장관은 개인정보의 처리에 관한 기준, 개인정보 침해의 유형 및 예방조치 등에 관한 표준 개인정보 보호지침('표준지침')을 정하여 개인정보처리자에게 그 준수를 권장할 수 있다. 중앙행정기관의 장은 표준지침에 따라 소관 분야의 개인정보 처리와 관련한 개인정보 보호지침을 정하여 개인정보처리자에게 그 준수를 권장할 수 있다.

8. 개인정보의 수집·이용

개인정보처리자는 다음의 어느 하나에 해당하는 경우에는 개인정보를 수집할 수 있으며 그 수집 목적의 범위에서 이용할 수 있다.
① 정보주체의 동의를 받은 경우
② 법률에 특별한 규정이 있거나 법령상 의무를 준수하기 위하여 불가피한 경우
③ 공공기관이 법령 등에서 정하는 소관 업무의 수행을 위하여 불가피한 경우
④ 정보주체와의 계약의 체결 및 이행을 위하여 불가피하게 필요한 경우
⑤ 정보주체 또는 그 법정대리인이 의사표시를 할 수 없는 상태에 있거나 주소불명 등으로 사전 동의를 받을 수 없는 경우로서 명백히 정보주체 또는 제3자의 급박한 생명, 신체, 재산의 이익을 위하여 필요하다고 인정되는 경우
⑥ 개인정보처리자의 정당한 이익을 달성하기 위하여 필요한 경우로서 명백하게 정보주체의 권리보다 우선하는 경우. 이 경우 개인정보처리자의 정당한 이익과 상당한 관련이 있고 합리적인 범위를 초과하지 아니하는 경우에 한한다.

9. 통지

개인정보처리자는 정보주체의 동의를 받을 때에는 다음의 사항을 정보주체에게 알려야 한다. 다음 각 호의 어느 하나의 사항을 변경하는 경우에도 이를 알리고 동의를 받아야 한다.
① 개인정보의 수집·이용 목적
② 수집하려는 개인정보의 항목

③ 개인정보의 보유 및 이용 기간

④ 동의를 거부할 권리가 있다는 사실 및 동의 거부에 따른 불이익이 있는 경우에는
그 불이익의 내용

10. 개인정보의 수집 제한

개인정보처리자는 개인정보를 수집하는 경우에는 그 목적에 필요한 최소한의 개인정보를 수집하여야 한다. 이 경우 최소한의 개인정보 수집이라는 입증책임은 개인정보처리자가 부담한다. 개인정보처리자는 정보주체의 동의를 받아 개인정보를 수집하는 경우 필요한 최소한의 정보 외의 개인정보 수집에는 동의하지 아니할 수 있다는 사실을 구체적으로 알리고 개인정보를 수집하여야 한다. 개인정보처리자는 정보주체가 필요한 최소한의 정보 외의 개인정보 수집에 동의하지 아니한다는 이유로 정보주체에게 재화 또는 서비스의 제공을 거부하여서는 아니 된다.

11. 개인정보의 제공

개인정보처리자는 다음의 어느 하나에 해당되는 경우에는 정보주체의 개인정보를 제3자에게 제공(공유를 포함한다)할 수 있다.

① 정보주체의 동의를 받은 경우

② 제15조제1항제2호·제3호 및 제5호에 따라 개인정보를 수집한 목적 범위에서 개인정보를 제공하는 경우

12. 개인정보의 제공 동의

개인정보처리자는 정보주체의 동의를 받을 때에는 다음의 사항을 정보주체에게 알려야 한다. 다음의 어느 하나의 사항을 변경하는 경우에도 이를 알리고 동의를 받아야 한다. 개인정보처리자가 개인정보를 국외의 제3자에게 제공할 때에도 이 사항을 정보주체에게 알리고 동의를 받아야 하며, 이 법을 위반하는 내용으로 개인정보의 국외 이전에 관한 계약을 체결하여서는 아니 된다.

① 개인정보를 제공받는 자

② 개인정보를 제공받는 자의 개인정보 이용 목적

③ 제공하는 개인정보의 항목

④ 개인정보를 제공받는 자의 개인정보 보유 및 이용 기간

⑤ 동의를 거부할 권리가 있다는 사실 및 동의 거부에 따른 불이익이 있는 경우에는
그 불이익의 내용

13. 개인정보의 목적 외 이용·제공 제한

개인정보처리자는 개인정보를 범위를 초과하여 이용하거나 범위를 초과하여 제3자에게 제공하여서는 아니 된다.

14. 예외적 제공 등

개인정보처리자는 다음의 어느 하나에 해당하는 경우에는 정보주체 또는 제3자의 이익을 부당하게 침해할 우려가 있을 때를 제외하고는 개인정보를 목적 외의 용도로 이용하거나 이를 제3자에게 제공할 수 있다. 다만, ⑤부터 ⑨까지의 경우는 공공기관의 경우로 한정한다.

① 정보주체로부터 별도의 동의를 받은 경우

② 다른 법률에 특별한 규정이 있는 경우

③ 정보주체 또는 그 법정대리인이 의사표시를 할 수 없는 상태에 있거나 주소불명 등으로 사전 동의를 받을 수 없는 경우로서 명백히 정보주체 또는 제3자의 급박한 생명, 신체, 재산의 이익을 위하여 필요하다고 인정되는 경우

④ 통계작성 및 학술연구 등의 목적을 위하여 필요한 경우로서 특정 개인을 알아볼 수 없는 형태로 개인정보를 제공하는 경우

⑤ 개인정보를 목적 외의 용도로 이용하거나 이를 제3자에게 제공하지 아니하면 다른 법률에서 정하는 소관 업무를 수행할 수 없는 경우로서 보호위원회의 심의·의결을 거친 경우

⑥ 조약, 그 밖의 국제협정의 이행을 위하여 외국정부 또는 국제기구에 제공하기 위

하여 필요한 경우

⑦ 범죄의 수사와 공소의 제기 및 유지를 위하여 필요한 경우

⑧ 법원의 재판업무 수행을 위하여 필요한 경우

⑨ 형(刑) 및 감호, 보호처분의 집행을 위하여 필요한 경우

15. 정보주체 통지

개인정보처리자는 정보주체로부터 별도의 동의를 받을 때에는 다음 각 호의 사항을 정보주체에게 알려야 한다. 다음의 어느 하나의 사항을 변경하는 경우에도 이를 알리고 동의를 받아야 한다.

① 개인정보를 제공받는 자

② 개인정보의 이용 목적(제공 시에는 제공받는 자의 이용 목적을 말한다.)

③ 이용 또는 제공하는 개인정보의 항목

④ 개인정보의 보유 및 이용 기간(제공 시에는 제공받는 자의 보유 및 이용 기간을 말한다.)

⑤ 동의를 거부할 권리가 있다는 사실 및 동의 거부에 따른 불이익이 있는 경우에는 그 불이익의 내용

16. 관보 게재 등

공공기관은 개인정보를 목적 외의 용도로 이용하거나 이를 제3자에게 제공하는 경우에는 그 이용 또는 제공의 법적 근거, 목적 및 범위 등에 관하여 필요한 사항을 행정자치부령으로 정하는 바에 따라 관보 또는 인터넷 홈페이지 등에 게재하여야 한다.

17. 제3자 제공시의 조치

개인정보처리자는 개인정보를 목적 외의 용도로 제3자에게 제공하는 경우에는 개인정보를 제공받는 자에게 이용 목적, 이용 방법, 그 밖에 필요한 사항에 대하여 제한을 하거나, 개인정보의 안전성 확보를 위하여 필요한 조치를 마련하도록 요청하여야 한

다. 이 경우 요청을 받은 자는 개인정보의 안전성 확보를 위하여 필요한 조치를 하여야
한다.

18. 개인정보를 제공받은 자의 이용 · 제공 제한

개인정보처리자로부터 개인정보를 제공받은 자는 다음의 어느 하나에 해당하는 경우
를 제외하고는 개인정보를 제공받은 목적 외의 용도로 이용하거나 이를 제3자에게 제
공하여서는 아니 된다.
① 정보주체로부터 별도의 동의를 받은 경우
② 다른 법률에 특별한 규정이 있는 경우

19. 정보주체 이외로부터 수집한 개인정보의 수집 출처 등 고지

개인정보처리자가 정보주체 이외로부터 수집한 개인정보를 처리하는 때에는 정보주
체의 요구가 있으면 즉시 다음의 모든 사항을 정보주체에게 알려야 한다.
① 개인정보의 수집 출처
② 개인정보의 처리 목적
③ 개인정보 처리의 정지(동법 제37조)를 요구할 권리가 있다는 사실

20. 파기

개인정보처리자는 보유기간의 경과, 개인정보의 처리 목적 달성 등 그 개인정보가 불
필요하게 되었을 때에는 지체 없이 그 개인정보를 파기하여야 한다. 다만, 다른 법령에
따라 보존하여야 하는 경우에는 그러하지 아니하다.
개인정보처리자가 개인정보를 파기할 때에는 복구 또는 재생되지 아니하도록 조치하
여야 한다. 개인정보처리자가 개인정보를 파기하지 아니하고 보존하여야 하는 경우에
는 해당 개인정보 또는 개인정보파일을 다른 개인정보와 분리하여서 저장 · 관리하여야
한다.

21. 동의거부시의 거부금지

정보주체가 별도의 동의를 하지 아니한다는 이유로 정보주체에게 재화 또는 서비스의 제공을 거부하여서는 아니 된다.

22. 만 14세 미만 아동

개인정보처리자는 만 14세 미만 아동의 개인정보를 처리하기 위하여 이 법에 따른 동의를 받아야 할 때에는 그 법정대리인의 동의를 받아야 한다. 이 경우 법정대리인의 동의를 받기 위하여 필요한 최소한의 정보는 법정대리인의 동의 없이 해당 아동으로부터 직접 수집할 수 있다.

23. 민감정보의 처리 제한

개인정보처리자는 사상·신념, 노동조합·정당의 가입·탈퇴, 정치적 견해, 건강, 성생활 등에 관한 정보, 그 밖에 정보주체의 사생활을 현저히 침해할 우려가 있는 개인정보로서 대통령령으로 정하는 정보('민감정보')를 처리하여서는 아니 된다. 다만, 다음의 어느 하나에 해당하는 경우에는 그러하지 아니하다.

① 정보주체에게 제15조제2항 각 호 또는 제17조제2항 각 호의 사항을 알리고 다른 개인정보의 처리에 대한 동의와 별도로 동의를 받은 경우
② 법령에서 민감정보의 처리를 요구하거나 허용하는 경우 민감정보의 범위

여기에서 '대통령령으로 정하는 정보'(민감정보)란 다음의 어느 하나에 해당하는 정보를 말한다. 다만, 공공기관이 해당 정보를 처리하는 경우는 제외한다.

㉠ 유전자검사 등의 결과로 얻어진 유전정보
㉡ '형의 실효 등에 관한 법률' 제2조제5호에 따른 범죄경력자료에 해당하는 정보

24. 고유식별정보의 처리 제한

개인정보처리자는 다음의 경우를 제외하고는 법령에 따라 개인을 고유하게 구별하기

위하여 부여된 식별정보로서 대통령령으로 정하는 정보('고유식별정보')를 처리할 수 없다.

① 정보주체에게 제15조제2항 각 호 또는 제17조제2항 각 호의 사항을 알리고 다른 개인정보의 처리에 대한 동의와 별도로 동의를 받은 경우

② 법령에서 구체적으로 고유식별정보의 처리를 요구하거나 허용하는 경우 개인정보처리자는 법령에 따라 개인을 고유하게 구별하기 위하여 부여된 식별정보로서 대통령령으로 정하는 정보(고유식별정보)를 처리할 수 없다.

여기에서 '대통령령으로 정하는 정보'(고유식별정보)란 다음의 어느 하나에 해당하는 정보를 말한다. 다만, 공공기관이 해당 정보를 처리하는 경우는 제외한다.

㉠ '주민등록법' 제7조제3항에 따른 주민등록번호

㉡ '여권법' 제7조제1항제1호에 따른 여권번호

㉢ '도로교통법' 제80조에 따른 운전면허의 면허번호

㉣ '출입국관리법' 제31조제4항에 따른 외국인등록번호

25. 고유식별정보의 암호화 등 안전조치

개인정보처리자가 고유식별정보를 처리하는 경우에는 그 고유식별정보가 분실·도난·유출·변조 또는 훼손되지 아니하도록 대통령령으로 정하는 바에 따라 암호화 등 안전성 확보에 필요한 조치를 하여야 한다.

26. 주민등록번호 처리의 제한 및 암호화

개인정보처리자는 다음의 어느 하나에 해당하는 경우를 제외하고는 주민등록번호를 처리할 수 없다.

① 법령에서 구체적으로 주민등록번호의 처리를 요구하거나 허용한 경우

② 정보주체 또는 제3자의 급박한 생명, 신체, 재산의 이익을 위하여 명백히 필요하다고 인정되는 경우

③ ① 및 ②에 준하여 주민등록번호 처리가 불가피한 경우로서 안전행정부령으로 정

하는 경우

또한 개인정보처리자는 주민등록번호가 분실·도난·유출·변조 또는 훼손되지 아니하도록 암호화 조치를 통하여 안전하게 보관하여야 한다. 이 경우 암호화 적용 대상 및 대상별 적용 시기 등에 관하여 필요한 사항은 개인정보의 처리 규모와 유출 시 영향 등을 고려하여 대통령령으로 정한다.

개인정보처리자는 주민등록번호를 처리하는 경우에도 정보주체가 인터넷 홈페이지를 통하여 회원으로 가입하는 단계에서는 주민등록번호를 사용하지 아니하고도 회원으로 가입할 수 있는 방법을 제공하여야 한다.

27. 영상정보처리기기 설치 제한 등

1) 공개된 장소

누구든지 다음의 경우를 제외하고는 공개된 장소에 영상정보처리기기를 설치·운영하여서는 아니 된다.
① 법령에서 구체적으로 허용하고 있는 경우
② 범죄의 예방 및 수사를 위하여 필요한 경우
③ 시설안전 및 화재 예방을 위하여 필요한 경우
④ 교통단속을 위하여 필요한 경우
⑤ 교통정보의 수집·분석 및 제공을 위하여 필요한 경우

2) 목욕실 등

누구든지 불특정 다수가 이용하는 목욕실, 화장실, 발한실(發汗室), 탈의실 등 개인의 사생활을 현저히 침해할 우려가 있는 장소의 내부를 볼 수 있도록 영상정보처리기기를 설치·운영하여서는 아니 된다. 다만, 교도소, 정신보건 시설 등 법령에 근거하여 사람을 구금하거나 보호하는 시설로서 대통령령으로 정하는 시설에 대하여는 그러하지 아니하다.

3) 안내판 등

영상정보처리기기를 설치·운영하는 자('영상정보처리기기운영자')는 정보주체가 쉽게 인식할 수 있도록 대통령령으로 정하는 바에 따라 안내판 설치 등 필요한 조치를 하여야 한다. 다만, 대통령령으로 정하는 시설에 대하여는 그러하지 아니하다. 영상정보처리기기운영자는 영상정보처리기기의 설치 목적과 다른 목적으로 영상정보처리기기를 임의로 조작하거나 다른 곳을 비춰서는 아니 되며, 녹음기능은 사용할 수 없다.

28. 개인정보 보호책임자의 지정

개인정보처리자는 개인정보의 처리에 관한 업무를 총괄해서 책임질 개인정보보호책임자를 지정하여야 한다.

29. 개인정보 유출 통지 등

개인정보처리자는 개인정보가 유출되었음을 알게 되었을 때에는 지체 없이 해당 정보주체에게 다음의 사실을 알려야 한다.
① 유출된 개인정보의 항목
② 유출된 시점과 그 경위
③ 유출로 인하여 발생할 수 있는 피해를 최소화하기 위하여 정보주체가 할 수 있는 방법 등에 관한 정보
④ 개인정보처리자의 대응조치 및 피해 구제절차
⑤ 정보주체에게 피해가 발생한 경우 신고 등을 접수할 수 있는 담당부서 및 연락처

30. 과징금의 부과 등

안전행정부장관은 개인정보처리자가 처리하는 주민등록번호가 분실·도난·유출·변조 또는 훼손된 경우에는 5억 원 이하의 과징금을 부과·징수할 수 있다. 다만, 주민등록번호가 분실·도난·유출·변조 또는 훼손되지 아니하도록 개인정보처리자가 그 안전성 확보에 필요한 조치를 다한 경우에는 그러하지 아니하다.

31. 개인정보의 열람

정보주체는 개인정보처리자가 처리하는 자신의 개인정보에 대한 열람을 해당 개인정보처리자에게 요구할 수 있다. 정보주체가 자신의 개인정보에 대한 열람을 공공기관에 요구하고자 할 때에는 공공기관에 직접 열람을 요구하거나 대통령령으로 정하는 바에 따라 행정자치부장관을 통하여 열람을 요구할 수 있다. 개인정보처리자는 이와 같이 열람을 요구받았을 때에는 대통령령으로 정하는 기간 내에 정보주체가 해당 개인정보를 열람할 수 있도록 하여야 한다. 이 경우 해당 기간 내에 열람할 수 없는 정당한 사유가 있을 때에는 정보주체에게 그 사유를 알리고 열람을 연기할 수 있으며, 그 사유가 소멸하면 지체 없이 열람하게 하여야 한다.

다만 개인정보처리자는 다음의 어느 하나에 해당하는 경우에는 정보주체에게 그 사유를 알리고 열람을 제한하거나 거절할 수 있다.

① 법률에 따라 열람이 금지되거나 제한되는 경우
② 다른 사람의 생명·신체를 해할 우려가 있거나 다른 사람의 재산과 그 밖의 이익을 부당하게 침해할 우려가 있는 경우
③ 공공기관이 다음의 어느 하나에 해당하는 업무를 수행할 때 중대한 지장을 초래하는 경우
　㉠ 조세의 부과·징수 또는 환급에 관한 업무
　㉡ '초·중등교육법' 및 '고등교육법'에 따른 각급 학교, '평생교육법'에 따른 평생교육시설, 그 밖의 다른 법률에 따라 설치된 고등교육기관에서의 성적 평가 또는 입학자 선발에 관한 업무
　㉢ 학력·기능 및 채용에 관한 시험, 자격 심사에 관한 업무
　㉣ 보상금·급부금 산정 등에 대하여 진행 중인 평가 또는 판단에 관한 업무
　㉤ 다른 법률에 따라 진행 중인 감사 및 조사에 관한 업무

32. 개인정보의 정정·삭제

자신의 개인정보를 열람한 정보주체는 개인정보처리자에게 그 개인정보의 정정 또는 삭제를 요구할 수 있다. 다만, 다른 법령에서 그 개인정보가 수집 대상으로 명시되어

있는 경우에는 그 삭제를 요구할 수 없다.

개인정보처리자는 제1항에 따른 정보주체의 요구를 받았을 때에는 개인정보의 정정 또는 삭제에 관하여 다른 법령에 특별한 절차가 규정되어 있는 경우를 제외하고는 지체 없이 그 개인정보를 조사하여 정보주체의 요구에 따라 정정·삭제 등 필요한 조치를 한 후 그 결과를 정보주체에게 알려야 한다.

33. 개인정보의 처리 정지 등

정보주체는 개인정보처리자에 대하여 자신의 개인정보 처리의 정지를 요구할 수 있다. 이 경우 공공기관에 대하여는 등록 대상이 되는 개인정보파일 중 자신의 개인정보에 대한 처리의 정지를 요구할 수 있다.

개인정보처리자는 정보처리 정지 요구를 받았을 때에는 지체 없이 정보주체의 요구에 따라 개인정보 처리의 전부를 정지하거나 일부를 정지하여야 한다. 다만, 다음의 어느 하나에 해당하는 경우에는 정보주체의 처리정지요구를 거절할 수 있다.

① 법률에 특별한 규정이 있거나 법령상 의무를 준수하기 위하여 불가피한 경우
② 다른 사람의 생명·신체를 해할 우려가 있거나 다른 사람의 재산과 그 밖의 이익을 부당하게 침해할 우려가 있는 경우
③ 공공기관이 개인정보를 처리하지 아니하면 다른 법률에서 정하는 소관 업무를 수행할 수 없는 경우
④ 개인정보를 처리하지 아니하면 정보주체와 약정한 서비스를 제공하지 못하는 등 계약의 이행이 곤란한 경우로서 정보주체가 그 계약의 해지 의사를 명확하게 밝히지 아니한 경우

34. 개인정보분쟁위원회

개인정보에 관한 분쟁의 조정(調停)을 위하여 개인정보 분쟁조정위원회를 둔다.

35. 벌칙

(1) 공공기관의 개인정보 처리업무 방해

공공기관에서 처리하고 있는 개인정보를 변경하거나 말소하여 공공기관의 업무 수행의 중단·마비 등 심각한 지장을 초래한 자는 10년 이하의 징역 또는 1억 원 이하의 벌금에 처한다.

(2) 다음 각 호의 어느 하나에 해당하는 자는 5년 이하의 징역 또는 5천만 원 이하의 벌금에 처한다.

① 법절차에 위반하여 정보주체의 동의를 받지 아니하고 개인정보를 제3자에게 제공한 자 및 그 사정을 알고 개인정보를 제공받은 자

② 법절차에 위반하여 개인정보를 이용하거나 제3자에게 제공한 자 및 그 사정을 알면서도 영리 또는 부정한 목적으로 개인정보를 제공받은 자

③ 민감정보 처리 규정에 위반한 자

④ 고유식별정보 처리 규정에 위반한 자

⑤ 법절차에 위반하여 업무상 알게 된 개인정보를 누설하거나 권한 없이 다른 사람이 이용하도록 제공한 자 및 그 사정을 알면서도 영리 또는 부정한 목적으로 개인정보를 제공받은 자

⑥ 법절차에 위반하여 다른 사람의 개인정보를 훼손, 멸실, 변경, 위조 또는 유출한 자

(3) 다음의 어느 하나에 해당하는 자는 3년 이하의 징역 또는 3천만 원 이하의 벌금에 처한다.

① 법절차에 위반하여 영상정보처리기기의 설치 목적과 다른 목적으로 영상정보처리기기를 임의로 조작하거나 다른 곳을 비추는 자 또는 녹음기능을 사용한 자

② 법절차에 위반하여 거짓이나 그 밖의 부정한 수단이나 방법으로 개인정보를 취득하거나 개인정보 처리에 관한 동의를 받는 행위를 한 자 및 그 사정을 알면서도 영리 또는 부정한 목적으로 개인정보를 제공받은 자

③ 직무상 알게 된 비밀을 누설하거나 직무상 목적 외에 이용한 자

(4) 다음에 해당하는 자는 2년 이하의 징역 또는 1천만 원 이하의 벌금에 처한다.

안전성 확보에 필요한 조치를 하지 아니하여 개인정보를 분실·도난·유출·변조 또는 훼손당한 자

(5) 양벌규정

법인의 대표자나 법인 또는 개인의 대리인, 사용인, 그 밖의 종업원이 그 법인 또는 개인의 업무에 관하여 제70조에 해당하는 위반행위를 하면 그 행위자를 벌하는 외에 그 법인 또는 개인을 7천만 원 이하의 벌금에 처한다. 다만, 법인 또는 개인이 그 위반행위를 방지하기 위하여 해당 업무에 관하여 상당한 주의와 감독을 게을리하지 아니한 경우에는 그러하지 아니하다.

법인의 대표자나 법인 또는 개인의 대리인, 사용인, 그 밖의 종업원이 그 법인 또는 개인의 업무에 관하여 제71조부터 제73조까지의 어느 하나에 해당하는 위반행위를 하면 그 행위자를 벌하는 외에 그 법인 또는 개인에게도 해당 조문의 벌금형을 과(科)한다. 다만, 법인 또는 개인이 그 위반행위를 방지하기 위하여 해당 업무에 관하여 상당한 주의와 감독을 게을리하지 아니한 경우에는 그러하지 아니하다.

(6) 과태료

① 다음 각 호의 어느 하나에 해당하는 자에게는 5천만 원 이하의 과태료를 부과한다.
    ㉠ 법절차에 위반하여 개인정보를 수집한 자
    ㉡ 필요한 법정대리인의 동의를 받지 아니한 자
    ㉢ 법절차에 위반하여 영상정보처리기기를 설치·운영한 자
② 다음 각 호의 어느 하나에 해당하는 자에게는 3천만 원 이하의 과태료를 부과한다.
    ㉠ 정보주체에게 알려야 할 사항을 알리지 아니한 자
    ㉡ 주민등록번호를 부적법하게 처리한 자
    ㉢ 정보주체가 주민등록번호를 사용하지 아니할 수 있는 방법을 제공하지 아니한 자
    ㉣ 안전성 확보에 필요한 조치를 하지 아니한 자
    ㉤ 자신의 개인정보의 열람을 제한하거나 거절한 자
    ㉥ 자신의 개인정보의 정정·삭제 요구 등에 대해 필요한 조치를 하지 아니한 자

     ⒰ 처리가 정지된 개인정보에 대하여 파기 등 필요한 조치를 하지 아니한 자

     Ⓑ 시정명령에 따르지 아니한 자

③ 다음의 어느 하나에 해당하는 자에게는 1천만 원 이하의 과태료를 부과한다.

     ㉠ 개인정보를 분리하여 저장·관리하지 아니한 자

     ㉡ 요구된 안내판 설치 등 필요한 조치를 하지 아니한 자

     ㉢ 개인정보 처리방침을 정하지 아니하거나 이를 공개하지 아니한 자

     ㉣ 개인정보 보호책임자를 지정하지 아니한 자

     ㉤ 정보주체에게 알려야 할 사항을 알리지 아니한 자

     ㉥ 관계 물품·서류 등 자료를 제출하지 아니하거나 거짓으로 제출한 자

     ㉦ 검사를 거부·방해 또는 기피한 자

CHAPTER 05

금융분쟁조정세칙
(분쟁세칙)

제1절 개 요

1. 금융분쟁조정위원회 설치 근거

금융위원회의 설치 등에 관한 법률 및 동법 시행령에 따라 금융분쟁의 조정을 위해 설치되었다.

2. 조정대상

금융관련기관의 금융업무 등과 관련하여 권리의무 또는 이해관계가 발생함에 따라 금융관련기관을 상대로 제기하는 분쟁을 말한다. 즉 금융관련기관과의 금융관련거래가 그 대상이다.

제2절 분쟁세칙의 내용

1. 당사자

신청인과 피신청인이다. '신청인'은 금융감독원장에게 금융관련분쟁의 조정을 신청한 자를 말하고 '피신청인'은 신청인의 상대방을 말한다.

2. 금융관련기관

금융관련기관은 모든 금융관련기관이 아니며 금융감독원의 검사를 받는 기관을 말한다.

3. 금융분쟁조정위원회 구성 및 운영

위원회는 위원장 1인을 포함한 30인 이내의 위원으로 구성하고 위원회의 위원장은 금감원장이 그 소속 부원장 중에서 지명하는 자가 되며, 위원회 위원은 원장이 그 소속 부원장보 중에서 지명하는 자와 다음의 자 중에서 위촉하는 자로 한다.

① 판사·검사 또는 변호사의 자격이 있는 자
② 소비자보호법에 의한 한국소비자보호원 및 소비자단체의 임원 또는 그 직에 있었던 자
③ 금융기관 또는 금융관계기관·단체에서 15년 이상 근무한 경력이 있는 자
④ 금융에 관한 학식과 경험이 있는 자
⑤ 전문의의 자격이 있는 의사
⑥ 기타 분쟁의 조정과 관련하여 원장이 필요하다고 인정하는 자

4. 위원의 임기

위원장 및 원장이 그 소속 부원장보 중에서 지명하는 위원의 임기는 당해 직에 재직하는 기간으로 하며, 기타는 2년으로 하되 연임할 수 있다.

5. 분쟁조정위원회 회의

분쟁조정위원회 회의는 위원장 1인을 포함하여 보험 분야 또는 비보험 분야(은행, 증권, 비은행 등)별로 매 회의시 위원장이 지명하는 7인 이상 11인 이하의 위원으로 회의 1주일 전까지 구성하며, 위원장이 소집한다.

회의는 매월 첫째 주(첫째 주 화요일이 없는 경우는 셋째 주) 화요일과 셋째 주(첫째

주 화요일이 없는 경우는 다섯째 주) 화요일에 소집함을 원칙으로 하되 위원장이 필요하다고 인정하는 때에는 수시로 소집할 수 있다. 위원회는 구성원 과반수의 출석과 출석위원 과반수의 찬성으로 의결한다.

6. 위원의 제척, 기피 및 회피

분쟁조정위원회의 위원이 다음의 하나에 해당하는 경우에는 그 분쟁조정신청사건(이하 '사건'이라 한다)의 심의, 의결에서 제척된다.

① 위원 또는 위원의 배우자나 배우자이었던 자가 당해 사건의 당사자가 되거나 당해 사건에 관하여 공동 권리자 또는 의무자의 관계에 있는 경우

② 위원이 당해 사건의 당사자와 친족관계에 있거나 있었던 경우

③ 위원이 당해 사건에 관하여 당사자의 대리인으로서 관여하거나 관여하였던 경우

④ 위원이 당해 사건에 관하여 증언, 법률자문 또는 손해사정 등을 한 경우

당사자는 위원에게 심의·의결의 공정을 기대하기 어려운 사정이 있는 경우에는 기피신청을 할 수 있다. 이 경우 원장은 위원회의 의결을 거치지 아니하고 기피여부를 결정한다.

7. 반복된 분쟁 신청

신청인이 동일한 내용으로 정당한 사유 없이 3회 이상 반복하여 분쟁조정을 신청한 경우에 2회 이상 그 처리결과를 통지한 후 접수되는 신청에 대하여는 내부적으로 종결 처리할 수 있다.

8. 조정신청의 보완

금감원장은 조정신청에 대하여 관련자료 등 보완이 필요하다고 인정될 때에는 상당한 기간을 정하여 그 보완을 요구한다. 신청인이 상당한 기간 내에 보완을 하지 아니하는 때에는 7일 이내의 기간을 정하여 다시 보완을 요구할 수 있다.

9. 사실조사 등

금감원장은 사건의 조사를 위하여 필요하다고 인정되는 경우에는 감독원 직원으로 하여금 사건에 대한 사실조사 및 조회 또는 관련자의 출석 등의 방법으로 조사를 하게 하거나 당사자에 대하여 사실의 확인 또는 자료의 제출 등을 요구할 수 있다. 사실조사가 필요한 경우 조사목적, 조사내용, 조사기간 등을 조사출장 3일 전까지 유선, 전자우편, 문서 등 연락 가능한 방법으로 사전통지하여야 한다. 다만 긴급을 요하거나 증거인멸 등이 우려되는 경우 이를 생략할 수 있다.

10. 조정신청의 위원회 회부 전 처리

금감원장은 조정신청내용이 다음의 하나에 해당하는 경우에는 합의권고 또는 위원회에 회부를 하지 아니하고 직접처리하거나 해당기관에 이첩하여 처리하게 할 수 있다.

① 이미 법원에 제소된 사건이거나 조정신청이 있은 후 소를 제기한 경우

② 조정신청의 내용이 관련법령 또는 객관적인 증빙 등에 의하여 합의권고 또는 조정 절차 진행의 실익이 없는 경우

③ 신청인이 정당한 사유 없이 제15조의 규정에 의한 보완요구를 받고도 지정된 기한 내에 이를 보완하지 아니하거나 소재불명 등으로 보완요구가 2회에 걸쳐 반송된 경우

④ 조정신청의 내용과 직접적인 이해관계가 없는 자가 조정신청을 하는 경우

⑤ 신청인이 부당한 이익을 얻을 목적으로 조정신청을 한 것으로 인정되는 경우

⑥ 신청인이 상당한 이유 없이 취하된 조정신청건 또는 동일한 내용에 대하여 다시 조정신청을 하거나 가명으로 조정신청한 것이 확인된 경우

⑦ 당사자의 주장이 상이하거나 증거채택이 어려워 사실관계 확정이 곤란하거나 수사 사건과 직접적으로 관련된 경우

⑧ 당사자의 주장내용이 부당하거나 관련법령, 조정선례, 법원판례 등에 비추어 명백 하게 받아들일 수 없다고 인정되는 경우

⑨ 금융상품거래와 직접 관련이 없거나 수사기관의 수사 또는 고도의 법률적 판단이 필요한 경우 등 조정신청의 내용이 분쟁조정대상으로서 적합하지 아니하다고 인

정되는 경우

11. 통지

사건에 대하여 직접처리를 하거나 해당기관에 이첩하여 처리하게 할 때에는 조정신청 접수일로부터 30일 이내에 그 처리결과 및 사유를 명시하여 당사자에게 통지한다. 처리결과의 통지는 문서를 통하여 이루어져야 한다. 다만, 신청인이 원하거나 전자정부법 제9조에 따른 전자민원창구를 통하여 접수된 조정신청은 처리결과를 전자민원시스템에 입력함으로써 통지에 갈음할 수 있으며, 신청인이 서면으로 요청하는 경우에는 서면으로 회신하여야 한다.

12. 조정신청의 취하 등

신청인이 조정신청취하서를 제출한 경우 등 이 규정에 의한 조정절차진행의 필요가 없는 사유가 발생한 경우에는 조정절차진행을 중지하고 당해 사건을 종결처리할 수 있다.

13. 소의 제기 등의 통지

금감원장은 사건의 처리절차의 진행 중에 일방당사자가 소를 제기하거나 민사조정신청을 한 경우에는 그 조정의 처리를 중지하고 이를 당사자에게 통보하여야 한다.

14. 합의 권고

금감원장은 감독원에 접수된 사건 중 분쟁의 원만한 해결을 위하여 당사자가 합의하도록 함이 상당하다고 인정되는 사건의 경우에는 구두 또는 서면으로 당사자에게 합의할 것을 권고할 수 있다.

당사자가 원장의 합의권고를 거부하거나 정당한 이유없이 합의권고절차진행을 위한 출석기일에 출석하지 아니한 때에는 합의가 성립되지 아니한 것으로 본다.

15. 조정의 효력

분쟁당사자가 분쟁조정위원회의 조정안을 수락한 경우에는 재판상 화해와 동일한 효력이 있다(상대방은 소송절차 없이 조정결정서를 근거로 강제집행 신청 가능).

16. 재조정 신청

당사자는 다음의 어느 하나에 해당하는 사유가 있는 때에는 분조위의 결정에 대하여 재조정을 신청할 수 있다(다만, 당사자가 당초 조정신청을 할 때에 그 사유를 주장하였거나 이를 알면서 주장하지 아니한 경우에는 그러하지 아니하다).

① 조정 당시에는 제출되지 아니한 것으로서 조정의 결과에 중대한 영향을 미치는 새로운 사실이 나타난 경우
② 조정의 증거로 된 문서, 증인의 증언, 참고인의 진술 등의 자료가 위조 또는 변조된 것이거나 허위임이 밝혀진 경우
③ 조정의 기초가 된 법률, 판결 등이 변경된 경우
④ 조정에 영향을 미칠 중요한 사항에 관하여 위원회가 판단하지 아니한 경우
⑤ 제척되어야 할 위원이 조정에 관여한 경우

17. 처리결과의 통보 및 보고

금감원장은 조정결정한 사건의 처리결과를 위원회에 통보한다. 조정이 성립된 경우 당사자인 금융관련기관은 조정에 따른 처리결과를 조정이 성립한 날로부터 20일 이내에 금감원장에게 보고하여야 한다.

CHAPTER
06

금융기관 검사 및 제제에 관한 규정
(검사 · 제재규정)

제1절 개 요

1. 금융검사

금융검사는 금융위원회의 설치 등에 관한 법률('금융위설치법') 및 동법 시행령, 금융업 관련법 및 그 시행령과 기타 관계법령에 의하여 금융감독원장('감독원장' 또는 '금감원장'이라 한다)이 실시하는 검사의 방법 등(금융기관검사 및 제재에 관한 규정)에 따라 실시된다.

2. 주요 개념

① 금융기관 : 설립 · 해산, 영업의 인 · 허가, 승인 또는 업무감독 · 검사 등과 관련하여 금융위설치법 및 금융업관련법의 적용을 받는 회사 · 관계기관 · 단체 등을 말한다.
② 종합검사 : 금융기관의 업무전반 및 재산상황에 대하여 종합적으로 실시하는 검사를 말한다.
③ 부문검사 : 금융사고예방, 금융질서확립, 기타 금융감독정책상의 필요에 의하여 금융기관의 특정부문에 대하여 실시하는 검사를 말한다.
④ 현장검사 : 검사원이 금융기관을 방문하여 실시하는 검사를 말한다.

⑤ 서면검사 : 검사원이 금융기관으로부터 자료를 제출받아 검토하는 방법으로 실시하는 검사를 말한다.

⑥ 검사원 : 감독원장의 명령과 지시에 의하여 검사업무를 수행하는 자를 말한다.

⑦ 조치요구사항 : 경영유의사항, 지적사항, 현지조치사항 등 감독원장이 금융기관에 대하여 조치를 요구하는 사항을 말한다.

　㉠ 경영유의사항 : 금융기관에 대한 검사결과 경영상 취약성이 있는 것으로 나타나 경영진의 주의 또는 경영상 조치가 필요한 사항을 말한다.

　㉡ 지적사항 : 금융기관에 대한 검사결과 나타난 위법·부당한 업무처리내용 또는 업무처리방법의 개선 등이 필요한 사항을 말하며, 이는 문책·조치의뢰·주의·변상·개선사항으로 구분한다.

　㉢ 현지조치사항 : 금융기관에 대한 검사결과 나타난 위법·부당행위 또는 불합리한 사항 중 그 정도가 경미하여 검사반장이 검사현장에서 시정, 개선 또는 주의조치하는 사항을 말한다.

⑧ 정보사항 : 금융 및 감독정책의 합리적 추진을 위한 각종 정책참고자료, 금융기관 또는 기업의 동태 및 금융기관의 모범사례 등을 말한다.

⑨ 건의사항 : 금융 및 감독정책의 시행과정에서 나타나는 문제점 등에 대한 개선의견을 말한다.

⑩ 경영실태평가 : 금융기관의 재무상태, 자산의 건전성, 경영진의 경영능력 등을 종합적이고 통일적인 방식에 의해 평가하는 것을 말한다.

⑪ 상시감시 : 금융기관에 대하여 임직원 면담, 조사출장, 영업실태 분석, 재무상태 관련 보고서 심사, 경영실태 계량평가, 기타 각종자료 또는 정보의 수집·분석을 통하여 문제의 소지가 있는 금융기관 또는 취약부문을 조기에 식별하여 현장검사 실시와 연계하는 등 적기에 필요한 조치를 취하여 금융기관의 안전하고 건전한 경영을 유도하는 감독수단을 말한다.

⑫ 금융 관련 법규 : '금융 관련 법규'라 함은 금융위설치법, 금융산업의 구조개선에 관한 법률(금융산업구조개선법), 금융실명거래 및 비밀보장에 관한 법률(금융실명법), 주식회사의 외부감사에 관한 법률, 특정금융거래정보의 보고 및 이용 등에 관한 법률, 금융업 관련법 및 그 시행령·시행규칙과 해당 법령에 의한 규정·명령 또는 지시 등을 말한다.

⑬ 금융거래자 : 예금자, 대출을 받은 자, 투자자, 보험계약자, 수익자 등 금융기관과 거래하는 자를 말한다.

⑭ 제재 : 금융감독원의 검사결과 등에 따라 금융기관 또는 그 임직원에 대하여 금융위원회 또는 금감원장이 이 규정에 의하여 취하는 조치를 말한다.

⑮ 징계 : 금감원장의 요구에 의하여 당해 기관의 장이 그 소속직원에 대하여 취하는 면직, 정직, 감봉, 견책 등 신분상의 제재조치를 말한다.

⑯ 판매현장사전점검 : 금감원장이 지명하는 자가 신분을 밝히지 않고 고객으로서 금융기관을 방문하거나 전화 등을 통하여 금융상품의 판매과정을 점검하는 방법을 말한다.

제2절 검사·제재 규정의 내용

1. 금융업 관련법

① 은행법

② 한국산업은행법

③ 중소기업은행법

④ 한국수출입은행법

⑤ 자본시장과 금융투자업에 관한 법률(이하 '자본시장법'이라 한다.)

⑥ 보험업법

⑦ 여신전문금융업법

⑧ 상호저축은행법

⑨ 신용협동조합법

⑩ 농업협동조합법

⑪ 수산업협동조합법

⑫ 산림조합법

⑬ 금융기관부실자산 등의 효율적 처리 및 한국자산관리공사의 설립에 관한 법률

⑭ 신용정보의 이용 및 보호에 관한 법률

⑮ 화재로 인한 재해보상과 보험가입에 관한 법률

⑯ 자산유동화에 관한 법률

⑰ 주택저당채권유동화회사법

⑱ 담보부사채신탁법

⑲ 산업발전법

⑳ 외국환거래법

㉑ 금융지주회사법

㉒ 한국주택금융공사법

㉓ 부동산투자회사법

㉔ 선박투자회사법

㉕ 전자금융거래법

㉖ 근로자퇴직급여보장법

㉗ 채권의 공정한 추심에 관한 법률

2. 금융검사 대상 금융기관

설립·해산, 영업의 인·허가, 승인 또는 업무감독·검사 등과 관련하여 금융위설치법 및 금융업관련법의 적용을 받는 회사·관계기관·단체 등을 말한다.

3. 검사의 종류 및 실시방법

1) 검사의 종류 : 종합검사와 부문검사

① 종합검사 : 금융기관의 업무전반 및 재산상황에 대하여 종합적으로 실시하는 검사

② 부문검사 : 금융사고 예방, 금융질서 확립, 기타 금융감독정책상의 필요에 의하여 금융기관의 특정부문에 대하여 실시하는 검사

2) 검사의 실시방법 : 현장검사와 서면검사

① 현장검사 : 검사원이 금융기관을 방문하여 실시하는 검사

② 서면검사 : 검사원이 금융기관으로부터 자료를 제출받아 검토하는 방법으로 실시하는 검사

4. 조치요구사항 등

1) 조치요구사항

경영유의사항, 지적사항, 현지조치사항 등 금감원장이 금융기관에 대하여 조치를 요구하는 사항을 말한다.

① 경영유의사항 : 금융기관에 대한 검사결과 경영상 취약성이 있는 것으로 나타나 경영진의 주의 또는 경영상 조치가 필요한 사항

② 지적사항 : 금융기관에 대한 검사결과 나타난 위법·부당한 업무처리내용 또는 업무처리방법의 개선 등이 필요한 사항을 말하며, 이는 문책·조치의뢰·주의·변상·개선사항으로 구분한다.

③ 현지조치사항 : 금융기관에 대한 검사결과 나타난 위법·부당행위 또는 불합리한 사항 중 그 정도가 경미하여 검사반장이 검사현장에서 시정, 개선 또는 주의조치하는 사항

2) 경영실태평가, 상시감사

① 경영실태평가 : 금융기관의 재무상태, 자산의 건전성, 경영진의 경영능력 등을 종합적이고 통일적인 방식에 의해 평가하는 것

② 상시감시 : 금융기관에 대하여 임직원 면담, 조사출장, 영업실태 분석, 재무상태 관련 보고서 심사, 경영실태 계량평가, 기타 각종자료 또는 정보의 수집·분석을 통하여 문제의 소지가 있는 금융기관 또는 취약부문을 조기에 식별하여 현장검사 실시와 연계하는 등 적기에 필요한 조치를 취하여 금융기관의 안전하고 건전한 경영을 유도하는 감독수단

3) 제재와 징계

① 제재 : 금융감독원의 검사결과 등에 따라 금융기관 또는 그 임직원에 대하여 금융

위원회 또는 금감원장이 이 규정에 의하여 취하는 조치를 말한다.

② 징계 : 금감원장의 요구에 의하여 당해 기관의 장이 그 소속직원에 대하여 취하는 면직, 정직, 감봉, 견책 등 신분상의 제재조치

4) 판매현장 사전점검

금감원장이 지명하는 자가 신분을 밝히지 않고 고객으로서 금융기관을 방문하거나 전화 등을 통하여 금융상품의 판매과정을 점검하는 방법이다.

5. 시행세칙

① 지점과 점포
　ㄱ 지점 : 금융기관의 지점, 출장소, 지부, 지회, 대리점 등 본점 이외의 영업소 및 사무소
　ㄴ 점포 : 본점 또는 1개의 부서, 지점, 대리점 등 검사실시 단위
② 사실상 업무집행지시자 : 여기에서는 금융기관의 업무에 관여하는 자로서 상법 제401조의2제1항 각호에서 정하고 있는 자와 금융기관 대주주가 법인인 경우 당해 법인 또는 그 임원 등을 말한다.
③ 연결검사 : 금융지주회사와 그 자회사 및 손자회사에 대한 연결기준 재무상태 및 경영성과 등 경영의 건전성 평가와 그 업무 및 재산에 대한 적정성 등을 확인하기 위해 실시하는 검사를 말한다.
④ 상시감시업무 : 금융기관에 대한 상시감시업무는 다음에서 정한 자료('상시감시자료')를 검토·분석하는 방법으로 수행한다.
　ㄱ 업무 또는 영업보고서
　ㄴ 금융기관 경영실태평가에 활용되고 있는 계량지표 또는 보조지표 자료
　ㄷ 임직원 면담 및 조사출장 결과 자료
　ㄹ 금융기관이 검사원의 요구에 따라 제출한 자료
　ㅁ 검사원 등이 수집한 정보·건의사항
　ㅂ 기타 검사총괄담당부서장 및 검사실시부서장이 필요하다고 판단하는 자료

⑤ 관련자 구분 : 금융실명법 위반의 경우
  ㉠ 행위자 : 위반행위를 한 자, 위반행위를 지시 또는 공모한 자 및 위반행위에 적극 개입한 자
  ㉡ 감독자 : 위반행위인 그 업무의 처리를 실질적으로 감독할 지위에 있는 자
  ㉢ 보조자 : 위반행위에 단순 가담하거나 지시를 추종한 자

제3절 제 재

1. 개요

'제재'는 금감원의 검사결과 등에 따라 금융기관 또는 그 임직원에 대하여 금융위원회 또는 감독원장이 이 규정에 의하여 취하는 조치를 말한다. 금융기관 또는 그 임직원이 다음의 행위를 한 경우에는 제재의 대상으로 한다.

① 금융관련법규를 위반하거나 그 이행을 태만히 한 경우
② 횡령, 배임, 절도, 업무와 관련한 금품수수 등 범죄행위를 한 경우
③ 금융기관의 건전한 경영 또는 영업을 저해하는 행위를 함으로써 경영악화를 초래하거나 당해 금융기관 또는 금융거래자의 이익을 해한 경우
④ 금융사고 등으로 금융기관의 공신력을 훼손하거나 사회적 물의를 일으킨 경우
⑤ 고의 또는 과실로 업무상 장애 또는 분쟁을 야기한 경우
⑥ 감독자로서 감독을 태만히 한 경우
⑦ 기타 금융시장의 신용질서를 문란하게 하거나 부당·불건전한 영업 또는 업무처리를 한 경우

2. 검사결과의 통보 및 조치

1) 통보 및 조치요구

감독원장은 금융기관에 대한 검사결과를 검사서에 의해 당해 금융기관에 통보하고 필요한 조치를 취하거나 당해 금융기관의 장에게 이를 요구할 수 있다.

2) 조치요구사항의 구분

(1) 경영유의사항

(2) 지적사항

① 문책사항 : 금융기관 또는 금융기관의 임직원이 금융관련법규를 위반하거나 금융기관의 건전한 영업 또는 업무를 저해하는 행위를 함으로써 신용질서를 문란하게 하거나 당해기관의 경영을 위태롭게 하는 행위로서 과태료·과징금 부과, 기관 및 임원에 대한 주의적경고 이상의 제재

② 조치의뢰사항 : 금융기관 직원의 위법·부당행위에 대하여 당해 금융기관의 장에게 그 사실을 통보하여 당해 금융기관의 장이 조치대상자와 조치수준을 자율적으로 결정하여 조치하도록 의뢰하는 경우

③ 주의사항 : 위법 또는 부당하다고 인정되나 정상참작의 사유가 크거나 위법·부당행위의 정도가 상당히 경미한 경우

④ 변상사항 : 금융기관의 임직원이 고의 또는 중대한 과실로 금융관련법규 등을 위반하는 등으로 당해기관의 재산에 대하여 손실을 끼쳐 변상책임이 있는 경우

⑤ 개선사항 : 규정, 제도 또는 업무운영 내용 등이 불합리하여 그 개선이 필요한 경우

(3) 현지조치사항

3) 조치요구에 대한 결과보고

금융기관은 조치요구사항에 대하여 특별한 사유가 있는 경우를 제외하고는 검사서를 접수한 날로부터 아래에 정한 기한 내에 이를 정리하고 그 결과를 기한종료일로부터 10일 이내에 감독원장에게 보고하여야 한다.

(1) 경영유의사항 : 6월 이내

(2) 지적사항

① 문책사항 : 관련 임직원에 대한 인사조치내용은 2월 이내, 문책사항에 주의사항 또는 개선사항 등이 관련되어 있는 경우에는 ②에서 정한 기한 이내

② 조치의뢰 · 주의 · 변상 · 개선사항 : 3월 이내

4) 자체징계 제한

금융기관은 금감원의 검사시 발견된 위법·부당행위에 대하여 금감원장의 제재요구가 있기 전에 임의로 임직원에 대한 신분상의 제재나 기타 조치를 하여서는 아니 되며 자체감사결과 등으로 발견한 정직 이상 징계처분이 예상되는 직원에 대하여 다음과 같이 조치하여야 한다.

① 위법·부당행위가 명백하게 밝혀졌을 경우에는 지체 없이 직위를 해제하되 징계확정 전에 의원면직 처리하여서는 아니 된다.

② 직원이 사직서를 제출하는 경우에는 동 사직서 제출경위를 조사하고 민법 제660조 등 관계법령에 의한 고용계약 해지의 효력이 발생하기 전에 징계조치 및 사고금 보전 등 필요한 조치를 취한다.

5) 기관에 대한 제재

금융위설치법, 금융산업구조개선법 및 금융업관련법의 규정 등에 의거 금융기관에 대하여 취할 수 있는 제재의 종류 및 사유는 다음과 같다.

(1) 영업의 인가·허가 또는 등록의 취소, 영업업무의 전부 정지

① 허위 또는 부정한 방법으로 인가·허가를 받거나 등록을 한 경우 또는 인가·허가의 내용이나 조건에 위반한 경우

② 금융기관의 건전한 영업 또는 업무를 크게 저해하는 행위를 함으로써 건전경영을 심히 훼손하거나 당해 금융기관 또는 금융거래자 등에게 중대한 손실을 초래한 경우

③ 영업업무의 전부 또는 일부에 대한 정지조치를 받고도 당해 영업업무를 계속하거나 동일 또는 유사한 위법부당행위를 반복하는 경우

④ 위법부당행위에 대한 시정명령을 이행하지 않은 경우

(2) 영업업무의 일부에 대한 정지

① 금융기관의 건전한 영업 또는 업무를 저해하는 행위를 함으로써 건전경영을 훼손하거나 당해 금융기관 또는 금융거래자 등에게 재산상 손실을 초래한 경우

② 영업점 폐쇄, 영업점 영업의 정지조치 또는 위법부당행위의 중지조치를 받고도 당해 영업점 영업을 계속하거나 당해 행위를 계속하는 경우

③ 기관경고를 받고도 동일 또는 유사한 위법부당행위를 반복하는 경우

(3) 영업점의 폐쇄, 영업점 영업의 전부 또는 일부의 정지

금융기관의 위법부당행위가 (2)의 규정에 해당되나 그 행위가 일부 영업점에 국한된 경우로서 위법부당행위의 경중에 따라 당해 영업점의 폐쇄 또는 그 영업의 전부 또는 일부를 정지시킬 필요가 있는 경우

(4) 위법부당행위 중지

금융기관의 위법부당행위가 계속되고 있어 이를 신속히 중지시킬 필요가 있는 경우

(5) 계약이전의 결정

금융산업구조개선법 제2조제3호의 규정에서 정한 부실금융기관이 동법 제14조제2항 각호의 1에 해당되어 당해 금융기관의 정상적인 영업활동이 곤란한 경우

(6) 위법내용의 공표 또는 게시요구

금융거래자의 보호를 위하여 위법부당내용을 일간신문, 정기간행물 기타 언론에 공표하거나 영업점에 게시할 필요가 있는 경우

(7) 기관경고

① (2)의 ① 또는 ②의 규정에 해당되나 그 위반의 정도가 비교적 가벼운 경우

② 위법부당행위로서 그 동기, 결과가 다음 각 호의 1에 해당하는 경우

　　㉠ 위법부당행위가 당해 금융기관의 경영방침이나 경영자세에 기인한 경우

　　㉡ 관련점포가 다수이거나 부서 또는 점포에서 위법부당행위가 조직적으로 이루어진 경우

　　㉢ 임원이 위법부당행위의 주된 관련자이거나 다수의 임원이 위법부당행위에 관련된 경우

　　㉣ 동일 유형의 민원이 집단적으로 제기되거나 금융거래자의 피해규모가 큰 경우

　　㉤ 금융실명법의 중대한 위반행위가 발생한 경우

　　㉥ 위법부당행위가 수사당국에 고발 또는 통보된 사항으로서 금융기관의 중대한 내부통제 또는 감독 소홀 등에 기인한 경우

③ 최근 1년 동안 내부통제업무 소홀 등의 사유로 금융사고가 발생하여

　㉠ 당해 금융기관의 최직근 분기말 현재 자기자본(자기자본이 납입자본금보다 적은 경우에는 납입자본금)의 100분의 2(자기자본의 100분의 2가 10억 원 미만인 경우에는 10억 원) 또는 다음의 금액을 초과하는 손실이 발생하였거나 발생이 예상되는 경우

　　- 자기자본이 1조 5천억 원 미만인 경우 : 100억 원

　　- 자기자본이 1조 5천억 원 이상 2조 5천억 원 미만인 경우 : 300억 원

　　- 자기자본이 2조 5천억 원 이상인 경우 : 500억 원

　㉡ 손실(예상)금액이 ㉠에 미달하더라도 내부통제가 매우 취약하여 중대한 금융사고가 빈발하거나 사회적 물의를 크게 야기한 경우

(8) 기관주의

정상참작의 사유가 크거나 위법부당행위의 정도가 상당히 경미한 경우

6) 임원에 대한 제재

금융위설치법, 금융산업구조개선법 및 금융업 관련법의 규정 등에 의거 금융기관의 임원에 대하여 취할 수 있는 제재의 종류 및 사유는 다음과 같다.

(1) 해임권고[해임요구, 개선(改選)요구 포함]

① 고의로 중대한 위법부당행위를 함으로써 금융질서를 크게 문란시키거나 금융기관의 공신력을 크게 훼손한 경우

② 금융기관의 건전한 운영을 크게 저해하는 행위를 함으로써 당해 금융기관의 경영을 심히 위태롭게 하거나 당해 금융기관 또는 금융거래자 등에게 중대한 재산상의 손실을 초래한 경우

③ 고의 또는 중과실로 재무제표 등에 허위의 사실을 기재하거나 중요한 사실을 기재하지 아니하여 금융거래자등에게 중대한 재산상의 손실을 초래하거나 초래할 우려가 있는 경우 또는 위의 행위로 인하여 금융산업구조개선법 제10조에서 정한 적기시정조치를 회피하는 경우

④ 고의 또는 중과실로 감독원장이 금융관련법규에 의하여 요구하는 보고서 또는 자

료를 허위로 제출함으로써 감독과 검사업무 수행을 크게 저해한 경우

⑤ 고의 또는 중과실로 직무상의 감독의무를 태만히 하여 금융기관의 건전한 운영을 크게 저해하거나 금융질서를 크게 문란시킨 경우

⑥ 기타 금융관련법규에서 정한 해임권고 사유에 해당하는 행위를 한 경우

(2) 업무집행의 전부 또는 일부의 정지

위법부당행위가 (1)의 ①에 해당되나 정상참작의 사유가 있는 경우(업무집행정지기간은 6월 이내로 한다).

(3) 문책 경고

① 금융관련법규를 위반하거나 그 이행을 태만히 한 경우

② 당해 금융기관의 정관에 위반되는 행위를 하여 신용질서를 문란시킨 경우

③ 감독원장이 금융관련법규에 의하여 요구하는 보고서 또는 자료를 허위로 제출하거나 제출을 태만히 한 경우

④ 직무상의 감독의무 이행을 태만히 하여 금융기관의 건전한 운영을 저해하거나 금융질서를 문란시킨 경우

⑤ 금융관련법규에 의한 감독원의 감독과 검사업무의 수행을 거부·방해 또는 기피한 경우

⑥ 금융위, 감독원장, 기타 감독권자가 행한 명령, 지시 또는 징계요구의 이행을 태만히 한 경우

⑦ 기타 금융기관의 건전한 운영을 저해하는 행위를 한 경우

(4) 주의적 경고

(3)의 ①에 해당되나 정상참작의 사유가 있거나 위법부당행위의 정도가 비교적 가벼운 경우

(5) 주의

정상참작의 사유가 크거나 위법부당행위의 정도가 상당히 경미한 경우

7) 직원에 대한 제재

(1) 건의 및 요구

다음의 어느 하나에 해당하는 경우 금융위에 금융기관의 직원에 대한 면직요구 등을 건의하거나 당해 금융기관의 장에게 소속 직원에 대한 면직, 정직, 감봉, 견책 또는 주의 등의 제재조치를 취할 것을 요구할 수 있다.

① 금융기관의 건전성 또는 금융소비자 권익을 크게 훼손하거나 금융질서를 문란하게 한 경우

② 당해 금융기관의 내부통제체제가 취약하거나 제2항에 의한 조치의뢰사항이 과거에 부적정하게 처리되는 등 조치의뢰하기에 적합하지 않다고 판단되는 경우

(2) 조치의뢰

금감원장은 금융기관의 직원(사실상 이사, 감사 등과 동등한 지위에 있는 미등기임원 등을 제외한다)의 위법부당행위에 대하여 당해 금융기관의 장에게 조치의뢰할 수 있다.

8) 과징금 및 과태료 부과 등

금감원장은 금융기관 또는 그 임직원이 금융업관련법에 정한 과징금 또는 과태료의 부과대상이 되는 위법행위를 한 때에는 금융위에 과징금 등의 부과를 건의하여야 한다. 당해 위법행위가 법령 등에 따라 부과 면제 사유에 해당한다고 판단하는 경우에는 부과 면제를 건의하여야 한다.

9) 확약서, 양해각서

금감원장은 금융기관에 대한 감독, 상시감시 또는 검사결과 나타난 경영상의 취약점에 대하여 당해 금융기관으로부터 이의 개선을 위한 확약서의 제출을 요구할 수 있다. 또한 금융기관에 대한 감독, 상시감시 또는 검사결과 나타난 경영상의 심각한 취약점에 대하여 당해 금융기관과 이의 개선대책의 수립이행을 주요 내용으로 하는 양해각서를 체결할 수 있다.

10) 기타 조치

① 금감원장은 금융기관 임직원이 위법부당한 행위로 당해 금융기관에 재산상의 손실을 초래하여 이를 변상할 책임이 있다고 인정되는 경우에는 당해 기관의 장에게 변상조치 할 것을 요구할 수 있다.

② 금감원장은 금융기관 또는 그 임직원의 업무처리가 법규를 위반하거나 기타 불합리하다고 인정하는 경우에는 당해 기관의 장에게 업무방법의 개선 등을 요구할 수 있다.

③ 제재효과 : 제재를 받은 금융기관의 임원은 금융업관련법령 및 이에 근거하여 각 감독관련규정이 정한 바에 따라 일정기간 임원선임 제한을 받는다. 임직원이 2회 이상의 주의조치를 받고도 3년 이내에 다시 주의조치에 해당하는 행위를 한 경우에는 제재를 가중할 수 있다.

3. 제재의 가중 및 감면

1) 기관 및 임원 제재의 감면

기관 및 임원에 대한 제재를 함에 있어 위법부당행위의 정도, 고의, 중과실 여부, 사후 수습 노력, 그 밖의 정상을 참작하여 제재를 감경하거나 면제할 수 있다.

2) 기관 및 임원 제재의 가중

① 금융기관이 위법부당한 행위를 함으로써 최근 3년 이내에 기관경고를 3회 이상 받게 되는 경우에는 제재를 가중할 수 있다.

② 금융기관이 위법부당행위를 함으로써 최근 3년 이내에 기관주의를 3회 이상 받게 되는 경우에는 기관경고로 가중할 수 있다.

③ 임원의 서로 관련 없는 위법부당행위가 동일 검사에서 2개 이상 경합되는 경우에는 그 중 책임이 중한 위법부당사항에 해당하는 제재보다 1단계 가중할 수 있다. 다만, 다음의 하나에 해당하는 경우에는 그러하지 아니하다.
- 가장 중한 제재가 업무집행정지 이상인 경우
- 경합되는 위법부당행위가 목적과 수단의 관계에 있는 경우
- 경합되는 위법부당행위가 실질적으로 1개의 위법부당행위로 인정되는 경우

④ 임원이 주된 행위자로서 주의적 경고조치를 받고도 다시 주된 행위자로서 동일 또는 유사한 위법부당행위를 반복하여 제재를 받게 되는 경우에는 문책경고로 가중할 수 있다.

⑤ 임원이 문책경고 또는 2회 이상의 주의적 경고 조치를 받고도 3년 내에 다시 주의적 경고 이상에 해당하는 행위를 한 경우에는 제재를 1단계 가중할 수 있다.

⑥ 사실상 이사, 감사 등과 동등한 지위에 있는 미등기 임원 등에 대한 제재의 가중 및 감면에 있어서는 제23조와 제2항 내지 제4항을 준용하고 이 경우 해임권고, 업무집행정지, 문책경고, 주의적 경고는 각각 면직, 정직으로 한다.

3) 직원제재의 가중 및 감면

직원에 대하여 제재하는 경우에 위법부당행위가 반복되거나, 다수의 위법부당행위와 관련되어 있는 경우에는 제재를 가중할 수 있다. 직원에 대하여 제재하는 경우에는 공적 기타 정상을 참작하여 제재를 감경하거나 면제할 수 있다.

4) 여신업무 관련 제재 운영

금융기관의 여신업무(자금지원적 성격의 증권 매입업무를 포함한다. 이하 이 조에서 같다)와 관련하여 다음의 어느 하나에 해당하지 않는 한 제재하지 아니한다. 여신이 부실화되거나 증권 관련 투자손실이 발생한 경우에도 동일하다.

① 금융관련법규 및 이와 관련된 금융기관 내부의 여신업무 관련 기준이나 절차를 준수하지 않은 경우

② 고의 또는 중과실로 신용조사, 사업성검토 및 사후관리를 부실하게 한 경우

③ 금품 또는 이익의 제공, 약속 등의 부정한 청탁에 따른 여신의 경우

5) 임직원 제재시 병과 조치

① 감독원장은 금융기관 또는 그 임직원의 위법부당행위가 금융업 관련법상 벌칙 또는 과징금의 적용을 받게 되는 경우에는 법규정상의 제재와 동시에 수사당국에 그 내용을 고발하거나 통보('고발 등')할 수 있으며, 과태료 또는 과징금의 부과를 금융위에 건의할 수 있다. 다만, 제17조제1항제1호의 규정에 의한 금융기관의 인가,

허가 또는 등록의 취소조치, 제18조제1항제1호의 규정에 의한 임원의 해임권고 및 제19조의 규정에 의한 직원의 면직의 경우에는 동일한 위법, 부당행위에 대하여 과태료의 부과는 하지 아니한다.

② 감독원장은 기관경고를 받는 금융기관의 관련임원에 대하여 당해 위법·부당행위에 대한 관련정도에 따라 해임권고 또는 업무집행정지조치를 취할 것을 금융위에 건의하거나 경고조치를 함께 할 수 있다.

6) 고발 등 조치시의 병과 등

금감원장은 금융기관 또는 그 임원의 위법행위에 대하여 수사당국에 고발 등의 조치를 하는 경우에 당해 위법행위와 관련된 다른 제재조치는 다음과 같다.

① 제17조 및 제18조의 규정에 의한 기관 또는 임원에 대한 제재를 병과할 수 있다.
② 제20조의 규정에 의한 과태료의 부과는 하지 아니할 수 있다.

4. 제재 절차

① 금감원장은 검사결과 적출된 지적사항에 대하여 조치내용의 적정성 등을 심사, 조정하고 제34조에 따른 제재심의위원회의 심의를 거쳐 개별 금융업관련법 등에 따라 금융위에 제재를 건의하거나 직접 조치한다.
② 금감원장이 금융위에 건의한 제재사항에 대한 금융위의 심의 결과 감독원장이 조치해야 할 사항으로 결정된 경우에는 금융위의 결정대로 조치한다.
③ 금융감독원의 집행간부 및 감사와 직원은 금융위설치법에 따라 제재절차가 완료되기 전에 직무상 알게 된 조치예정내용 등을 다른 사람에게 누설하여서는 아니 된다. 단, 조치예정내용 등을 금융위에 제공하거나 금융위와 협의하는 경우는 이에 해당하지 아니하며, 금융위 소속 공무원은 국가공무원법 제60조에 따라 제재절차 과정에서 직무상 알게 된 비밀을 엄수(嚴守)하여야 한다.

5. 제재심의위원회의 설치

금감원장은 제재에 관한 사항을 심의하기 위하여 제재심의위원회를 설치운영한다. 다만, 금감원장은 필요하다고 인정하는 때에는 제재심의위원회의 심의를 생략할 수 있다.

6. 불복절차

금융기관 또는 그 임직원에 대하여 제재를 하는 경우에 금감원장은 그 제재에 관하여 이의신청, 행정심판, 행정소송의 제기, 기타 불복을 할 수 있는 권리에 관한 사항을 제재대상자에게 알려주어야 한다.

7. 이의신청

① 금융위 또는 감독원장으로부터 제재를 받은 금융기관 또는 그 임직원은 당해 제재처분 또는 조치요구가 위법 또는 부당하다고 인정하는 경우에는 금융위 또는 감독원장에게 이의를 신청할 수 있다. 다만, 과징금, 과태료 등 금융관련법규에서 별도의 불복절차가 마련되어 있는 경우에는 그에 따른다.

② 제19조제2항의 조치의뢰와 관련하여 당해 금융기관의 장으로부터 특정한 조치가 예정된 직원은 당해 조치의뢰가 위법부당하다고 인정하는 경우에는 당해 금융기관의 장을 통하여 금융위 또는 감독원장에게 이의를 신청할 수 있다.

8. 관련자 구분

위법·부당행위를 행한 임직원에 대하여 신분상의 조치를 함에 있어서는 책임의 성질·정도 등에 따라 관련자를 다음과 같이 구분한다.

① 행위자 : 위법·부당한 업무처리를 실질적으로 주도한 자
② 보조자 : 행위자의 의사결정을 보조하거나 지시에 따른 자
③ 지시자 : 위법·부당행위를 지시 또는 종용한 자(사실상의 영향력을 행사하는 상위직급자를 포함한다.)
④ 감독자 : 위법·부당행위가 발생한 업무를 지도·감독할 지위에 있는 자

내부통제, 금융사고보고, 사고신고 등

제1절 내부통제

1. 내부통제

1) 내부통제의 수립 운영

금융기관은 금융사고의 예방 등을 위한 내부통제제도를 자체실정에 맞게 수립·운영하여야 하며, 이에는 다음의 사항을 포함하여야 한다.

① 영업점 주변에서의 피탈사고와 도난사고 방지를 위한 자체경비 강화대책
② 어음, 수표, 예금증서 등의 중요증서와 현금, 중요인장, 채권서류 등에 대한 보관 관리

2) 자체감사

금융기관은 부당영업행위 및 금융사고의 예방 등을 위하여 연간 감사계획을 수립하여 자체감사를 실시하여야 하며, 감독원장이 요구하는 경우 연간 또는 분기 감사계획을 제출하여야 한다. 금융기관은 자체감사 중 긴급을 요하거나 중대한 위법부당행위가 발견된 때에는 지체 없이 그 내용과 처리의견을 감독원장에게 보고하여야 한다.

제2절 금융사고보고 등

1. 사고보고

금융사고보고는 통상 실무현장에서는 약칭으로 '사고보고'로 불리고 있다. 금융기관은 그 소속 임직원이나 소속 임직원 이외의 자가 위법부당한 행위를 함으로써 당해 금융기관 또는 금융거래자에게 손실을 초래하게 하거나 금융질서를 문란하게 한 경우에는 이를 즉시 감독원장에게 보고하여야 한다.

2. 조치

금융기관은 금융사고에 관련이 있는 소속 임직원에 대하여 지체 없이 책임소재를 규명하고 소정절차에 따라 징계 등 필요한 조치를 취하여야 하며, 금융사고 보고를 고의로 지연하거나 숨긴 자에 대하여도 금융사고에 관련이 있는 임직원에 준하여 처리한다.

3. 처리

① 금융기관은 금융사고금 중 미보전액을 가지급금(또는 대지급금)으로 처리하고 다음 사항에서 정하는 바에 따라 조속히 정리하여야 한다.
   ㉠ 금융사고자, 관련자 및 신원보증인 등의 변상
   ㉡ 자진변상이 불가능한 경우 민사소송에 의하여 구상
   ㉢ 정리가 불가능한 금액은 관련규정에 의해 손실처리
② 금융기관은 고의성 금융사고자에 대하여 금융사고금 정리를 위한 대출을 할 수 없다. 다만, 부득이하여 기타관계자 명의로 대출취급할 경우에는 대출약정기간을 1년 이내로 하고 그 기한을 연장하여서는 아니 된다.

4. 사고보고의 종류

금융사고의 보고는 즉시보고, 중간보고 및 종결보고로 구분한다.

1) 즉시보고

사고를 인지 또는 발견한 즉시 금융정보교환망(FINES), 서면, 팩시밀리 또는 전화로 보고하되, 전화로 보고한 경우에는 즉시 금융정보교환망(FINES), 서면 또는 팩시밀리로 보고한다.

2) 중간보고

즉시보고 후 조치완료시까지 2월 이상 소요될 경우에는 발견일로부터 2월 이내 및 종결시까지 매 6월마다 보고한다.

3) 종결보고

사고자에 대한 인사조치 및 피해금액에 대한 보전조치가 완료된 때에 보고한다. 다만, 피해금액에 대한 보전조치가 사실상 불가능하거나 법적절차 등으로 장기간 소요되는 경우에는 인사조치 완료 후 종결보고할 수 있다.

5. 주요 정보사항의 보고

금융기관은 다음에 해당하는 정보사항을 감독원장에게 보고하여야 한다.
① 민사소송에서 패소확정 되거나, 소송물 가액이 최직근 분기말 현재 자기자본의 100분의 1(자기자본의 100분의 1이 10억 원 미만인 경우에는 10억 원) 또는 100억 원을 초과하는 민사소송에 피소된 경우
② 제41조의 규정에 의한 금융사고에는 해당되지 아니하나 금융기관이 보고할 필요가 있다고 판단하는 중요한 사항 또는 사건

제3절 사고신고 등

1. 사고신고

사고신고는 고객이 금융기관에 사고를 신고하여 있을지도 모를 피해를 예방하거나 줄이기 위한 것이다. 분실, 혹은 거래과정에서 상황발생 등의 경우에 신고하는 경우이다.

2. 금융기관별 사고신고

1) 은행 등

① 예금과 관련된 사고신고

예금거래기본약관은 예금에 사고가 생긴 때에는 이를 서면으로 신고하도록 되어 있다. 다만 부득이한 경우 영업시간 중 전화 등으로 신고할 경우에는 다음 영업일까지 신고하도록 하고 있다. 사고신고를 하면 은행은 즉시 전산등록하여 문제 발생을 막고 본인확인절차를 마친 후 통장, 증서, 카드 등을 재발행한다.

② 인감분실 등

인감 등 분실 신고를 하면 은행은 인감변경처리를 행한다.

③ 자기앞수표의 사고 신고

자기앞수표 사고신고의 법률적 성질은 수표법상의 지급위탁취소(수표법 제32조)는 아니며 주의를 촉구하는 경고적 뜻을 가진 관념의 통지에 지나지 않는다. 자기앞수표는 금융기관이 발행인이고 사고신고인은 지급위탁취소할 지위에 있지 않아서이다. 금융기관이 자기앞수표 사고신고를 받는다고 하여 지급제시된 수표를 지급거절할 의무는 없지만, 실무상으로는 지급제시된 수표를 거절하고 있다. 자기앞수표 사고신고가 접수되면 사고신고서를 징구하고 수표금 또는 이득상환청구소송에서 금융기관이 패소할 것에 대비하여 그 비용상당액을 사고신고인으로 하여금 예치하도록 한다. 통상 액면금의 약 20% 정도(인지대, 송달료, 변호사비용, 기타)이다.

2) 주권의 분실

(명의개서대행기관 확인 → 주권내용과 주권번호 확인 →) 관할 경찰서나 파출소에 분실신고 후 사고접수증 수령 → 명의개서대행기관에 서면으로 사고신고 후 주권발행 증명서 수령 → 기업본점 소재지 관할 지방법원 공시과에서 공시최고 및 제권판결신청 (공시기간 3개월) → 제권판결문, 신분증, 도장을 지참하여 명의개서대행기관에 주권재 발급신청 → 주권재발급

3) 보험회사

① 승낙 전 보험사고의 발생

보험회사가 제1회 보험료를 받고 청약을 승낙하기 전에 보험금 지급사유가 발생 하였을 경우에는 보장개시일(제1회 보험료 납입일)로부터 약관이 정하는 바에 따 라 보장책임을 진다.

② 보험금 미지급 사유

㉠ 피보험자가 고의로 자신을 해친 경우

㉡ 보험수익자가 고의로 피보험자를 해친 경우

㉢ 보험계약자가 고의로 피보험자를 해친 경우

제4절 기타 통보, 통지 등

1. 은행

1) 부도사실의 통지 및 부도실물의 반환

입금된 증권류가 부도처리되면 금융기관은 그 사실을 입금인에게 통지하여야 한다. 통지 및 반환(부도실물)의 상대방은 입금인이다. 거래처가 입급했으면 거래처가 상대방 이고 무통장입금일 경우에는 무통장입금자이다. 부도사실 통지로 입금인이 내점하면 부도실물을 반환하면 된다.

2) 기한의 이익 상실의 통지

은행이 기한의 이익을 상실시키고자 할 경우에는 기한의 이익 상실일 3영업일 전까지 채무자에게 서면으로 통보하여야 한다.

2. 금융투자회사

투자자는 투자자문계약 후 계약서류를 교부받은 날로부터 7일 이내에는 언제든지 계약해제를 신청하면 계약해제가 가능하다. 투자자가 금융투자업자와의 계약에 있어서 Cooling Off가 허용되는 것은 투자자문계약에 한정된다.

3. 보험회사

1) 보험금 지급액의 통지 의무

보험회사는 보험금지급시기 도래일 7일 전까지 보험금지급금액을 보험계약자 혹은 보험수익자에게 통지하여야 한다.

2) 고지의무

보험계약 체결에 있어 보험계약자 혹은 보험수익자는 보험회사의 질문사항에 대하여 사실대로 고지할 의무가 있다.

3) 연체시 최고의무

계약자가 2회 이후 보험료를 납입기일까지 납입하지 아니하여 보험료납입이 연체중인 경우 보험회사는 14일(보험기간 1년 미만인 경우는 7일) 이상의 기간을 납입최고기간(말일이 토요일 혹은 공휴일인 경우는 그 익일만료)으로 정하여 보험계약자(타인을 위한 계약인 경우는 보험수익자 포함)에게 납입최고기간 내에 연체보험료를 납입하여야 한다는 내용과 납입최고기간이 끝나는 날의 다음 날 계약이 해지된다는 내용을 서면, 전화 또는 전자문서로 알려야 한다.

특정 금융거래정보의 보고 및 이용 등에 관한 법률(자금세탁방지법)

제1절 개 요

1. 구분

자금세탁 방지 등과 관련하여 '특정 금융거래정보의 보고 및 이용 등에 관한 법률'에서는 의심스러운 거래보고제도(STR : Suspicious Transaction Report)와 고액현금거래보고(CTR : Currency Transaction Report), 고객확인의무(CDD : Customer Due Diligence) 등을 두고 있다.

2. 목적

외국환거래(外國換去來) 등 금융거래를 이용한 자금세탁행위와 공중협박자금조달행위를 규제하는 데 필요한 특정금융거래정보의 보고 및 이용 등에 관한 사항을 규정함으로써 범죄행위를 예방하고 나아가 건전하고 투명한 금융거래 질서를 확립하는 데 이바지함을 목적으로 한다.

제2절 자금세탁방지법의 내용

1. 금융회사 등

① '한국산업은행법'에 따른 한국산업은행

② '한국수출입은행법'에 따른 한국수출입은행

③ '중소기업은행법'에 따른 중소기업은행

④ '은행법'에 따른 은행

⑤ '자본시장과 금융투자업에 관한 법률'에 따른 투자매매업자, 투자중개업자, 집합투자업자, 신탁업자, 증권금융회사, 종합금융회사 및 명의개서대행회사

⑥ '상호저축은행법'에 따른 상호저축은행과 상호저축은행중앙회

⑦ '농업협동조합법'에 따른 조합과 농협은행

⑧ '수산업협동조합법'에 따른 조합과 중앙회

⑨ '신용협동조합법'에 따른 신용협동조합과 신용협동조합중앙회

⑩ '새마을금고법'에 따른 금고와 중앙회

⑪ '보험업법'에 따른 보험회사

⑫ '우체국예금 · 보험에 관한 법률'에 따른 체신관서

⑬ '관광진흥법'에 따라 허가를 받아 카지노업을 하는 카지노 사업자(이하 '카지노사업자'라 한다.)

⑭ 제2호에 따른 금융거래를 하는 자로서 대통령령으로 정하는 자

1) 금융거래

① 금융회사 등이 금융자산('금융실명거래 및 비밀보장에 관한 법률' 제2조제2호에 따른 금융자산을 말한다)을 수입 · 매매 · 환매 · 중개 · 할인 · 발행 · 상환 · 환급 · 수탁 · 등록 · 교환하거나 그 이자 · 할인액 또는 배당을 지급하는 것과 이를 대행하는 것, 그 밖에 금융자산을 대상으로 하는 거래로서 총리령으로 정하는 것

② '자본시장과 금융투자업에 관한 법률'에 따른 파생상품시장에서의 거래, 그 밖에 대통령령으로 정하는 것

③ 카지노사업자의 영업장에서 현금 또는 수표를 대신하여 쓰이는 것으로서 대통령령으로 정하는 것과 현금 또는 수표를 교환하는 거래

2) 불법재산

① '범죄수익은닉의 규제 및 처벌 등에 관한 법률' 제2조제4호에 따른 범죄수익 등
② '마약류 불법거래 방지에 관한 특례법' 제2조제5항에 따른 불법수익 등
③ '공중 등 협박목적 및 대량살상무기확산을 위한 자금조달행위의 금지에 관한 법률' 제2조제1호에 따른 공중협박자금

3) 자금세탁행위

① '범죄수익은닉의 규제 및 처벌 등에 관한 법률' 제3조에 따른 범죄행위
② '마약류 불법거래 방지에 관한 특례법' 제7조에 따른 범죄행위, '조세범 처벌법' 제3조, '관세법' 제270조 또는 '특정범죄 가중처벌 등에 관한 법률' 제8조의 죄를 범할 목적 또는 세법에 따라 납부하여야 하는 조세를 탈루할 목적으로 재산의 취득·처분 또는 발생 원인에 관한 사실을 가장(假裝)하거나 그 재산을 은닉하는 행위

4) 공중협박자금조달행위

'공중 등 협박목적 및 대량살상무기확산을 위한 자금조달행위의 금지에 관한 법률' 제6조제1항의 죄에 해당하는 행위를 말한다.

2. 금융정보분석원

특정금융거래정보의 보고 및 이용 등에 관한 사항과 관련하여 금융정보분석원을 둔다. 금융정보분석원은 금융위원회 소속이다.

1) 겸직금지

금융정보분석원은 그 권한에 속하는 사무를 독립적으로 수행하며, 그 소속 공무원은 이 법과 '공중 등 협박목적 및 대량살상무기확산을 위한 자금조달행위의 금지에 관한 법률'에 따른 업무 외에 다른 업무에 종사하지 못한다.

2) 국회보고

금융정보분석원의 장(금융정보분석원장)은 업무 수행과 관련하여 다음의 사항을 매년 정기국회에 보고하여야 한다.

① 제4조에 따라 금융회사 등으로부터 보고를 받은 건수
② 제7조에 따라 특정금융거래정보의 제공을 요구받은 건수 및 제공한 건수
③ 2의2. 제7조의2에 따른 통보 및 통보유예 현황에 관한 통계자료
④ 제8조에 따라 외국금융정보분석기구와 정보를 교환한 건수
⑤ 그 밖에 금융정보분석원 업무와 관련된 통계자료

3. 보고대상

1) 불법재산 등으로 의심되는 거래의 보고

금융회사 등은 다음의 어느 하나에 해당하는 경우에는 대통령령으로 정하는 바에 따라 지체 없이 그 사실을 금융정보분석원장에게 보고하여야 한다.

① 금융거래와 관련하여 수수(授受)한 재산이 불법재산이라고 의심되는 합당한 근거가 있는 경우
② 금융거래의 상대방이 '금융실명거래 및 비밀보장에 관한 법률' 제3조제3항을 위반하여 불법적인 금융거래를 하는 등 자금세탁행위나 공중협박자금조달행위를 하고 있다고 의심되는 합당한 근거가 있는 경우
③ '범죄수익은닉의 규제 및 처벌 등에 관한 법률' 제5조제1항 및 '공중 등 협박목적 및 대량살상무기확산을 위한 자금조달행위의 금지에 관한 법률' 제5조제2항에 따라 금융회사 등의 종사자가 관할 수사기관에 신고한 경우

2) 근거 제시

금융회사 등은 불법재산 등으로 의심되는 거래의 보고를 할 때에는 그 의심되는 합당한 근거를 분명하게 밝혀야 한다.

4. 보고자료의 보존의무

금융회사 등은 금융정보분석원장에 보고를 하였을 때에는 대통령령으로 정하는 바에 따라 그 보고와 관련된 다음의 자료를 보고한 날부터 5년간 보존하여야 한다.
① 금융거래 상대방의 실지명의(實地名義)를 확인할 수 있는 자료
② 금융거래정보의 보고대상이 된 금융거래자료
③ 금융회사 등이 의심되는 합당한 근거를 기록한 자료

5. 누설금지 의무

금융회사 등에 종사하는 자는 금융정보분석원장에 보고를 하려고 하거나 보고를 하였을 때에는 그 사실을 그 보고와 관련된 금융거래의 상대방을 포함하여 다른 사람에게 누설하여서는 아니 된다. 다만, 다음 각 호의 어느 하나에 해당하는 경우에는 그러하지 아니하다.
① 자금세탁행위와 공중협박자금조달행위를 방지하기 위하여 같은 금융회사 등의 내부에서 그 보고 사실을 제공하는 경우
② 법제3조제1항 각 호의 업무에 상당하는 업무를 수행하는 외국의 기관('외국금융정보분석기구')에 대하여 해당 외국의 법령에 따라 보고를 하는 경우

6. 보고의 면책

금융정보분석원장에 보고를 한 금융회사 등(금융회사 등의 종사자를 포함한다)은 고의 또는 중대한 과실로 인하여 거짓보고를 한 경우 외에는 그 보고와 관련된 금융거래의 상대방 및 그의 관계자에 대하여 손해배상책임을 지지 아니한다.

7. 의심스러운 거래 보고제도(STR : Suspicious Transaction Report)

금융회사 등은 다음의 어느 하나에 해당하는 경우에는 대통령령으로 정하는 바에 따라 지체 없이 그 사실을 금융정보분석원장에게 보고하여야 한다.

① 금융거래와 관련하여 수수(授受)한 재산이 불법재산이라고 의심되는 합당한 근거가 있는 경우

② 금융거래의 상대방이 '금융실명거래 및 비밀보장에 관한 법률' 제3조제3항을 위반하여 불법적인 금융거래를 하는 등 자금세탁행위나 공중협박자금조달행위를 하고 있다고 의심되는 합당한 근거가 있는 경우

③ '범죄수익은닉의 규제 및 처벌 등에 관한 법률' 제5조제1항 및 '공중 등 협박목적 및 대량살상무기확산을 위한 자금조달행위의 금지에 관한 법률'에 따라 금융회사 등의 종사자가 관할 수사기관에 신고한 경우

　㉠ 의무적 보고 : 1천만 원 이상

　㉡ 임의적 보고 : 의심되는 경우 1천만 원 미만도 가능함.

8. 고액현금거래 보고제도(CTR : Currency Transaction Report)

1) 2천만 원 이상 현금 등 거래

금융회사 등은 2천만 원 이상의 현금(외국통화는 제외한다)이나 현금과 비슷한 기능의 지급수단으로서 '현금 등' 금융거래의 상대방에게 지급하거나 그로부터 영수(領收)한 경우에는 그 사실을 30일 이내에 금융정보분석원장에게 보고하여야 한다. 다만, 다음의 어느 하나에 해당하는 경우에는 그러하지 아니하다.

① 다른 금융회사 등(대통령령으로 정하는 자는 제외한다)과의 현금 등의 지급 또는 영수

② 국가, 지방자치단체, 그 밖에 대통령령으로 정하는 공공단체와의 현금 등의 지급 또는 영수

③ 자금세탁의 위험성이 없는 일상적인 현금 등의 지급 또는 영수로서 대통령령으로 정하는 것

2) 분할거래

금융회사 등은 금융거래의 상대방이 2천만 원 이상 기준금액을 회피할 목적으로 금액을 분할하여 금융거래를 하고 있다고 의심되는 합당한 근거가 있는 경우에는 그 사실을 금융정보분석원장에게 보고하여야 한다.

9. 고객확인의무

금융회사 등은 금융거래를 이용한 자금세탁행위 및 공중협박자금조달행위를 방지하기 위하여 합당한 주의(注意)로서 다음의 구분에 따른 조치를 하여야 한다. 이 경우 금융회사 등은 이를 위한 업무 지침을 작성하고 운용하여야 한다.

① 고객이 계좌를 신규로 개설하거나 대통령령으로 정하는 금액 이상으로 일회성 금융거래를 하는 경우에는 다음의 사항을 확인

    ㉠ 대통령령으로 정하는 고객의 신원에 관한 사항

    ㉡ 고객을 최종적으로 지배하거나 통제하는 자연인('실제 소유자')에 관한 사항. 다만, 고객이 법인 또는 단체인 경우에는 대통령령으로 정하는 사항

② 고객이 실제 소유자인지 여부가 의심되는 등 고객이 자금세탁행위나 공중협박자금조달행위를 할 우려가 있는 경우에는 다음의 사항을 확인

    ㉠ ①의 ㉠, ㉡ 사항

    ㉡ 금융거래의 목적과 거래자금의 원천 등 금융정보분석원장이 정하여 고시하는 사항(금융회사 등이 자금세탁행위나 공중협박자금조달행위의 위험성에 비례하여 합리적으로 가능하다고 판단하는 범위에 한정한다.)

10. 신규거래 거절 및 기존 거래 종료의무

금융회사 등은 고객이 신원확인 등을 위한 정보 제공을 거부하여 고객확인을 할 수 없는 경우에는 계좌개설 등 해당 고객과의 신규 거래를 거절하고, 이미 거래관계가 수립되어 있는 경우에는 해당 거래를 종료하여야 한다. 이 경우 금융회사 등은 의심되는 거래의 보고 여부를 검토하여야 한다.

11. 전신송금시 정보제공

금융회사 등은 송금인이 전신송금(전신송금 : 송금인의 계좌보유 여부를 불문하고 금융회사 등을 이용하여 국내외의 다른 금융회사 등으로 자금을 이체하는 서비스를 말한다)의 방법으로 500만 원의 범위에서 대통령령으로 정하는 금액 이상을 송금하는 경우에는 다음의 구분에 따라 송금인 및 수취인에 관한 정보를 송금받는 금융회사 등('수취금융회사')에 제공하여야 한다.

① 국내송금
  ㉠ 송금인의 성명(법인인 경우에는 법인의 명칭)
  ㉡ 송금인의 계좌번호(계좌번호가 없는 경우에는 참조 가능한 번호)
  ㉢ 수취인의 성명 및 계좌번호
② 해외송금
  ㉠ 송금인의 성명
  ㉡ 송금인의 계좌번호
③ 송금인의 주소 또는 주민등록번호(법인인 경우에는 법인등록번호, 외국인인 경우에는 여권번호 또는 외국인등록번호)
④ 수취인의 성명 및 계좌번호

12. 중계기관

금융정보분석원장은 다음의 기관을 고액 현금거래 보고에 관한 자료를 중계하는 기관('중계기관')으로 지정·운영할 수 있다.
① 전국은행연합회
② 한국금융투자협회
③ 상호저축은행중앙회

13. 검사, 제재 등

1) 검사 등

금융정보분석원장은 법 제4조, 제4조의2, 제5조, 제5조의2 및 제5조의3에 따라 금융회사 등이 수행하는 업무를 감독하고, 감독에 필요한 명령 또는 지시를 할 수 있으며, 그 소속 공무원으로 하여금 금융회사 등의 업무를 검사하게 할 수 있다.

2) 제재 등

(1) 기관 제재

금융정보분석원장은 이 법 또는 이 법에 따른 명령 또는 지시를 위반한 사실을 발견하였을 때에는 해당 금융회사 등에 대하여 다음의 어느 하나에 해당하는 조치를 할 수 있다.

① 위반 행위의 시정명령

② 기관경고

③ 기관주의

(2) 임직원 제재

금융정보분석원장은 이 법 또는 이 법에 따른 명령 또는 지시를 위반한 사실을 발견하였을 때에는 위반 행위에 관련된 임직원에 대하여 다음의 구분에 따른 조치를 하여 줄 것을 해당 금융회사 등의 장에게 요구할 수 있다.

① 임원 : 다음 각 목의 어느 하나에 해당하는 조치

　㉠ 해임권고

　㉡ 6개월 이내의 직무정지

　㉢ 문책경고

　㉣ 주의적 경고

　㉤ 주의

② 직원 : 다음 각 목의 어느 하나에 해당하는 조치

　㉠ 면직

　㉡ 6개월 이내의 정직

ⓒ 감봉

ⓔ 견책

ⓜ 주의

14. 벌칙

① 1년 이하 징역 또는 1천만 원 이하 벌금

　ⓖ 법 제4조제1항 및 제4조의2제1항·제2항에 따른 보고를 거짓으로 한 자

　ⓛ 법 제4조제6항을 위반한 자

② 징역과 벌금 병과 : 법 제13조 및 제14조에 규정된 죄를 범한 자에게는 징역과 벌금을 병과(並科)할 수 있다.

③ 양벌규정 : 법인의 대표자나 법인 또는 개인의 대리인, 사용인, 그 밖의 종업원이 그 법인 또는 개인의 업무에 관하여 제14조의 위반행위를 한 경우에는 행위자를 벌하는 외에 그 법인 또는 개인에 대하여도 해당 조문의 벌금형을 과(科)한다. 다만, 법인 또는 개인이 그 위반행위를 방지하기 위하여 해당 업무에 관하여 상당한 주의와 감독을 게을리하지 아니한 경우에는 그러하지 아니하다.

④ 1천만 원 이하의 과태료

　ⓖ 법 제4조제1항제1호·제2호 또는 제4조의2제1항·제2항을 위반하여 보고를 하지 아니한 자

　ⓛ 법 제5조의2제1항을 위반하여 같은 항 각 호에 따른 확인 조치를 하지 아니한 자

　ⓒ 법 제11조제1항부터 제3항까지 또는 제6항에 따른 명령·지시·검사에 따르지 아니하거나 이를 거부·방해 또는 기피한 자

예금자보호법

제1절 개 요

1. 예금보험제도의 의의

금융기관이 파산 등의 이유로 예금자에게 예금을 되돌려줄 수 없을 때 예금보험기관이 대신해서 원리금의 전부 또는 일부를 지급하는 일종의 보험제도이다. 관련업무는 예금보험공사가 담당하고 있다.

2. 예금자보호법의 목적

예금자보호법은 금융기관이 파산 등의 사유로 예금 등을 지급할 수 없는 상황에 대처하기 위하여 예금보험제도 등을 효율적으로 운영함으로써 예금자 등을 보호하고 금융제도의 안정성을 유지하는데 이바지함을 목적으로 한다.

제2절 부보 금융기관 등

1. 부보 금융기관

예금자보호법에 의한 예금보험의 적용대상 기관으로서 다음의 어느 하나에 해당하는 금융기관을 말한다.

① 은행법 제8조제1항에 의하여 인가를 받은 은행

② 한국산업은행법에 의하여 설립된 한국산업은행

③ 중소기업은행법에 의하여 설립된 중소기업은행

④ 농업협동조합법에 따라 설립된 농협은행

⑤ 수산업협동조합법에 의한 수산업협동조합중앙회

⑥ 은행법 제58조제1항에 의하여 인가를 받은 외국은행의 국내지점 및 대리점(대통령령이 정하는 외국은행의 국내지점 및 대리점을 제외한다.)

⑦ '자본시장과 금융투자업에 관한 법률' 제12조에 따라 증권을 대상으로 투자매매업·투자중개업의 인가를 받은 투자매매업자·투자중개업자('자본시장과 금융투자업에 관한 법률' 제78조에 따른 다자간매매체결회사는 제외한다.)

⑧ '보험업법' 제4조제1항의 규정에 의하여 허가를 받은 보험회사(재보험 또는 보증보험사업을 주로 하는 보험회사로서 대통령령이 정하는 보험회사를 제외한다.)

⑨ '자본시장과 금융투자업에 관한 법률'에 따른 종합금융회사

⑩ '상호저축은행법'에 따른 상호저축은행 및 상호저축은행중앙회

2. 보호대상 금융상품

금융기관	보호대상	비보호대상
은행	- 예금 - 적금, 부금 - 원금보전신탁	- CD, RP - 은행발행채권 - 특정금전신탁 등
금융투자회사	- 예수금	- 청약자예수금 - 수익증권, CMA, 랩 - ELS, ELW
보험	- 개인보험계약 - 퇴직보험계약	- 보증보험
종금	- CMA - 발행어음 - 표지어음	- CP

3. 예금보험위원회

1) 예금보험위원회 설치

예금보험공사에 예금보험위원회를 두고, 이 법 및 이 법에 의한 명령과 정관이 정하는 바에 의하여 공사의 업무운영에 관한 기본방침을 수립하고 기금운용계획 등을 심의하게 한다.

2) 구성

위원회는 다음 7인의 위원으로 구성한다.
① 예금보험공사의 사장
② 금융위원회 부위원장
③ 기획재정부차관
④ 한국은행부총재
⑤ 금융위원회가 위촉하는 위원 1인과 기획재정부장관 · 한국은행 총재가 각각 추천하여 금융위원회가 위촉하는 위원 2인

3) 임기 등

위원의 임기는 3년이고 연임도 가능하다. 예금보호위원회의 위원장은 공사의 사장이 된다.

4. 예금보호한도

1인당 한도는 최고 5,000만 원(이자 포함)이다. 보호한도는 예금 종류별, 지점별이 아닌 금융기관별 총금액이다. 예금자 1인은 개인뿐 아니라 법인도 해당된다.

CHAPTER
10

부정청탁 및 금품 등 수수의 금지에 관한 법률(부정청탁금지법)

1. 목적

'부정청탁 및 금품 등 수수의 금지에 관한 법률'(약칭 '청탁금지법')은 공직자 등에 대한 부정청탁 및 금품 등 수수를 금지함으로써 공정한 직무수행을 보장하고, 공공기관에 대한 국민의 신뢰를 확보하기 위한 것이다(동법 제1조). 2015.3.27. 공포되고 1년 6개월간의 경과기간을 거쳐 2016.9.28. 시행되었다.

2. 적용대상 공공기관 및 공직자 등(동법 제2조)

1) 공공기관

① 국회, 법원, 헌법재판소, 선거관리위원회, 감사원, 국가인권위원회, 중앙행정기관과 그 소속기관 및 지방자치단체
② '공직자윤리법'에 따른 공직유관단체
③ '공공기관의 운영에 관한 법률'에 따른 기관
④ '초중등교육법,' '고등교육법,' '유아교육법' 및 그 밖의 다른 법령에 따라 설치된 각급학교 및 '사립학교법'에 따른 학교법인
⑤ '언론중재 및 피해구제 등에 관한 법률'에 따른 언론사

2) 공직자 등

① 「국가공무원법」 또는 「지방공무원법」에 따른 공무원과 그 밖에 다른 법률에 따라 그 자격·임용·교육훈련·복무·보수·신분보장 등에 있어서 공무원으로 인정된 사람
② 공직유관단체 및 '공공기관의 운영에 관한 법률'에 따른 기관의 장과 그 임직원
③ '초중등교육법', '고등교육법', '유아교육법' 및 그 밖의 다른 법령에 따라 설치된 각급학교 및 '사립학교법'에 따른 학교법인의 임직원
④ '언론중재 및 피해구제 등에 관한 법률"에 따른 언론사의 대표자와 그 임직원

3) 공적 업무 종사자; 공무수행사인
4) 이들에게 부정청탁을 하거나 수수금지 금품 등을 제공한 민간인

3. 공직자 등에 대한 부정청탁의 금지

1) 공직자 등에 대한 부정청탁의 금지

누구든지 직접 또는 제3자를 통하여 직무를 수행하는 공직자 등에게 다음 각 호의 어느 하나에 해당하는 부정청탁을 해서는 아니 된다. 법에서 정한 14가지 유형의 부정청탁을 받게 되면 우선 거절하는 의사를 명확히 표시하여야 하고, 청탁이 계속되면 소속 기관장 등에게 서면(전자문서 포함)으로 신고하여야 한다.

(1) 14개 유형의 부정청탁행위(동법 제5조)
① 불법 인·허가·면허 등 처리
② 행정처분·형벌 부과의 감경 또는 면제
③ 채용·승진 등 인사 개입
④ 공공기관의 의사결정에 관여, 직위에 선정·탈락되도록 개입
⑤ 수상·포상 등의 선정·탈락에 개입
⑥ 입찰·경매 등에 관한 직무상 비밀 누설
⑦ 특정인의 계약 선정 또는 탈락에 개입

⑧ 보조금 등의 배정 · 지원, 투자 등에 개입

⑨ 공공기관이 생산 · 공급하는 재화와 용역의 비정상적 거래

⑩ 각종 평가 · 판정업무 개입

⑪ 행정지도 · 단속 등의 대상 배제, 위법사항 묵인

다만 청원법, 민원사무처리법, 국회법 등에 따른 일정한 행위, 그 밖에 사회상규(社會常規)에 위배되지 아니하는 것으로 인정되는 행위 등은 예외로 한다.

(2) 위반시 형사처벌 또는 과태료 등

① 징계 : 공공기관의 장 등은 공직자 등이 이 법 또는 이 법에 따른 명령을 위반한 경우에는 징계처분을 하여야 한다(동법 제21조).

② 형사처벌 : 부정청탁을 받고 그에 따라 직무를 수행한 공직자 등 ⇒ 2년 이하 징역, 2,000만 원 이하의 벌금에 처한다(동법 제22조 1항).

③ 행정벌(과태료)

㉠ 제3자를 위하여 다른 공직자 등(공무수행사인 포함)에게 부정청탁을 한 공직자 등 ⇒ 3,000만 원 이하의 과태료

㉡ 제3자를 위하여 공직자 등(공무수행사인 포함)에게 부정청탁을 한 자 ⇒ 2천만 원 이하의 과태료를 부과한다.

㉢ 제3자를 통하여 공직자 등(공무수행사인 포함)에게 부정청탁을 한 자 ⇒ 1천만 원 이하의 과태료를 부과한다.

공직자 등의 소속기관까지 벌하는 양벌규정이다. 다만, 당사자가 직접 부정청탁을 한 경우에는 청탁자의 이해당사자로서의 입장을 고려하여 처벌하지 않는다.

2) 공직자 등의 금품 등의 수수 금지

① 금품 등이란 ㉠ 금전, 유가증권, 부동산, 물품, 숙박권, 회원권, 입장권, 할인권, 초대권, 관람권, 부동산 등의 사용권 등 일체의 재산적 이익, ㉡ 음식물 · 주류 · 골프 등의 접대 · 향응 또는 교통 · 숙박 등의 편의 제공, ㉢ 채무면제, 취업 제공, 이권 부여 등 그 밖의 유형 · 무형의 경제적 이익을 말한다.

② 직무와 관련이 없는 이로부터라도 매 회계연도 기준 1회에 100만 원 또는 연간 300만 원 초과 금품 등(금전, 음식, 선물, 경조사비) 수수가 제한되며, 다만 친족의 제공은 제외된다. 직무와 관련된 경우에는 1회에 100만 원 이하 금품 등 수수도 금지된다.

③ 법률혼 배우자가 수수가 금지되는 금품 등을 받은 경우: 소속기관 · (감독기관 · 감사원 · 수사기관 · 국민권익위원회)에 신고하고 즉시 반환하여야 한다. ⇒ 이를 위반하는 경우 공직자가 처벌을 받게 된다.

다만 적용제외로서, 다음의 어느 하나에 해당하는 금품 등의 경우 즉 직무관련성이 있더라도 원활한 직무수행, 사교, 의례, 그리고 부조 차원에서 우리 사회가 허용하는 최소한의 가액 기준내의 음식물 · 경조사비 · 선물 등 또는 아래의 외부강의 등에 관한 사례금은 수수를 금지하는 금품 등에 해당하지 아니한다.

□ **음식물 · 경조사비 · 선물 등의 가액 범위**(법 제8조, 시행령 제17조)

구분	가액 범위
1. 음식물 : 제공자와 공직자 등이 함께 하는 식사, 다과, 주류, 음료, 그 밖에 이에 준하는 것(다만 결혼식 · 장례식장에서 일률적으로 제공하는 3만 원 초과 식사는 허용)	3만 원
2. 경조사비 : 축의금, 조의금 등 각종 부조금과 부조금을 대신하는 화환 · 조화, 그 밖에 이에 준하는 것	10만 원
3. 선물 : 금전 및 제1호에 따른 음식물을 제외한 일체의 물품 또는 유가증권, 그 밖에 이에 준하는 것(그림, 축하난 등 일체의 물품, 숙박권, 회원권, 입장권, 할인권, 초대권, 관람권, 콘도사용권 등 경제적 가치가 있는 것)	5만 원

그러나 이 경우에도 직무와 관련하여 대가성이 인정되면 형법상 뇌물죄에 해당되어 형사처벌을 받는다. 음식물과 선물을 함께 수수한 경우에는 각각의 가액을 합산하고 합산한 가액의 범위는 그 중 큰 한도인 7만 원을 한도로 한다. 그리고 친척 간 이를 초과한 수수는 제한하지 않는다.

④ 외부 강의 시 시행령(제25조)으로 정하는 금액을 초과하는 강연료 등 사례금 수수 제한 : 사립학교 교직원과 언론인의 경우 시간당 100만 원 이하로 수령하며, 1시

간 초과 시에는 시간에 관계없이 상한의 1/2 한도에서 수령 가능하다. 이를 초과하는 경우 ⇒ 전액 반환하여야 한다. 횟수에 제한은 없다. 다만 해외석학 초청강연의 경우에는 적용면제로 한다.

□ 외부강의 등 사례금 상한액(시행령 제25조)

1. 공직자등별 사례금 상한액

가. 「국가공무원법」 또는 「지방공무원법」에 따른 공무원과 그 밖에 다른 법률에 따라 그 자격·임용·교육훈련·복무·보수·신분보장 등에 있어서 공무원으로 인정된 공직자 등(법 제2조제2호가목)

구분	장관급 이상	차관급	4급 이상	5급 이하
상한액	50만 원	40만 원	30만 원	20만 원

나. 「공직자윤리법」에 따른 공직유관단체, 「공공기관의 운영에 관한 법률」에 따른 기관의 장과 그 임직원(법 제2조 나목, 다목)

구분	기관장	임원	그 외 직원
상한액	40만 원	30만 원	20만 원

다. 「초·중등교육법」, 「고등교육법」, 「유아교육법」, 그 밖의 다른 법령에 따라 설치된 각급 학교 및 「사립학교법」에 따른 학교법인의 장과 학교의 장과 교직원 및 학교법인의 임직원, 「언론중재 및 피해구제 등에 관한 법률」에 따른 언론사의 대표자와 그 임직원(법 제2조제2호다목 및 라목에 따른 공직자등, 법 제2조제2호가목 또는 나목에 따른 공직자 등에도 해당하는 경우에는 가목 또는 나목에 따른다) : 100만 원

라. 가목부터 다목까지의 규정에도 불구하고 국제기구, 외국정부, 외국대학, 외국연구기관, 외국학술단체, 그 밖에 이에 준하는 외국기관에서 지급하는 외부강의 등의 사례금 상한액은 사례금을 지급하는 자의 지급기준에 따른다.

2. 적용기준

가. 제1호가목부터 다목까지의 상한액은 강의 등의 경우 1시간당, 기고의 경우 1건당 상한액으로 한다.

나. 법 제2조 제1호가목 및 나목에 따른 공직자 등은 1시간을 초과하여 강의 등을 하는 경우 ⇒ 사례금 총액은 강의시간에 관계없이 1시간 상한액의 100분의 150에 해당하는 금액을 초과하지 못한다.

다. 제1호가목부터 다목까지의 상한액에는 강의료, 원고료, 출연료 등 명목에 관계없이 외부강의 등 사례금 제공자가 외부강의 등과 관련하여 공직자 등에게 제공하는 일체의 사례금을 포함한다.

라. 공직자 등이 소속기관에서 교통비, 숙박비, 식비 등 여비를 지급받지 못한 경우에는 「공무원 여비 규정」 등 공공기관별로 적용되는 여비 규정의 기준 내에서 실비수준으로 제공되는 교통비, 숙박비 및 식비는 제1호의 사례금에 포함되지 않는다.

⑤ 형사처벌 및 과태료(행정벌)

㉠ 형사처벌 : 직무관련성이 없더라도 동일인으로부터 1회에 100만 원, 1년에 300만 원을 초과하는 금품 등을 받은 공직자 등과 제공자 ⇒ 3년 이하의 징역 또는 3천만 원 이하의 벌금에 처한다.

공직자 등은 동일인으로부터 1회에 100만 원, 1년에 300만 원을 초과하는 사례금을 받은 경우에는 대통령령으로 정하는 바에 따라 소속기관장에게 신고하고, 제공자에게 그 초과금액을 지체 없이 반환하여야 한다.

㉡ 과태료(행정벌) : 공직자 등은 직무와 관련하여 대가성 여부를 불문하고 동일인으로부터 1회에 100만 원 또는 매 회계연도에 300만 원 이하의 금품 등을 받거나 요구 또는 약속해서는 아니 되며, 이를 위반하는 경우 그 행위와 관련된 금품 등 가액의 2배 이상 5배 이하에 상당하는 금액의 과태료를 부과한다.

3) 신고 및 신고자 보호

신고자 등의 불이익조치 금지 등 보호와 보상(동법 제15조), 비밀누설의 금지(제18조)

PART
03

⋮

은행법규

⋮

⋮
⋮

은행법

제1절 은행업의 의의

1. 은행의 개요

은행의 어원은 중국의 금은행(金銀行)이다. 청나라 시절부터 은행(銀行)이란 용어로 정착되어 중국은 물론 일본, 한국에서 그대로 사용되고 있다. 일본이 메이지유신을 거치면서 서구문화를 적극 수용하여 근대화를 이루었지만 은행이라는 용어는 중국 청나라 시절의 은행이라는 용어를 바꾸지 않고 그대로 받아들였다. 은행법상 은행이란 은행업을 규칙적·조직적으로 경영하는 한국은행 외의 모든 법인을 말한다. 은행업은 금융위로부터 인가를 받아서 영위한다.

2. 은행법의 목적

은행법의 목적은 '은행의 건전한 운영을 도모하고 자금중개기능의 효율성을 높이며 예금자를 보호하고 신용질서를 유지함으로써 금융시장의 안정과 국민경제의 발전에 이바지함을 목적으로 한다.'(은행법 제1조)라고 되어 있어 은행의 건전성 확보를 통한 예금자보호가 핵심사항이다.

3. 주요 개념

1) 은행업 등

(1) 은행업

'은행업'이란 예금을 받거나 유가증권 또는 그 밖의 채무증서를 발행하여 불특정 다수인으로부터 채무를 부담함으로써 조달한 자금을 대출하는 것을 업(業)으로 하는 것을 말한다.

(2) 은행

'은행'이란 은행업을 규칙적·조직적으로 경영하는 한국은행 외의 모든 법인을 말한다.

(3) 상업금융업무

'상업금융업무'란 대부분 요구불 예금을 받아 조달한 자금을 1년 이내의 기한으로 대출하거나 금융위원회가 예금총액을 고려하여 정하는 최고 대출한도를 초과하지 아니하는 범위에서 1년 이상 3년 이내의 기한으로 대출하는 업무를 말한다.

(4) 장기금융업무

'장기금융업무'란 자본금·적립금 및 그 밖의 잉여금, 1년 이상의 기한부 예금 또는 사채(社債)나 그 밖의 채권을 발행하여 조달한 자금을 1년을 초과하는 기한으로 대출하는 업무를 말한다.

(5) 자기자본

'자기자본'이란 국제결제은행의 기준에 따른 기본자본과 보완자본의 합계액을 말한다.

(6) 지급보증

'지급보증'이란 은행이 타인의 채무를 보증하거나 인수하는 것을 말한다.

(7) 신용공여

'신용공여'란 대출, 지급보증 및 유가증권의 매입(자금지원적 성격인 것만 해당한다), 그 밖에 금융거래상의 신용위험이 따르는 은행의 직접적·간접적 거래를 말한다.

(8) 동일인

'동일인'이란 본인 및 그와 대통령령으로 정하는 특수관계에 있는 자(이하 '특수관계인'이라 한다)를 말한다.

(9) 비금융주력자

'비금융주력자'란 다음 각 목의 어느 하나에 해당하는 자를 말한다.

① 동일인 중 비금융회사(대통령령으로 정하는 금융업이 아닌 업종을 운영하는 회사를 말한다)인 자의 자본총액(대차대조표상 자산총액에서 부채총액을 뺀 금액을 말한다)의 합계액이 동일인 중 회사인 자의 자본총액의 합계액의 100분의 25 이상인 경우의 그 동일인

② 동일인 중 비금융회사인 자의 자산총액의 합계액이 2조 원 이상으로서 대통령령으로 정하는 금액 이상인 경우의 그 동일인

③ '자본시장과 금융투자업에 관한 법률'에 따른 투자회사로서 ① 또는 ②의 자가 그 발행주식 총수의 100분의 4를 초과하여 주식을 보유(동일인이 자기 또는 타인의 명의로 주식을 소유하거나 계약 등에 의하여 의결권을 가지는 것을 말한다)하는 경우의 그 투자회사

④ '자본시장과 금융투자업에 관한 법률'에 따른 사모투자전문회사(이하 '사모투자전문회사'라 한다)로서 다음 각각의 어느 하나에 해당하는 사모투자전문회사

   ㉠ ①부터 ③까지의 어느 하나에 해당하는 자가 사모투자전문회사 출자총액의 100분의 10 이상 지분을 보유하는 유한책임사원인 경우(이 경우 지분계산에 있어서 해당 사원과 다른 유한책임사원으로서 해당 사원의 특수관계인의 지분을 포함한다.)

   ㉡ ①부터 ③까지의 어느 하나에 해당하는 자가 사모투자전문회사의 무한책임사원인 경우

   ㉢ 다른 상호출자제한기업집단('독점규제 및 공정거래에 관한 법률'에 따른 상호출자제한기업집단을 말한다)에 속하는 각각의 계열회사('독점규제 및 공정거래에 관한 법률'에 따른 계열회사를 말한다)가 취득한 사모투자전문회사의 지분의 합이 사모투자전문회사 출자총액의 100분의 30 이상인 경우

⑤ ④에 해당하는 사모투자전문회사가 투자목적회사의 주식 또는 지분의 100분의 4
를 초과하여 취득·보유하거나 임원의 임면 등 주요 경영사항에 대하여 사실상의
영향력을 행사하는 경우의 해당 투자목적회사

(10) 대주주

'대주주(大株主)'란 다음의 어느 하나에 해당하는 자를 말한다.

① 은행의 주주 1인을 포함한 동일인이 은행의 의결권 있는 발행주식 총수의 100분의
10[전국을 영업구역으로 하지 아니하는 은행(이하 '지방은행'이라 한다)의 경우에
는 100분의 15]을 초과하여 주식을 보유하는 경우의 그 주주 1인

② 은행의 주주 1인을 포함한 동일인이 은행(지방은행은 제외한다)의 의결권 있는 발
행주식 총수('은행법' 제16조의2 제2항에 따라 의결권을 행사할 수 없는 주식은 제
외한다)의 100분의 4를 초과하여 주식을 보유하는 경우로서 그 동일인이 최대주주
이거나 대통령령으로 정하는 바에 따라 임원을 임면(任免)하는 등의 방법으로 그
은행의 주요 경영사항에 대하여 사실상 영향력을 행사하고 있는 자인 경우의 그
주주 1인

(11) 은행이용자

'은행이용자'라 함은 은행 업무와 관련하여 권리 또는 의무 등 이해가 발생된 금융업
을 영위하는 자 이외의 자를 말한다.

(12) 저축상품

'저축상품'이라 함은 예금, 적금(상호부금을 포함한다), 신탁, 유가증권 및 채무증서
등 은행이 이용자에게 판매하는 저축 또는 결제수단을 말한다.

(13) 대출상품

'대출상품'이라 함은 은행이 이용자에게 공여하는 대출 또는 신용수단을 말한다.

(14) 파생상품

'파생상품'이라 함은 통화, 채권, 주식 등 기초자산의 가격이나 자산가치 지수의 변동
에 의해 그 가치가 결정되는 금융계약을 말한다.

(15) 복합금융상품

'복합금융상품'이라 함은 개별 은행상품을 연계 또는 복합하여 운용하는 상품을 말한다.

(16) 약정이율

'약정이율'이라 함은 은행과 이용자가 계약으로 정하는 명목이율, 할인율 또는 배당률 등을 말한다.

(17) 연수익률

'연수익률'이라 함은 연단위 실효수익률을 말한다.

(18) 부가혜택

'부가혜택'이라 함은 은행상품의 거래개시, 갱신 등과 관련하여 이자 이외에 은행이 이용자에게 제공하는 현금, 물품, 서비스, 대출, 수수료의 감면 등 모든 형태의 경제상의 이익을 말한다. 다만, 창립기념행사 등에서 특정상품의 거래와 관련 없이 불특정 다수인에게 제공하는 물품 등은 이를 부가혜택으로 보지 아니한다.

(19) 대출부대비용

'대출부대비용'이라 함은 대출상품거래의 개시, 존속, 해지 또는 해제 등 거래와 관련하여 이용자가 부담하는 보증료, 담보관련비용, 감정평가수수료, 등기관련비용, 인지세, 중도상환수수료, 기타 관련비용을 말한다.

2) 기타 개념

(1) 비증권적 예금

비증권적 예금은 예금을 받고 통장 또는 증서를 교부하는 예금이다.

(2) 증권적 예금

금전을 받고 유가증권을 매출하는 것이다.

(3) 신탁계정

위탁자가 수탁자에게 재산의 관리 및 처분을 일임하는 법률행위로 인해 수입된 예수금을 말한다.

(4) 수신거래

금융기관이 자금의 공급자로부터 자금을 예치받는 모든 금융거래를 말한다.

(5) 여신업무

금융기관이 예치받은 금액을 자금의 수요자에게 공급하는 것을 말한다.

(6) 자익신탁과 타익신탁

위탁자와 수익자가 일치하는 것은 자익신탁, 위탁자와 수익자가 일치하지 않는 것은 타익신탁이다.

(7) 분별관리의 원칙

고유재산과 신탁재산은 분리하여 관리되어야 함을 말한다.

(8) 물상대위성

신탁재산은 관리 · 처분 · 멸실 · 훼손 등 어떠한 형태의 변경에도 불구하고 수탁자가 얻은 재산은 최초의 신탁재산 성질과 같이 계속 신탁재산으로서의 성질을 갖는다는 것이다.

(9) 방카슈랑스

은행과 보험의 합성어로서 은행의 보험판매대리점을 말한다.

제2절 은행업의 진입 등

1. 은행업의 진입

1) 인가

은행업을 영위하려는 자는 금융위원회(금융위)의 인가를 받아야 한다.

2) 자본금 요건

자본금 요건은 1천억 원 이상이다. 다만, 지방은행의 자본금은 250억 원 이상, 외국은행 국내지점은 30억 원 이상이다.

2. 은행업의 퇴출

은행이 분할, 합병, 해산, 은행업 폐지, 영업의 전부 또는 일부를 양도·양수하고자 하는 경우 금융위의 인가가 필요하다. 금융위는 법령을 위반한 은행에 대하여 6월 이내의 기간을 정하여 영업의 전부정지를 명하거나 은행업의 인가를 취소할 수 있다.

제3절 은행업에 대한 업무규제 등

1. 주식보유한도 등

1) 동일인의 주식보유 등

(1) 동일인 한도

동일인은 은행의 의결권 있는 발행주식 총수의 100분의 10(지방은행은 100분의 15)을 초과하여 은행의 주식을 보유할 수 없다(정부, 예금보험공사 제외). 한도를 초과하여 보유하고자 하는 경우에는 금융위의 승인을 얻어야 한다.

(2) 동일인의 금융위 보고

동일인(대통령령으로 정하는 자를 제외한다)은 다음의 어느 하나에 해당하게 된 경우에는 은행 주식보유상황 또는 주식보유비율의 변동상황 확인을 위하여 필요한 사항으로서 대통령령으로 정하는 사항을 금융위원회에 보고하여야 한다.

① 은행(지방은행은 제외한다. 이하 같다)의 의결권 있는 발행주식 총수의 100분의 4를 초과하여 주식을 보유하게 되었을 때

② ①에 해당하는 동일인이 해당 은행의 최대주주가 되었을 때

③ ①에 해당하는 동일인의 주식보유비율이 해당 은행의 의결권 있는 발행주식 총수의 100분의 1 이상 변동되었을 때

④ 은행의 의결권 있는 발행주식 총수의 100분의 4를 초과하여 보유한 사모투자전문회사의 경우 그 사원의 변동이 있을 때

⑤ 은행의 의결권 있는 발행주식 총수의 100분의 4를 초과하여 보유한 투자목적회사의 경우 그 주주 또는 사원의 변동이 있을 때(해당 투자목적회사의 주주 또는 사원인 사모투자전문회사의 사원의 변동이 있을 때를 포함한다.)

(3) 한도초과시 금융위 승인

동일인은 다음의 구분에 따른 한도를 각각 초과할 때마다 금융위원회의 승인을 받아 은행의 주식을 보유할 수 있다.

① 은행법 제15조 발행주식 총수의 100분의 10(지방은행의 경우에는 100분의 15)

② 해당 은행의 의결권 있는 발행주식 총수의 100분의 25

2) 비금융주력자의 주식보유제한

은행의 의결권 있는 발행주식 총수의 100분의 4(지방은행의 경우에는 100분의 15)를 초과하여 은행의 주식을 보유할 수 없다(단 은행의 주식에 대한 의결권을 행사하지 아니하는 조건으로 재무건전성 등 대통령령으로 정하는 요건을 충족하여 금융위원회의 승인을 받은 경우에는 발행주식 총수의 100분의 10까지 주식을 보유할 수 있다).

제4절 지배구조 등

1. 이사회

1) 사외이사

사외이사는 이사 중에서 상시적인 업무에 종사하지 아니하는 이사이다. 은행은 사외이사를 3명 이상 두어야 한다. 이 경우 사외이사의 수는 전체 이사 수의 과반수가 되어야 한다.

2) 사외이사후보추천위원회

은행은 사외이사 후보를 추천하기 위하여 상법 제393조의2에 따른 위원회(이하 '사외이사후보추천위원회'라 한다)를 설치하여야 한다. 이 경우 사외이사후보추천위원회는 사외이사가 총위원의 2분의 1 이상이 되도록 구성하여야 하며, 사외이사후보추천위원회가 사외이사를 추천하는 경우에는 '은행법' 제23조의5 제4항에 따른 권리를 행사할 수 있는 요건을 갖춘 주주가 추천한 사외이사 후보를 포함시켜야 한다. 사외이사는 사외이사후보추천위원회의 추천을 받은 자 중에서 주주총회에서 선임한다.

2. 출자제한

은행은 다른 회사 등의 의결권 있는 지분증권의 100분의 15를 초과하는 지분증권을 소유할 수 없다. 단, 금융위가 정하는 업종에 속하는 회사 등에 출자하는 경우 또는 기업구조조정 촉진을 위하여 필요한 것으로 금융위의 승인을 받은 경우에는 의결권 있는 지분증권의 100분의 15를 초과하는 지분증권을 소유할 수 있다.

제5절 신용공여 규제

1. 신용공여 제한

동일인 신용공여한도 : 자기자본의 20% 이내

동일차주 신용공여한도 : 자기자본의 25% 이내

거액신용공여 총액한도 : 자기자본의 5배 이내

① 거액신용은 자기자본의 10%를 초과하는 것

　　대주주 신용공여한도 : 자기자본의 25% 또는 대주주출자비율 해당금액 중 작은 금액

② 대주주 : 은행지분비율 10% 이상(지방은행은 15% 이상)

　　자회사 신용공여한도 : 자기자본의 10% 이내(전체 자회사는 자기자본의 20% 이내)

③ 자회사 : 은행이 회사의 지분비율 15% 이상을 소유한 것

　　모은행 신용공여 : 금지

　　자은행 신용공여 : 자기자본의 10% 이내(전체자기자본의 20% 이내)

④ 자은행 : 은행이 다른 은행 지분비율 15% 이상인 경우의 다른 은행

2. 임직원 대출 규제

임직원에 대한 대출은 규제되지만 금융위가 정하는 소액대출은 허용된다.

① 일반자금대출 : 20백만 원(급부 포함) 이내

② 주택자금대출(일반자금대출 포함) : 50백만 원 이내

③ 사고금정리대출(일반자금 및 주택자금대출 포함) : 60백만 원 이내

제6절   이익처분, 자산운용 등에 대한 규제

1. 이익준비금 적립

은행은 적립금이 자본금의 총액이 될 때까지 결산 순이익금을 배당할 때마다 그 순이익금의 100분의 10 이상을 적립하여야 한다.

2. 증권투자한도

증권투자한도는 자기자본의 100%까지이다.

□ 증권
  - 채무증권(상환기간 3년 초과하는 것)
  - 지분증권
  - 파생결합증권(상환기간 3년 초과하는 것)
  - 수익증권
  - 투자계약증권 및
  - 증권예탁증권으로서 상환기간이 3년을 초과하는 것. 국채와 통화안정증권은 한도에서 제외된다(또한 회생절차 개시 결정을 받은 기업, 기업개선작업 대상기업, 기타 은행 공동으로 정상화를 추진 중인 기업에 대한 증권투자한도는 예외로 적용된다).

3. 업무용 부동산과 비업무용 부동산

업무용 부동산[1]은 자기자본의 60%까지 인정된다.

---

1) 업무용 부동산
  - 영업소, 사무소 등 영업시설
  - 연수시설
  - 복리후생시설
  - 상기의 시설 용도로 사용할 토지·건물 및 그 부대시설

4. 은행채 발행한도

- 자기자본의 5배 이내
- 상환기간 제한 : (폐지됨)
- 단기채(1년 미만) 발행도 가능

5. 자회사 출자한도
- 자기자본의 20% 이내 : 종전 15% ⇒ 20%로 개정

6. 코코본드(CoCo Bond, 조건부 자본증권) (2016.7.30. 시행)

상장은행 외에 비상장은행도 상각형 및 주식전환형 코코본드 발행 가능

□ CoCo Bond(Contingent Convertible Bond)
발행당시 미리 정한 예정사유(trigger event)가 발생하면 자동으로 상각(상각형)하거나 발행자의 주식으로 전환(주식전환형)되는 사채

※ 예정사유(trigger event) : ① 부실금융기관 지정 또는 ② 발행은행 스스로 미리 정한 조건 충족 중 어느 하나(은행이 자율선택)
(예) 보통주자본비율이 최저규제비율을 하회하는 경우

7. 업무용 부동산의 임대가능 면적

은행 업무용 부동산의 임대가능 면적은 직접 사용면적의 9배 이내였으나 ⇒ 2016년 7월 30일 이러한 제한이 폐지됨.

제7절 약관 등 금융소비자 보호

1. 약관 제정과 변경

금융거래와 관련된 약관을 제정하거나 변경하려는 경우에는 미리 금융위에 보고하여야 한다. 다만, 이용자의 권익이나 의무에 불리한 영향이 없는 경우로서 금융위가 정하는 경우에는 약관의 제정 또는 변경 후 10일 이내에 금융위에 보고할 수 있다. 은행은 약관을 제정하거나 변경한 경우에는 인터넷 홈페이지 등을 이용하여 공시하여야 한다. 약관을 보고받은 금융위는 그 약관을 공정거래위원회에 통보하여야 한다. 이 경우 공정거래위원회는 통보받은 약관이 '약관의 규제에 관한 법률' 제6조부터 제14조까지의 규정에 해당하는 사실이 있다고 인정될 때에는 금융위에 그 사실을 통보하고 그 시정에 필요한 조치를 취하도록 요청할 수 있으며, 금융위는 특별한 사유가 없는 한 이에 응하여야 한다. 금융위는 건전한 금융거래질서를 유지하기 위하여 필요한 경우에는 은행이 보고한 양관에 대하여 변경을 권고할 수 있다.

2. 불공정영업행위 금지

여신거래와 관련하여 차주의 의사에 반하여 예금 가입 등을 강요하는 행위, 여신거래와 관련하여 차주 등에게 부당하게 담보를 요구하거나 보증을 요구하는 행위, 은행 또는 그 임직원이 업무와 관련하여 부당하게 편익을 요구하거나 제공받는 행위는 금지된다.

① 여신거래와 관련하여 차주(借主)의 의사에 반하여 예금, 적금 등 은행상품(법 제52조의3 제1항에 따른 은행상품을 말한다)의 가입 또는 매입을 강요하는 행위

② 여신거래와 관련하여 차주의 의사에 반하여 예금, 적금 등 은행상품의 해약 또는 인출(引出)을 제한하는 행위

③ 여신거래와 관련하여 차주 또는 제3자로부터 담보 또는 보증을 취득할 때 정당한 사유없이 포괄근담보(현재 발생하였거나 장래에 발생할 다수의 채무 또는 불확정 채무를 일정한 한도에서 담보하기 위한 물건 또는 권리를 제공하는 것을 말한다) 또는 포괄근보증(현재 발생하였거나 장래에 발생할 다수의 채무 또는 불확정 채무

를 일정한 한도에서 보증하는 것을 말한다)을 요구하는 행위

④ 여신거래와 관련하여 제3자인 담보제공자에게 연대보증을 요구하는 행위

⑤ 여신거래와 관련하여 중소기업(「중소기업기본법」제2조에 따른 중소기업 중 금융위원회가 정하여 고시하는 중소기업을 말한다)의 대표자·임원 등 금융위가 정하여 고시하는 차주의 관계인의 의사에 반하여 은행상품의 가입 또는 매입을 강요하는 행위

⑥ 여신거래와 관련하여 차주인 중소기업, 그 밖에 금융위원회가 정하여 고시하는 차주 및 차주의 관계인에게 여신 실행일 전후 1개월 이내에 은행상품을 판매하는 행위로서 해당 차주 및 차주의 관계인을 보호하기 위한 목적으로 은행상품의 특성·판매금액 등을 고려하여 금융위가 정하여 고시하는 요건에 해당하는 행위

3. 광고 및 편익제공

1) 광고

광고의 제작 및 내용에 관하여 지켜야 할 사항을 내부통제기준에 반영하고, 준법감시인의 사전 확인을 받아야 한다.

2) 편익제공

은행은 거래상대방(거래상대방이 법인·그 밖의 단체인 경우로 한정하되, 그 임직원을 포함한다)에게 금전·물품·편익 등(경제적 가치가 3만 원 이하인 물품·식사 또는 20만 원 이하의 경조비·조화·화환을 제외)을 제공하거나 제공받는 경우 미리 준법감시인(준법감시인이 없는 경우에는 감사 등 이에 준하는 자)에게 보고하고 금전·물품·편익 등을 제공하거나 제공받는 날로부터 5년간 제공목적, 제공내용, 제공일자 및 제공받거나 제공하는 자 등에 대한 기록을 유지하여야 한다. 다만, 준법감시인에게 미리 보고하기 곤란한 경우에는 사후에 보고할 수 있다.

은행은 거래상대방(거래상대방이 법인·그 밖의 단체인 경우 그 임직원을 포함한다)에게 10억 원을 초과하는 금전·물품·편익 등을 제공한 경우 지체 없이 감독원장이 정하는 사항을 인터넷 홈페이지 등을 이용하여 공시하여야 한다.

제8절 경영실태평가와 적기시정조치 등

1. 경영실태평가와 건전경영

감독원장은 은행의 경영실태를 분석하여 경영의 건전성 여부를 감독하여야 한다.

1) 경영실태평가

① 은행 본점, 은행 국외현지법인에 대한 경우 : 해당 은행 또는 은행 국외현지법인 전체의 자본적정성, 자산건전성, 경영관리의 적정성, 수익성, 유동성, 리스크 관리
② 외국은행지점, 은행 국외지점에 대한 경우 : 해당 지점의 리스크관리, 경영관리 및 내부통제, 법규준수, 자산건전성

2) 평가등급

경영실태평가는 은행 본점, 외국은행 지점, 은행 국외지점 및 현지법인을 대상으로 하며 1등급(우수), 2등급(양호), 3등급(보통), 4등급(취약), 5등급(위험)의 5단계 등급으로 구분한다.

평가등급	정 의
1등급 (우수 : Strong)	- 지점의 경영전반에 걸쳐 건전경영이 이루어짐. - 정상적인 감독상의 주의만 요구됨.
2등급 (양호 : Satisfactory)	- 만족스러운 경영상태에 있으나 정상적인 영업과정에서 지점 경영진에 의해 해결가능한 약간의 취약점을 가지고 있음. - 정상적인 영업과정에서 부분적인 시정이 이루어지는 정도의 제한된 감독이 요구됨.
3등급 (보통 : Less than satisfactory)	- 리스크관리, 경영관리 및 내부통제, 법규준수 또는 자산의 건전성 면에서의 취약점이 지점의 경영상태 또는 다른 요소와 결합해서 감독상의 관심을 야기함. • 이와 더불어 지점 또는 본점의 경영진이 취약점을 시정하기 위한 필요한 조치를 취하지 않고 있는 상태임.

평가등급	정 의
	- 일반적으로 취약점들을 시정하기 위한 정상수준 이상의 감독상의 주의가 요구됨.
4등급 (취약 : Deficient)	- 리스크관리, 경영관리 및 내부통제, 법규준수, 자산건전성 면에 심각한 취약점을 내포하고 있으며 불안전하고 불건전한 영업관행 내지 업무형태가 존재함. • 그러나 이러한 취약점들이 지점 또는 본점의 경영진에 의거 만족스럽게 시정되지 않는 상태임. - 감독상의 면밀한 감시와 지점 또는 본점 경영진의 확고한 시정계획이 요구됨.
5등급 (위험 : Critically deficient)	- 매우 심각한 취약점 또는 불안전하고 불건전한 영업관행 내지 업무형태로 인하여 지점 경영상태가 악화됨. - 지점 또는 본점 경영진에 의한 지점 영업구조 개편이 시급히 요구됨.

2. 자산건전성 분류

경영실태평가는 금융회사의 경영부실위험을 적기에 파악·조치하기 위하여 경영상태 전반을 체계적이고 객관적으로 확인하여 종합적이고 통일적인 방식에 따라 일정한 등급으로 평가하는 제도이다. 가장 일반적인 시중은행의 경우를 살펴보면, CAMELS방식에 따라 자본적정성(Capital adequacy), 자산건전성(Asset quality), 경영관리적정성(Management), 수익성(Earnings), 유동성(Liquidity), 시장리스크에 대한 민감도(Sensitivity to market risk) 등 6개 부문을 평가하며, 평가결과는 1등급부터 5등급까지 5단계로 구분한다.

한편 유럽 재정위기 여파, 가계부채 증가, 베이비부머 은퇴증가 등의 요인으로 경기침체기가 지속되면서 금융회사의 리스크관리에 대한 평가가 이전보다 더 부각되고 있다. 이에 따라 금융당국은 CAMELS의 '시장리스크에 대한 민감도(Sensitivity)' 항목을 '리스크 관리(Risk Management)'로 대체하기로 하였다. 이에 따라 종전의 CAMELS 방식은 CAMELR[2] 방식으로 전환하게 되었다.

---

2) R부문 평가지표는 △리스크 지배구조 및 관리정책 적정성 △리스크 관리절차 및 통제실태 △리스크 인식·측정·평가의 적정성 등임.

3. BIS 비율

1) BIS 비율이란?

BIS(Bank for International Settlement, 국제결제은행) 비율은 BIS가 금융회사의 건전성과 안전성을 측정하기 위해 제정한 지표를 말한다.

BIS 비율 = (자기자본 / 위험가중자산) × 100

2) 바젤Ⅲ(Basel Ⅲ) 추가자본규제

바젤 은행감독위원회에서 금융위기의 재발을 막기 위해 내놓은 은행자본 건전화 방안으로서, 은행의 리스크관리를 더 철저히 하고 안정성을 강화하는 목적의 추가적인 규제이다.

4. 적기시정조치

적기시정조치(prompt corrective action)제도란 금융회사의 자본충실도 및 경영실태평가결과가 미리 정해진 일정기준에 미달하여 경영상태가 심각하게 악화되고 있는 경우 금융감독당국이 기준 미달정도에 따라 경영개선권고, 경영개선요구 및 경영개선명령의 3단계로 구분하여 단계적으로 시정조치를 부과하는 제도이다. 금융위는 은행에 대해서 국제결제은행(BIS) 기준 자기자본비율[3] 8% 미만은 경영개선 권고, 6% 미만은 경영개선 요구, 2% 미만은 경영개선 명령을 할 수 있게 돼 있다.

1) 경영개선권고

① 위험가중자산에 대한 자기자본비율이 100분의 8 미만인 경우
② 경영실태평가 결과 종합평가등급이 1등급 내지 3등급으로서 자산건전성 또는 자본적정성 부문의 평가등급을 4등급 또는 5등급으로 판정받은 경우

---

[3] BIS기준 자기자본비율=(자기자본/위험가중자산)×100
    자기자본=기본자본+보완자본+단기후순위채무-공제항목
    위험가중자산=신용위험가중자산+시장위험가중자산

③ 거액의 금융사고 또는 부실채권의 발생으로 ① 또는 ②의 기준에 해당될 것이 명백하다고 판단되는 경우

2) 경영개선요구

① 위험가중자산에 대한 자기자본비율이 100분의 6 미만인 경우
② 경영실태평가 결과 종합평가등급을 4등급 또는 5등급으로 판정받은 경우
③ 거액의 금융사고 또는 부실채권의 발생으로 ① 또는 ②의 기준에 해당될 것이 명백하다고 판단되는 경우
④ 경영개선권고를 받은 은행이 경영개선계획을 성실히 이행하지 아니하는 경우

3) 경영개선명령

① '금융산업의 구조개선에 관한 법률' 제2조제2호에 따른 부실금융기관
② 위험가중자산에 대한 자기자본비율이 100분의 2 미만인 경우
③ 경영개선요구를 받은 은행이 경영개선계획의 주요사항을 이행하지 않아 이행촉구를 받았음에도 이를 이행하지 아니하거나 이행이 곤란하여 정상적인 경영이 어려울 것으로 인정되는 경우

제9절 계량지표

1. 자본적정성 지표

(1) 총자본비율

• 산식 : $\dfrac{\text{BIS기준총자본}}{\text{위험가중자산}} \times 100$

(2) 기본자본비율

• 산식 : $\dfrac{\text{BIS기준기본자본}}{\text{위험가중자산}} \times 100$

(3) 보통주자본비율

- 산식 : $\dfrac{\text{BIS기준보통주자본}}{\text{위험가중자산}} \times 100$

(4) 단순자기자본비율

- 산식 : $\dfrac{\text{기본자본}}{\text{총익스포저}} \times 100$

2. 자산건전성 지표

(1) 손실위험도가중여신비율

① 산식 : $\dfrac{\text{손실위험도가중여신}}{(\text{기본자본}+\text{대손충당금})} \times 100$

② 내용

  ㉠ 손실위험도가중여신 : 금융감독원에서 정한 무수익여신 산정대상 여신에 대하여 자산건전성 분류 기준에 따라 분류한 고정 분류여신의 20%, 회수의문 분류여신의 50%, 추정손실 분류여신의 100% 상당액을 합계한 금액

  ㉡ 기본자본 : BIS기준기본자본

  ㉢ 대손충당금 : 무수익여신 산정대상 여신에 대한 대손충당금, 지급보증충당금, 채권평가충당금 및 대손준비금 잔액을 합계한 금액

(2) 고정이하여신비율

① 산식 : $\dfrac{(\text{고정이하 분류여신})}{\text{총여신}} \times 100$

② 내용

  고정이하 분류여신 : 무수익여신 산정대상 여신에 대하여 자산건전성분류 기준에 따라 분류한 고정 분류여신, 회수의문 분류여신 및 추정손실 분류여신의 합계액

(3) 연체대출채권비율

① 산식 : $\dfrac{\text{연체대출채권}}{\text{총대출치권}} \times 100$

② 내용

　　㉠ 연체대출채권 : 연체대출채권 잔액을 합계한 금액, 다만 연체기간 1개월 미만
　　　 연체대출채권은 제외한다.

　　㉡ 총대출채권 : 무수익여신 산정대상 여신에서 은행 및 종금계정의 확정지급보증
　　　 을 제외한 금액

(4) 대손충당금적립률

① 산식 : $\dfrac{총대손충당금잔액}{고정이하여신} \times 100$

② 내용

　　㉠ 총대손충당금잔액 : 총여신에 대한 대손충당금, 지급보증충당금, 채권평가충당
　　　 금 및 대손준비금 잔액을 합계한 금액

　　㉡ 고정이하여신 : 무수익여신 산정대상 여신에 대하여 자산건전성 분류기준에 따
　　　 라 분류한 고정 분류여신, 회수의문 분류여신 및 추정손실 분류여신의 합계액

3. 수익성 지표

(1) 총자산순이익률

① 산식 : $\dfrac{당기순이익}{실질총자산(평잔)} \times 100$

② 내용

　　㉠ 당기순이익 : 결산 및 가결산시 법인세 차감 후 당기순이익에서 대손준비금 전
　　　 입액을 차감한 금액

　　㉡ 실질총자산(평잔) : 은행계정 총자산, 신탁계정 약정배당부 총자산 및 종금계정
　　　 총자산의 합계액(계정간 상호거래 제외)에서 대손준비금을 차감한 금액

(2) 총자산경비율

① 산식 : $\dfrac{총경비}{실질총자산(평잔)} \times 100$

② 내용

　　㉠ 총경비 : 인건비(급여 및 퇴직급여충당금 전입액), 복리후생비, 제 상각(감가상
　　　　각비 및 무형자산상각비), 세금과공과, 기타 판매비와 관리비의 합계액

　　㉡ 실질총자산(평잔) : 은행계정 총자산, 신탁계정 약정배당부 총자산 및 종금계정
　　　　총자산의 합계액(계정간 상호거래 제외)에서 대손준비금을 차감한 금액

(3) 이익경비율

① 산식 : $\dfrac{\text{판매비와 관리비}}{\text{충당금적립전이익(퇴직급여 제외)} + \text{판매비와 관리비}} \times 100$

② 내용

　　㉠ 판매비와 관리비 : 손익계산서상 판매비와 관리비

　　㉡ 충당금적립전 이익(퇴직급여 제외) : 세전이익 ± 대손준비금을 포함한 제충당금
　　　　(퇴직급여 제외) 조정

4. 유동성 지표

(1) 유동성커버리지비율

・ 산식 : $\dfrac{\text{고유동성자산 보유규모}}{\text{향후 1개월간 순현금유출액}} \times 100$

(2) 외화유동성비율

・ 산식 : $\dfrac{\text{외화유동성자산}}{\text{외화유동성부채}} \times 100$

(3) 원화예대율

・ 산식 : $\dfrac{\text{원화대출금}}{\text{원화예수금}} \times 100$

(4) 중장기외화자금조달비율

・ 산식 : $\dfrac{\text{상환기간1년초과 외화조달잔액}}{\text{상환기간1년 이상 외화대출(외화만기유가증권 포함)}} \times 100$

(1), (2), (3), (4)의 내용 : 금융감독원에서 별도로 규정

(5) 원화유동성비율(100% 이상)

- 산식 : $\dfrac{원화유동성자산}{원화유동성부채} \times 100$

(6) 원화예대율(100% 이하)

- 산식 : $\dfrac{원화대출금}{원화예수금} \times 100$

(7) 외화유동성비율(85% 이상)

- 산식 : $\dfrac{외화유동성자산}{외화유동성부채} \times 100$

수신거래 등

제1절 수신거래 등

1. 수신거래

1) 개념

수신은 자금을 예치받는 것을 말한다. 수신거래는 금융기관이 공급자로부터 자금을 예치받는 것이다(반면 금융기관이 예치받은 자금을 수요자에게 공급하는 것은 여신거래이다).

2) 구분

수신거래는 크게 예금과 신탁으로 구분되고, 예금은 다시 비증권적 예금과 증권적 예금으로 구분된다.

구분	예금		신 탁
	비증권적 예금	증권적 예금	
법률적 성질	- 금전소비임치계약	- 증권의 매매	- 신탁계약

구분	예 금		신 탁
	비증권적 예금	증권적 예금	
	- 낙성, 편무, 무상, 불요식	- 요물, 편무, 유상, 요식	- 요물, 쌍무, 유상, 요식, 불요식
계약형태 (특성)	- 낙성 : 의사합치만 있으면 성립(금전을 입금해야 예금계약이 성립되는 것은 아님.) - 편무 : 예금주의예금의무는 없으나, 은행은 반환의무 있음. - 무상 : 예금주는 보관료를 내지 않음. - 불요식 : 통장 혹은 증서 작성이 예금계약 성립요건이 아님.	- 요물 : 금전을 입금해야 증권을 교부 - 편무 : 고객이 증권을 매입할 법적의무 없음. - 증권의 매매는 서로 대가적 관계 - 요식 : 매매라는 형식 요구	- 요물 : 재산권 이전이 있어야 계약 성립 - 쌍무 : 위탁자는 신탁보수를 지급할 의무 있고, 수탁자는 이를 관리할 의무 있음.
거래형태	예금받고 통장 혹은 증서교부	금전받고 증권을 매출	위탁자가 수탁자에게 재산 관리 및 처분을 위임하는 법률관계
특징	- 법률상 지명채권의 성질 - 통장, 증서는 유가증권이 아닌 증거증권의 성질 - 기명식 예금이 비증권적 예금에 해당	- 지시증권, 무기명증권, 기타 증권으로 분류	- 타인에게 재산관리를 부탁하는 신탁계약이라는 특수한 성질이 있음.

2. 수신거래의 성질

1) 수신거래의 법률상 지위

은행의 수신거래는 상법 제46조(기본적 상행위)[4]에서 정하는 영업으로 하는 상행위

---

4) 상법 제46조(기본적 상행위) 영업으로 하는 다음의 행위를 상행위라 한다. 그러나 오로지 임금을 받을 목적으로 물건을 제조하거나 노무에 종사하는 자의 행위는 그러하지 아니하다.
  1. 동산, 부동산, 유가증권 기타의 재산의 매매
  2. 동산, 부동산, 유가증권 기타의 재산의 임대차
  3. 제조, 가공 또는 수선에 관한 행위
  4. 전기, 전파, 가스 또는 물의 공급에 관한 행위
  5. 작업 또는 노무의 도급의 인수
  6. 출판, 인쇄 또는 촬영에 관한 행위

이다. 기본적 상행위를 계속·반복적으로 수행하는 자를 당연상인이라고 통칭하는데 은행은 당연상인에 해당된다.

2) 금융기관의 선관주의 의무

① 고지의무

고지의무를 소홀히 하면 손해배상책임이 따를 수 있다.

② 위험방지의무

법적의무로서 소홀히 하면 손해배상책임이 따를 수 있다.

③ 분쟁예방의무

법적의무로서의 성격이 약하지만 고객과의 관계에서 상품설명, 필요시 확인·날인 등을 하여 분쟁을 사전적으로 예방해야 한다.

---

7. 광고, 통신 또는 정보에 관한 행위
8. 수신·여신·환 기타의 금융거래
9. 공중(公衆)이 이용하는 시설에 의한 거래
10. 상행위의 대리의 인수
11. 중개에 관한 행위
12. 위탁매매 기타의 주선에 관한 행위
13. 운송의 인수
14. 임치의 인수
15. 신탁의 인수
16. 상호부금 기타 이와 유사한 행위
17. 보험
18. 광물 또는 토석의 채취에 관한 행위
19. 기계, 시설, 그 밖의 재산의 금융리스에 관한 행위
20. 상호·상표 등의 사용허락에 의한 영업에 관한 행위
21. 영업상 채권의 매입·회수 등에 관한 행위
22. 신용카드, 전자화폐 등을 이용한 지급결제 업무의 인수

제47조(보조적 상행위) ① 상인이 영업을 위하여 하는 행위는 상행위로 본다.
② 상인의 행위는 영업을 위하여 하는 것으로 추정한다.

3. 수신상품의 분류

1) 특성에 의한 분류

	특 성			내 용
은행	저축상품		은행	- 보통예금, 정기예금 등
			종합금융	- 어음매출(CP 등)
금융투자 회사	금융투자 상품	직접투자 상품	투자매매업자 투자중개업자	- 금융투자상품
		간접투자 상품	집합투자업자 신탁업자	- 금융투자상품
보험회사	보장상품			- 보장성 상품, 저축성상품

2) 효력에 의한 분류

	법률적 성질	사 례	성 립	관 리	면책요건
비 증 권 적 예 금	지명 채권	기명식예금, 기명식신탁	증서나 통장 작성은 예금 성립요건이 아님.	- 양도나 질권설정시 거래은행의 승낙필요. 제3자에 대항 위해 승낙서에 확정일자 필요 - 압류시 거래은행을 제3채무자로 하여 압류명령을 송달해야 함. - 사고신고시(분실, 도난, 멸실 등) 본인확인만 하면 됨.	- 지급시 선의·무과 실일 것
증 권 적 예 금	지시 채권	표지어음매출, 상업어음매출, 무역어음매출, CP매출, 자기발행어음 매출	증서의 발행 또는 교부가 있어야 계약 성립	- 양도 혹은 질권 설정시 금융기관 승낙 불필요 - 압류시 집행관이 그 증권을 점유 해야 함. - 사고신고시(분실, 도난, 멸실 등) 제권판결을 받아야 권리행사 가능	- 지급시 사기·중과 실이 없을 것
	무기명 채권	CD, 무기명 정기예금	증서의 발행 이 있어야 계 약 성립	〃	- 지급시 선의·중과 실이 없을 것

4. 증권적 예금의 특성 등

1) 거래방식의 구분

증권적 예금은 거래방식에 따라 실물거래방식과 통장거래방식으로 나눈다.

구 분	증권적 예금 종류
통장거래만 허용	환매조건부채권매도(RP), 국공채매출
통장거래와 실물거래 병존	어음매출(표지어음, 상업어음, 무역어음 등), CD, 무기명 정기예금

2) 거래방식별 특징

구 분	실물거래 방식	통장거래 방식
법률적 성질	유가증권의 매매	- (일반임치+유가증권의 매매)의 혼합계약 ⇒ 소비임치가 아니며 지명채권의 효력
성립요건	- 유가증권의 발행·교부, or - 유가증권의 교부	- 유가증권의 발행·교부가 성립요건은 아님. - 거래처는 금융기관에 유가증권반환청구권을 가짐.
양도 or 질권설정	금융기관의 동의 불필요	금융기관의 승낙 혹은 실물인출
예금압류	집행관의 점유필요	- 거래처를 채무자로 하고 금융기관을 제3채무자로 하는 압류방법 - 환가방법은 인도명령
사고시 처리	- 분실·도난·멸실 : 제권판결 - 계약불이행·피사취 : 소송결과에 따라 처리	- 비증권적 예금에 준함.
예금지급	사고신고가 없는 한 증서소지인에게 변제	- 유가증권의 교부와 대금지급 청구

구 분	실물거래 방식	통장거래 방식
면책요건	- 사기·중과실(지시채권) or - 악의·중과실(무기명채권) 없으면 각각 면책	- 사기·중과실(지시채권) or - 악의·중과실(무기명채권) 없으면 각각 면책

5. 신탁상품의 특성

1) 신탁법의 목적

신탁법은 신탁에 관한 사법적 법률관계를 규정함을 목적으로 한다.

2) 주요 개념

(1) 신탁

신탁이란 위탁자와 수탁자간의 신임관계에 기하여 위탁자가 수탁자에게 특정의 재산 (영업이나 저작재산권의 일부를 포함한다)을 이전하거나 담보권의 설정 또는 그 밖의 처분을 하고 수탁자로 하여금 일정한 자(이하 '수익자'라 한다)의 이익 또는 특정의 목적을 위하여 그 재산의 관리, 처분, 운용, 개발, 그 밖에 신탁 목적의 달성을 위하여 필요한 행위를 하게 하는 법률관계를 말한다.

(2) 위탁자

위탁자란 신탁을 설정하는 자이다.

(3) 수탁자

수탁자란 신탁을 인수하는 자이다.

(4) 수익자

수익자란 신탁에 의해 수익을 받는 자이다.

3) 신탁설정 방법 등

(1) 방법

신탁은 다음 각 호의 어느 하나에 해당하는 방법으로 설정할 수 있다. 다만, 수익자가 없는 특정의 목적을 위한 신탁(이하 '목적신탁'이라 한다)은 '공익신탁법'에 따른 공익신탁을 제외하고는 제3호의 방법으로 설정할 수 없다.

① 위탁자와 수탁자 간의 계약

② 위탁자의 유언

③ 신탁의 목적, 신탁재산, 수익자('공익신탁법'에 따른 공익신탁의 경우에는 제67조제1항의 신탁관리인을 말한다) 등을 특정하고 자신을 수탁자로 정한 위탁자의 선언

③에 따른 신탁의 설정은 '공익신탁법'에 따른 공익신탁을 제외하고는 공정증서(公正證書)를 작성하는 방법으로 하여야 하며, 신탁을 해지할 수 있는 권한을 유보(留保)할 수 없다.

(2) 종료 등

위탁자가 집행의 면탈이나 그 밖의 부정한 목적으로 '(1)방법'의 ③에 따라 신탁을 설정한 경우 이해관계인은 법원에 신탁의 종료를 청구할 수 있다. 위탁자는 신탁행위로 수탁자나 수익자에게 신탁재산을 지정할 수 있는 권한을 부여하는 방법으로 신탁재산을 특정할 수 있다. 수탁자는 신탁행위로 달리 정한 바가 없으면 신탁 목적의 달성을 위하여 필요한 경우에는 수익자의 동의를 받아 타인에게 신탁재산에 대하여 신탁을 설정할 수 있다

4) 공시 등

등기 또는 등록할 수 있는 재산권에 관하여는 신탁의 등기 또는 등록을 함으로써 그 재산이 신탁재산에 속한 것임을 제3자에게 대항할 수 있다. 등기 또는 등록할 수 없는 재산권에 관하여는 다른 재산과 분별하여 관리하는 등의 방법으로 신탁재산임을 표시함으로써 그 재산이 신탁재산에 속한 것임을 제3자에게 대항할 수 있다.

5) 위탁자의 권리

(1) 위탁자의 권리 제한

신탁행위로 위탁자의 전부 또는 일부가 신탁법에 따른 위탁자의 권리의 전부 또는 일부를 갖지 아니한다는 뜻을 정할 수 있다. 다만, 목적신탁의 경우에는 신탁행위로 이 법에 따른 위탁자의 권리를 제한할 수 없다.

(2) 위탁자 지위의 이전

위탁자의 지위는 신탁행위로 정한 방법에 따라 제3자에게 이전할 수 있다.

이전 방법이 정하여지지 아니한 경우 위탁자의 지위는 수탁자와 수익자의 동의를 받아 제3자에게 이전할 수 있다.

6) 수탁능력

(1) 수탁자격

미성년자, 금치산자, 한정치산자 및 파산선고를 받은 자는 수탁자가 될 수 없다.

(2) 수탁자의 임무종료

다음의 어느 하나에 해당하는 경우 수탁자의 임무는 종료된다.

① 수탁자가 사망한 경우
② 수탁자가 금치산선고 또는 한정치산선고를 받은 경우
③ 수탁자가 파산선고를 받은 경우
④ 법인인 수탁자가 합병 외의 사유로 해산한 경우

7) 수탁자의 권한

수탁자는 신탁재산에 대한 권리와 의무의 귀속주체로서 신탁재산의 관리, 처분 등을 하고 신탁목적의 달성을 위하여 필요한 모든 행위를 할 권한이 있다. 다만, 신탁행위로 이를 제한할 수 있다.

8) 수탁자의 의무 등

(1) 수탁자의 선관의무

수탁자는 선량한 관리자의 주의(注意)로 신탁사무를 처리하여야 한다. 다만, 신탁행위로 달리 정한 경우에는 그에 따른다.

(2) 충실의무

수탁자는 수익자의 이익을 위하여 신탁사무를 처리하여야 한다.

(3) 이익에 반하는 행위의 금지

① 수탁자는 누구의 명의(名義)로도 다음 각 호의 행위를 하지 못한다.

  ㉠ 신탁재산을 고유재산으로 하거나 신탁재산에 관한 권리를 고유재산에 귀속시키는 행위

  ㉡ 고유재산을 신탁재산으로 하거나 고유재산에 관한 권리를 신탁재산에 귀속시키는 행위

  ㉢ 여러 개의 신탁을 인수한 경우 하나의 신탁재산 또는 그에 관한 권리를 다른 신탁의 신탁재산에 귀속시키는 행위

  ㉣ 제3자의 신탁재산에 대한 행위에서 제3자를 대리하는 행위

  ㉤ 그 밖에 수익자의 이익에 반하는 행위

② 다만, 수탁자는 다음의 어느 하나에 해당하는 경우 상기 ①의 ㉠~㉤의 행위를 할 수 있다. 다만, 제3호의 경우 수탁자는 법원에 허가를 신청함과 동시에 수익자에게 그 사실을 통지하여야 한다.

  ㉠ 신탁행위로 허용한 경우

  ㉡ 수익자에게 그 행위에 관련된 사실을 고지하고 수익자의 승인을 받은 경우

  ㉢ 법원의 허가를 받은 경우

(4) 공평의무

수익자가 여럿인 경우 수탁자는 각 수익자를 위하여 공평하게 신탁사무를 처리하여야 한다. 다만, 신탁행위로 달리 정한 경우에는 그에 따른다.

(5) 수탁자의 이익향수금지

수탁자는 누구의 명의로도 신탁의 이익을 누리지 못한다. 다만, 수탁자가 공동수익자의 1인인 경우에는 그러하지 아니하다.

(6) 수탁자의 분별관리의무

수탁자는 신탁재산을 수탁자의 고유재산과 분별하여 관리하고 신탁재산임을 표시하여야 한다. 여러 개의 신탁을 인수한 수탁자는 각 신탁재산을 분별하여 관리하고 서로 다른 신탁재산임을 표시하여야 한다.

9) 유한책임

수탁자는 신탁행위로 인하여 수익자에게 부담하는 채무에 대하여는 신탁재산만으로 책임을 진다.

10) 수탁자산 관리

수탁재산에 속하는 금전의 관리는 신탁행위로 달리 정한 바가 없으면 다음의 방법으로 하여야 한다.
① 국채, 지방채 및 특별법에 따라 설립된 법인의 사채의 응모 · 인수 또는 매입
② 국채나 그 밖에 제1호의 유가증권을 담보로 하는 대부
③ 은행예금 또는 우체국예금

11) 신탁사무의 위임

수탁자는 정당한 사유가 있으면 수익자의 동의를 받아 타인으로 하여금 자기를 갈음하여 신탁사무를 처리하게 할 수 있다. 다만, 신탁행위로 달리 정한 경우에는 그에 따른다.

12) 양도성

(1) 양도성

수익자는 수익권을 양도할 수 있다. 다만, 수익권의 성질이 양도를 허용하지 아니하

는 경우에는 그러하지 아니하다

(2) 신탁행위로 달리 정한 경우

(1)에 불구하고 수익권의 양도에 대하여 신탁행위로 달리 정한 경우에는 그에 따른다. 다만, 그 정함으로써 선의의 제3자에게 대항하지 못한다.

(3) 수익권 양도의 대항요건과 수탁자의 항변

① 수익권의 양도는 다음 각 호의 어느 하나에 해당하는 경우에만 수탁자와 제3자에게 대항할 수 있다.

    ㉠ 양도인이 수탁자에게 통지한 경우

    ㉡ 수탁자가 승낙한 경우

② ① ㉠, ㉡의 통지 및 승낙은 확정일자가 있는 증서로 하지 아니하면 수탁자 외의 제3자에게 대항할 수 없다. 수탁자는 제①항 각 호의 통지 또는 승낙이 있는 때까지 양도인에 대하여 발생한 사유로 양수인에게 대항할 수 있다

③ 수탁자가 이의를 보류하지 아니하고 제①항제2호의 승낙을 한 경우에는 양도인에게 대항할 수 있는 사유로써 양수인에게 대항하지 못한다. 다만, 수탁자가 채무를 소멸하게 하기 위하여 양도인에게 급여한 것이 있으면 이를 회수할 수 있고, 양도인에 대하여 부담한 채무가 있으면 그 성립되지 아니함을 주장할 수 있다.

13) 질권

(1) 질권목적

수익자는 수익권을 질권의 목적으로 할 수 있다. 다만, 수익권의 성질이 질권의 설정을 허용하지 아니하는 경우에는 그러하지 아니하다.

(2) 신탁행위로 달리 정한 경우

(1)에 불구하고 수익권을 목적으로 하는 질권의 설정에 대하여 신탁행위로 달리 정한 경우에는 그에 따른다. 다만, 그 정함으로써 선의의 제3자에게 대항하지 못한다.

(3) 질권 효력

수익권을 목적으로 하는 질권은 그 수익권에 기한 수익채권과 이 법 또는 신탁행위

에 따라 그 수익권을 갈음하여 수익자가 받을 금전이나 그 밖의 재산에도 존재한다.

(4) 변제충당

수익권의 질권자는 직접 수탁자로부터 금전을 지급받아 다른 채권자에 우선하여 자기 채권의 변제에 충당할 수 있다. 질권자의 채권이 변제기에 이르지 아니한 경우 질권자는 수탁자에게 그 변제금액의 공탁을 청구할 수 있다. 이 경우 질권은 그 공탁금에 존재한다.

14) 수익자가 다수인 경우

수익자가 여럿인 신탁에서 수익자의 의사는 수익자 전원의 동의로 결정한다.

15) 수익자집회

① 수익자집회는 필요가 있을 때 수시로 개최할 수 있다.
② 수익자집회는 수탁자가 소집한다.
③ 수익자는 수탁자에게 수익자집회의 목적사항과 소집이유를 적은 서면 또는 전자문서로 수익자집회의 소집을 청구할 수 있다.
④ 제③항의 청구를 받은 후 수탁자가 지체 없이 수익자집회의 소집절차를 밟지 아니하는 경우 수익자집회의 소집을 청구한 수익자는 법원의 허가를 받아 수익자집회를 소집할 수 있다.
⑤ 수익자집회를 소집하는 자(이하 '소집자'라 한다)는 집회일 2주 전에 알고 있는 수익자 및 수탁자에게 서면이나 전자문서(수익자의 경우 전자문서로 통지를 받는 것에 동의한 자만 해당한다)로 회의의 일시·장소 및 목적사항을 통지하여야 한다.

16) 신탁위반 법률행위 취소권

① 수탁자가 신탁의 목적을 위반하여 신탁재산에 관한 법률행위를 한 경우 수익자는 상대방이나 전득자(轉得者)가 그 법률행위 당시 수탁자의 신탁목적의 위반 사실을 알았거나 중대한 과실로 알지 못하였을 때에만 그 법률행위를 취소할 수 있다.
② 수익자가 여럿인 경우 그 1인이 제1항에 따라 한 취소는 다른 수익자를 위하여도

효력이 있다.

17) 취소권의 제척기간

취소권은 수익자가 취소의 원인이 있음을 안 날부터 3개월, 법률행위가 있은 날부터 1년 내에 행사하여야 한다.

18) 유지청구권

수탁자가 법령 또는 신탁행위로 정한 사항을 위반하거나 위반할 우려가 있고 해당 행위로 신탁재산에 회복할 수 없는 손해가 발생할 우려가 있는 경우 수익자는 그 수탁자에게 그 행위를 유지(留止)할 것을 청구할 수 있다.

19) 수익증권

① 신탁행위로 수익권을 표시하는 수익증권을 발행하는 뜻을 정할 수 있다. 이 경우 각 수익권의 내용이 동일하지 아니할 때에는 특정 내용의 수익권에 대하여 수익증권을 발행하지 아니한다는 뜻을 정할 수 있다.

② ①의 정함이 있는 신탁(수익증권발행신탁)의 수탁자는 신탁행위로 정한 바에 따라 지체 없이 해당 수익권에 관한 수익증권을 발행하여야 한다.

③ 수익증권은 기명식(記名式) 또는 무기명식(無記名式)으로 한다. 다만, 담보권을 신탁재산으로 하여 설정된 신탁의 경우에는 기명식으로만 하여야 한다.

④ 신탁행위로 달리 정한 바가 없으면 수익증권이 발행된 수익권의 수익자는 수탁자에게 기명수익증권을 무기명식으로 하거나 무기명수익증권을 기명식으로 할 것을 청구할 수 있다.

6. 판매대행업무

1) 수익증권 판매대행

수익증권 판매대행업무는 자본시장법에서 정하는 바에 따라 금융기관이 판매회사로서 수익증권의 판매를 대행하는 업무를 말한다. 여기서 판매대행업무를 하는 금융기관은 집합투자업자(=자산운용회사) 등과 위탁판매계약을 체결하여 집합투자증권의 판매 및 환매 업무를 영위하고자 하는 자로 금융위에 등록한 자이다.

2) 방카슈랑스

방카슈랑스는 Bank와 Insurance의 합성어이다. 금융기관은 보험회사의 대리점 혹은 중개사 자격으로 보험상품을 판매한다. 계약체결시 보험계약의 당사자는 보험계약자와 보험회사이고 판매대행금융기관은 보험계약의 당사자가 아니다.

제2절 고지의무 등

1. 고지의무

금융거래는 상거래로서 선관주의의무가 있고 선관주의의무의 한 부분으로 고지의무가 있다. 고지의무는 거래 전 알릴 의무이다.

2. 법적의무로서의 고지의무

법적의무로서의 고지의무를 이행하지 않으면 법적인 책임을 지게 된다. 여기에는 투자상품 등의 투자위험에 대한 고지의무, 지급정지사실의 고지의무, 거액예금통보제도에 따른 통보의무, 정보제공사실의 통지의무 등이 있다.

3. 거래상대방

1) 대리인과의 거래

(1) 대리권의 확인
본인의 실명확인증표로 본인을 확인하고 위임장 및 본인의 인감증명서 원본으로 대리관계를 확인한다.

(2) 대리인의 확인

대리인의 본인여부를 실명확인증표[5]로 확인한다.

(3) 법정대리인과의 거래

법률상 당연히 대리권이 인정되는 자를 법정대리인이라고 한다.

① 가족이 대리하는 경우

본인의 실명확인증표로 본인 확인하고 주민등록등본, 가족관계증명서, 건강보험증으로 가족관계를 확인한다.

② 법률상 대리인

㉠ 친권자 등은 그 지위를 확인

㉡ 지정권자의 지정에 의한 경우는 지정권자의 지정서를 확인

㉢ 법원선임에 의한 경우는 선임심판서로 확인

2) 공동명의예금

공동명의예금은 예금명의인이 2명 이상인 경우이다. 법률적 성질에 따라 처리방법이 달라질 수 있다. 상속예금은 준공유설, 예금감시목적은 공동반환부 분할채권, 동업자예금은 준합유로 보고 있다.

3) 타인명의의 예금

원칙적으로 차명거래는 금지된다.

(1) 예외

불법 목적이 아닌 '선의의 차명거래'만 허용된다. 동창회나 종친회, 교회 등 공동 재산을 관리하기 위한 차명계좌는 허용된다. 예외의 경우는 다음과 같다.

① 계·부녀회·동창회 등 친목모임 회비를 관리하기 위하여 대표자(회장, 총무, 간사 등) 명의의 계좌를 개설하는 행위

② 문중, 교회 등 임의단체 금융자산을 관리하기 위해 대표자(회장, 총무, 간사 등)명의 계좌를 개설하는 행위

---

5) 대리인의 인감증명서 : 대리권 확인시 대리인의 인감증명서는 불필요하다(인감증명서는 본인 것만 필요).

③ 미성년 자녀의 금융자산을 관리하기 위해 부모명의 계좌에 예금하는 행위

(2) 절세, 비과세 목적의 차명은 불법

차명 계좌를 이용해 금전적 이득을 취하거나 내야 할 세금을 안 내면 모두 불법으로 본다. 예를 들어 비과세 혜택, 종합과세회피 수단 등으로서의 차명계좌는 불법이다. 금융소득종합과세를 피하기 위해 가족 명의로 금융자산을 분산 예치하는 것, 예금자보호 한도(5,000만 원)를 피하기 위한 가족간 분산예치도 허용되지 않는다.

(3) 차명재산의 명의자 소유 추정

차명 재산은 실소유자가 아닌 명의자의 재산으로 추정한다.

4) 미성년자의 예금거래

(1) 예금거래의 개시

법정대리인(친권자 또는 후견인)이 거래개시를 하여야 한다. 다만, 범위를 정하여 처분을 허락한 재산의 처분행위나 미성년자가 혼인을 한 경우에는 성년으로 의제되므로 예외이다.

(2) 지급의 청구

친권자가 예금의 지급을 청구할 수 있다(미성년자가 친권자의 동의를 얻어 예금거래를 한 경우도 예금지급 청구는 친권자가 한다). 만일 이해상반행위에 해당될 경우에는 법원이 선임한 특별대리인이 대리권을 행사하여야 한다.

5) 임의단체명의의 예금

① 고유번호나 납세번호가 있는 경우 : 단체가 예금명의인
② 임의단체 입증서류를 제출한 경우 : 대표자 개인이 예금명의인(단체명이 부기됨).
③ 임의단체 입증서류를 제출하지 않는 경우 : 대표자 개인이 예금명의인(단체명이 부기되지 않음).

4. 약관

1) 약관의 계약편입

불특정 다수와의 거래계약시 마다 계약의 내용을 정하는 불편을 줄이기 위하여 수신거래시에는 약관을 활용하고 있다. 수신거래 계약시 세세한 내용 등은 별도의 약관에 넣고 그 약관을 당사자간의 계약에 편입시키는 것이다. 이를 '약관의 계약에의 편입'이라고 한다.

2) 약관의 계약편입 요건

(1) 약관에 있어 사업자의 의무

① 약관의 명시 · 교부 의무

사업자는 계약을 체결할 때에는 고객에게 약관의 내용을 계약의 종류에 따라 일반적으로 예상되는 방법으로 분명하게 밝히고, 고객이 요구할 경우 그 약관의 사본을 고객에게 내주어 고객이 약관의 내용을 알 수 있게 하여야 한다. 다만, 다음 각 호의 어느 하나에 해당하는 업종의 약관에 대하여는 그러하지 아니하다.

㉠ 여객운송업

㉡ 전기 · 가스 및 수도사업

㉢ 우편업

㉣ 공중전화 서비스 제공 통신업

② 중요 내용의 설명의무

사업자는 약관에 정하여져 있는 중요한 내용을 고객이 이해할 수 있도록 설명하여야 한다. 다만, 계약의 성질상 설명하는 것이 현저하게 곤란한 경우에는 그러하지 아니하다.

(2) 약관의 명시 · 교부의무 및 설명의무

사업자가 위의 (1)의 ①, ②를 위반하여 계약을 체결한 경우에는 해당 약관을 계약의 내용으로 주장할 수 없다.

5. 예금의 입금

예금의 입금은 현금, 증권류(어음, 수표 등)로 하는데 증권류는 추심관련 등의 문제(부도 등)가 있어 관심이 필요하다.

1) 입금증권류의 범위

입금증권류에는 어음, 수표, CD 등이 있다.

(1) 자점권

입금당일 자점(입금지점)에서 지급되어야 하는 어음, 수표 제증권을 말한다.

(2) 타점권

타점권은 자점이 지급장소로 되어 있지 않아 어음교환소의 교환절차 등을 통하여 자점 이외의 점포에서 지급되는 어음이나 수표, 제증표를 말한다. 자점 이외의 점포는 다른 금융기관의 점포만이 아니라 동일 금융기관의 타 지점도 포함된다.

2) 증권류 입금의 특성과 예금반환청구권의 발생시기

(1) 증권류 입금의 특성

증권류로 입금되는 경우는 추심절차를 필요로 하기 때문에 바로 예금반환채권이 발생된다고 볼 수 없다.

증권류 입금의 경우 예금계약성립시기에 대한 합의가 있으면 모르되, 그렇지 않다면 금융기관이 증권류 해당금액을 예입자금으로 활용할 수 있게 된 때 예금반환채권이 발생된다고 보아야 한다.

(2) 예금반환청구권의 성립시기

예금반환청구권의 성립시기는 추심위임설[6]과 양도설[7]이 있다.

현행 수신거래에서는 약관[8]으로 정하고 있다. 원칙적으로 타점권의 입금에 따른 예

---

6) 추심위임설 : 수표, 어음 등을 수령함으로써 예금계약이 성립하고 효력은 추심완료시에 생긴다고 보는 설이다.
7) 양도설 : 수표, 어음 등을 수령함으로써 예금계약이 성립하고 효력도 발생하되, 나중에 부도처리되면 효력이 소급하여 소멸한다는 설이다.
8) 예금거래기본약관 제7조(예금이 되는 시기)

금계약의 성립시기는 추심완료시, 즉, 은행이 그 증권을 교환에 돌려 부도반환시한이 지나고 결제를 확인한 때(다만, 개설점에서 지급하여야 할 증권은 그날 안에 결제를 확인한 때)로 하고, 예외적으로 자기앞수표는 제시기간 안에 사고신고가 없어 결제될 금융기관이 확인한 때를 예금계약의 성립시기로 보는 것이다.

3) 증권류의 부도에 대한 처리

(1) 통지의무

입금한 증권이 지급거절되었을 때는 은행은 그 금액을 예금원장에서 뺀 뒤, 거래처(무통장입금일 때는 입금의뢰인)가 신고한 연락처로 그 사실을 알린다. 다만, 통화불능 등 부득이한 사유로 그 사실을 알릴 수 없는 경우에는 그러하지 아니하다.

(2) 부도실물의 반환

은행은 지급거절된 증권을 그 권리보전절차를 거치지 아니하고, 입금한 영업점에서 거래처(무통장입금일 때는 입금의뢰인)가 반환청구할 때 돌려준다. 다만, 증권 발행인이 지급거절한 날의 다음 영업일까지 증권을 입금할 예금계좌에 해당자금을 현금이나 즉시 현금으로 바꿀 수 있는 증권으로 입금했을 때는 발행인에게 돌려줄 수 있다.

(3) 통지 및 반환의 상대방

통지 및 반환의 상대방은 입금인이다.

6. 분쟁예금

분쟁예금에서 권리관계가 다투어지더라도 권리자가 확인되는 경우에는 가압류나 지

---

① 제6조에 따라 입금한 경우 다음 각호의 시기에 예금이 된다.
1. 현금으로 입금한 경우 : 은행이 이를 받아 확인하였을 때
2. 현금으로 계좌송금하거나 계좌이체한 경우 : 예금원장에 입금의 기록이 된 때
3. 증권으로 입금하거나 계좌송금한 경우 : 은행이 그 증권을 교환에 돌려 부도반환시한이 지나고 결제를 확인한 때. 다만, 개설점에서 지급하여야 할 증권은 그날 안에 결제를 확인한 때
② 제1항 제3호에도 불구하고 증권이 자기앞수표이고 지급제시기간 안에, 사고신고가 없으며 결제될 것이 틀림없음을 은행이 확인하였을 때에는 예금원장에 입금의 기록이 된 때 예금이 된다.
③ 은행은 특별한 사정이 없는 한 제1항 및 제2항의 확인 또는 기록처리를 신속히 하여야 한다.

급정지, 가처분 등 법적조처가 취해지지 않는 한 예금주인 명의인에게 지급하면 된다. 문제는 권리관계가 다투어지고 진정한 권리자가 확인되지 않는 경우인데 이 경우에는 예금주인 명의인에게 지급할 수 없고 분쟁에 휘말리지 않기 위하여 변제공탁제도를 활용하면 된다.

1) 변제공탁

변제공탁은 채무자가 채무를 이행하려고 해도 채권자의 수령거부 또는 수령불능이거나 채무자의 과실 없이 채권자가 누구인지 확실히 알 수 없어 채무자가 변제의 목적물을 채무이행에 갈음하여 공탁소에 임치함으로써 채무를 면하기 위한 공탁이다(채무자의 과실 없이 채권자가 누구인지 확실히 알 수 없는 경우를 채권자불확지(債權者不確知)라고 한다).

2) 변제공탁의 방법

공탁은 변제와 같은 내용(원리금 전액 공탁 등)으로 하고 채무이행지의 공탁소에서 하여야 한다.

7. 예금의 지급시기

입출금이 자유로운 예금은 거래처가 찾을 때 지급한다. 이 경우 기업자유예금은 먼저 예금한 금액부터 지급한다. 거치식·적립식 예금은 만기일이 지난 다음 거래처가 찾을 때 지급한다.

8. 양도 및 질권 설정

거래처가 예금을 양도하거나 질권설정 하려면 사전에 은행에 통지하고 동의를 받아야 한다(다만, 법령에 의하여 금지되는 경우에는 양도나 질권설정을 할 수 없다). 입출금이 자유로운 예금은 질권설정 할 수 없다.

9. 신고

① 거래처는 통장·도장·카드 또는 증권이나 그 용지를 분실·도난·멸실·훼손했을 때는 곧 서면으로 신고하여야 한다(다만, 긴급하거나 부득이 할 때는 영업시간 중에 전화 등으로 신고할 수 있으며 이 때는 다음 영업일 안에 서면 신고하여야 한다).

② 거래처는 인감 또는 서명, 비밀번호, 성명, 상호, 대표자명, 대리인명, 주소, 전화번호 기타 신고사항이 바뀔 때에는 서면으로 신고하여야 한다(다만, 비밀번호는 서면신고 없이 전산통신기기를 이용하여 바꿀 수 있으며, 이 경우 계좌번호, 주민등록번호, 비밀번호 등 은행이 정한 요건이 맞으면 은행은 새로운 비밀번호로 변경, 처리한다).

③ 거래처는 주소, 전화번호 등의 일부 신고사항에 대하여는 은행이 정한 방법에 따라 전산통신기기를 이용하여 변경할 수 있다.

④ ① 및 ②의 신고는 은행이 이를 접수한 뒤 전산입력 등 필요한 조치를 하는데 걸리는 합리적인 시간이 지나면 그 효력이 생기며 전산장애 등 불가항력적인 사유로 처리하지 못한 때는 복구 등 사유해제시 즉시 처리하여야 한다.

⑤ ①의 신고를 철회한 때는 거래처 본인이 서면으로 하여야 한다.

10. 면책

① 은행은 예금지급청구서, 증권 또는 신고서 등에 찍힌 인영(또는 서명)을 신고한 인감(또는 서명감)과 육안으로 주의 깊게 비교·대조하여 틀림없다고 여기고, 예금지급청구서 등에 적힌 비밀번호나 PIN-Pad기를 이용하여 입력된 비밀번호가 신고 또는 등록한 것과 같아서 예금을 지급하였거나 기타 거래처가 요구하는 업무를 처리하였을 때에는 인감이나 서명의 위조·변조 또는 도용이나 그 밖의 다른 사고로 인하여 거래처에 손해가 생겨도 그 책임을 지지 않는다. 다만, 은행이 거래처의 인감이나 서명의 위조·변조 또는 도용 사실을 알았거나 알 수 있었을 때는 그러하지 아니하다.

② 전산통신기기 등을 이용하거나 거래정보 등의 제공 및 금융거래명세 등의 통보와

관련하여 은행이 책임질 수 없는 사유로 계좌번호, 비밀번호 등의 금융정보가 새어나가 거래처에 손해가 생겨도 은행은 그 책임을 지지 않는다.

③ 은행이 주민등록증 등 실명확인증표로 주의 깊게 실명확인하거나 실명전환한 계좌는 거래처가 실명확인증표 또는 서류의 위조·변조·도용 등을 한 경우, 이로 인하여 거래처에 손해가 생겨도 은행은 그 책임을 지지 않는다.

11. 편의지급

1) 편의지급

편의지급이란 금융기관이 약관에서 정한 지급절차와 방법에 의하지 않고 예금주의 요청에 따라 통장(또는 증서)이나 인감 없이 지급하게 되는 경우로서 면책되지 않는다.

2) 가족 등에 대한 소극적 편의지급

(1) 예금주의 입원시

위임장 등의 방법도 있으나 병원을 방문하여 직접 청구서를 받는 방법이 안전하다.

(2) 예금주의 의식불명

예금주의 병원비나 생활비를 위해 쓰이는 경우는 편의제공이 허용된다. 민법 제472조9)에 의거하여 본인의 이익을 위한 한도로 쓰이는 것으로 보아 유효한 변제가 된다.

(3) 예금주의 구속상태(수감 중인 경우)

예금주가 수감 중일 경우 가족으로부터 지급청구가 들어오면 위임장에 의한 거래를 하며, 위임장은 교도관의 확인을 받는 방법으로 하는 것이 좋다.

---

9) 민법 제470조(채권의 준점유자에 대한 변제) 채권의 준점유자에 대한 변제는 변제자가 선의이며 과실없는 때에 한하여 효력이 있다.
　제471조(영수증소지자에 대한 변제) 영수증을 소지한 자에 대한 변제는 그 소지자가 변제를 받을 권한이 없는 경우에도 효력이 있다. 그러나 변제자가 그 권한없음을 알았거나 알 수 있었을 경우에는 그러하지 아니하다.
　제472조(권한없는 자에 대한 변제) 전2조의 경우 외에 변제받을 권한없는 자에 대한 변제는 채권자가 이익을 받은 한도에서 효력이 있다.

(4) 예금주의 행방불명

예금주가 행방불명인 때는 그의 재산관리인만이 정당한 지급청구 및 수령권을 가지며 법정대리인이 있으면 가족관계증명서로 자격과 권한을 확인한다. 만일 재산관리인이 행방불명자가 선임한 재산관리인일 경우에는 예금의 해지 및 수령에 관한 권한의 위임이 있는지 등 대리권의 범위를 확인하고 예금의 해지 및 수령에 관한 권한의 위임이 없으면 법원의 허가를 받아오도록 요구하여 예금을 지급한다. 재산관리인이 없으면 가족들이 법원에 재산관리인의 선임을 신청하도록 하여 그에 따라 선임된 재산관리인에게 예금을 지급하면 된다.

12. 예금의 질권 설정

자행예금에 대한 질권설정은 질권설정계약서를 받고 예금이나 증서를 제출하게 하여 그곳에 질권설정의 표시를 하며, 통장이나 증서는 질권설정자인 예금주에게 돌려준다. 질권설정된 예금은 지급금지의 효력이 있으므로 원금이나 이자나 예금주에게 지급되지 않는다.

13. 증권적 예금의 사고처리

1) 계약불이행, 피사취인 경우

소송결과에 따라 처리한다.

2) 분실, 도난

공시최고를 거친 제권판결에 따라 처리한다.

14. 예금의 상속

1) 상속의 순위[10]

1순위 : 피상속인의 직계비속

2순위 : 피상속인의 직계존속

3순위 : 피상속인의 형제자매

4순위 : 피상속인의 4촌 이내의 방계혈족

2) 지정상속의 우선

지정상속은 법정상속에 우선한다. 피상속인의 특별한 의사(=지정상속)가 없으면 법률의 규정에 따라 상속분(=법정상속)이 정해진다. 법정상속은 원칙적으로 균분이되 배우자는 50%가 가산된다.

3) 예금처리

상속인이 한명인 경우는 예금지급에 문제가 없으나, 상속인이 여럿인 공동상속인 경우에는 실무상, 지분의 분할청구에는 응하지 않고 상속인 전원에 의한 공동지급청구에 응해 오고 있다.

---

10) 민법 제1000조(상속의 순위) ① 상속에 있어서는 다음 순위로 상속인이 된다.
　　1. 피상속인의 직계비속
　　2. 피상속인의 직계존속
　　3. 피상속인의 형제자매
　　4. 피상속인의 4촌 이내의 방계혈족
　② 전항의 경우에 동순위의 상속인이 수인인 때에는 최근친을 선순위로 하고 동친 등의 상속인이 수인인 때에는 공동상속인이 된다.
　③ 태아는 상속순위에 관하여는 이미 출생한 것으로 본다.
　제1001조(대습상속) 전조 제1항 제1호와 제3호의 규정에 의하여 상속인이 될 직계비속 또는 형제자매가 상속개시 전에 사망하거나 결격자가 된 경우에 그 직계비속이 있는 때에는 그 직계비속이 사망하거나 결격된 자의 순위에 갈음하여 상속인이 된다.

　제1003조(배우자의 상속순위) ① 피상속인의 배우자는 제1000조 제1항 제1호와 제2호의 규정에 의한 상속인이 있는 경우에는 그 상속인과 동순위로 공동상속인이 되고 그 상속인이 없는 때에는 단독상속인이 된다.
　② 제1001조의 경우에 상속개시 전에 사망 또는 결격된 자의 배우자는 동조의 규정에 의한 상속인과 동순위로 공동상속인이 되고 그 상속인이 없는 때에는 단독상속인이 된다.

4) 상속인이 해외에 있는 경우

공동지급청구가 원칙이나 상속인이 국내에 들어오기 불편한 경우에는 위임장을 받아 처리하되 위임장은 해외공관의 인증을 받도록 한다.

5) 상속재산의 분할에 의한 지급청구

분할지급청구자가 법정상속분의 지분증명을 하거나, 공동상속인 사이의 분할확정(유언분할, 협의분할, 재판분할의 순서로 한다)이 있으면 분할지급을 할 수도 있다.

15. 압류예금

1) 가압류와 압류

가압류는 금전채권이나 금전으로 환산할 수 있는 채권에 대해 장래 실시할 집행을 보전하기 위해 채무자의 재산에 대한 처분권을 빼앗아 두는 것을 목적으로 하는 보전처분이다. 압류는 집행권원 등이 있는 경우 강제집행의 첫 단계로서 채무자의 처분권을 빼앗는 것을 목적으로 하는 강제처분을 말한다.

2) 추심명령과 전부명령

가압류와 압류는 처분금지 효력만 있기 때문에 현금화를 통한 채권의 회수를 위해 전부명령과 추심명령을 인정한다.

(1) 추심명령
집행채무자의 제3채무자에 대하여 가지는 추심권을 압류채권자에게 주어 압류채권자가 직접 제3채무자에게 이행을 청구할 수 있도록 한 명령이다.

(2) 전부(轉付)명령
채무자(債務者)가 제3채무자에 대하여 가지는 압류한 금전채권을 집행채권과 집행비용청구권의 변제에 갈음하여 압류채권자에게 이전시키는 집행법원의 결정이다. 금전채권을 압류하였을 때, 압류채권자는 전부명령과 추심명령(推尋命令) 중 하나를 선택하여 신청할 수 있는데(민사소송법 563조 1항), 전부명령은 다른 채권자의 배당가입이 허용되지 않고 압류채권자가 우선적 변제를 받을 수 있으므로, 우리나라에서는 추심명령보다 많이 활용되고 있다. 또, 압류채권자의 전부명령 또 추심명령의 신청에 대해서는 즉시 항고를 할 수 있다. 전부명령이 제3자에게 송달될 때까지 그 금전채권에 관하여 다른 채권자가 압류·가압류 또는 배당요구를 한 때에는 전부명령은 효력이 없다. 전부명령은 확정되어야 효력이 있다.

3) 압류 등의 효력발생시기

압류(가압류, 추심명령) 등의 효력은 제3채무자에게 송달된 때 발생한다. 전부명령은 전부명령이 확정된 때가 효력발생시기이다.

여신거래 등

제1절 여신거래 등

1. 여신거래

여신거래는 통상 대출금과 지급보증으로 나뉜다.

2. 여신거래와 신용공여

여신거래는 대출금과 지급보증이 주된 대상이나 신용공여는 여신거래의 대상 외에 회사채 매입, CP 매입 등 자금지원 성격까지 포함하고 있다. 은행법상 신용공여는 '대출, 지급보증 및 유가증권의 매입(자금지원적 성격인 것만 해당한다), 그 밖에 금융거래상의 신용위험이 따르는 은행의 직접적·간접적 거래'라고 규정하였다. 따라서 신용공여의 의미는 과거 여신거래의 범위보다 크게 확장되었다고 볼 수 있다.

제2절 가계여신의 의의와 성립

1. 가계여신

가계여신은 여신거래기본약관(가계용)[11]에서 '이 약관은 주택자금 기타의 가계자금대출과 이에 준하는 가계부업자금대출, 지급보증 등의 가계용 여신에 관련된 은행과 개인인 채무자 사이의 모든 거래에 적용됩니다.'라고 하여 가계여신을 은행과 개인인 채무자 사이의 대출금, 지급보증 등의 거래임을 밝히고 있다.

2. 가계여신의 특성과 성질

1) 특성

가계여신은 기업여신에 비해 상대적으로 리스크가 적고 수익성도 높은 편이다.

2) 성질

(1) 증서대출

가계여신취급시 '금전소비대차약정서' 형태로 '대출거래약정서'를 받는데(기업여신에서는 '여신거래약정서'를 받음) 이러한 약정서 형태의 증서를 받기 때문에 가계여신은 증서대출로 불리고 있다.

(2) 금전소비대차

가계여신은 금전소비대차이다. 소비대차[12]란 '당사자 일방이 금전 기타 대체물의 소유권을 상대방에게 이전할 것을 약정하고 상대방은 그와 같은 종류, 품질 및 수량으로 반환할 것을 약정함으로써 그 효력이 생기는 것'을 말한다.

---

11) 참고 : 여신거래기본약관(기업용)
　　① 이 약관은 은행과 채무자(차주·할인신청인·지급보증신청인 등 은행에 대하여 채무를 부담하는 사람을 말합니다. 이하 같습니다) 사이의 어음대출·어음할인·증서대출·당좌 대출·지급보증·외국환 기타의 여신에 관한 모든 거래에 적용됩니다.
　　② 이 약관은 채무자가 발행·배서·인수나 보증한 어음(수표를 포함합니다. 이하 같습니다)을 은행이 제3자와의 여신에 관한 거래에서 취득한 경우에 그 채무의 이행에 관하여도 적용됩니다.
　　③ 이 약관은 은행의 본·지점과 채무자의 본·지점 사이의 제1항 및 제2항의 적용범위에 속하는 모든 거래와 채무이행에 공통으로 적용됩니다.
12) 민법 제598조(소비대차) 소비대차는 당사자 일방이 금전 기타 대체물의 소유권을 상대방에게 이전할 것을 약정하고 상대방은 그와 같은 종류, 품질 및 수량으로 반환할 것을 약정함으로써 그 효력이 생긴다.

(3) 낙성계약

금융기관과 차주의 의사합치만 있으면 계약이 성립한다.

(4) 쌍무계약

대출계약이 성립되면 금융기관은 차주에게 대출금을 교부할 의무가 생기고 차주는 나중에 원금반환과 이자지급의 채무를 부담한다. 서로 대가적 관계로서 쌍무계약의 성격이 있다.

(5) 유상계약

차주는 금융기관에 대하여 원금에 대한 이자를 지급하므로 유상계약이다.

(6) 불요식계약

대출거래약정서 작성은 대출계약의 법률상 요건은 아니며 대출거래약정서는 증거수단에 불과하다.

3. 가계여신의 성립

1) 대출가능액 상담

단순히 대출가능액을 상담하는 것이 반드시 여신거래계약의 체결의무를 부담하는 것은 아니다.

2) 대출확약서 발급

대출가능액을 상담하고 대출확약서가 발급된 경우에는, 대출확약서는 예약이라는 법률적 성질을 가지며 금융기관이 대출확약서를 발급하면 여신거래계약을 체결할 의무를 부담한다. 실무상 대출확약서는 집단대출시에만 활용되는 수단이다.

4. 거래시 확인사항

1) 본인여부

여신거래 신청인의 본인여부가 확인되어야 한다.

2) 거래상 제한 여부

권리능력, 행위능력 여부를[13] 확인해야 한다. 담보도 취득이 가능한지 살펴야 한다.[14]

3) 임의대리시 점검사항

통상의 대리는 임의대리를 말한다. 임의대리시는 본인의 위임장, 인감증명서가 필요하다. 대리인은 주민등록증으로 본인을 확인하고 인감증명서는 필요로 하지 않는다. 위임여부를 확인하기 위해 위임장 징구시 본인에게 직접 위임여부를 확인해야 한다(통상 전화로 확인). 대리인은 행위능력을 요하지는 않으나 의사능력은 있어야 한다.

5. 여신거래계약의 체결

1) 대출통지와 약정서 징구

대출을 결정한 때에는 지체 없이 대출신청인에게 통지한다. 약정서는 대출통지 후 징구하는 것이 원칙이나 편의상 대출상담 후 사전 징구하는 것이 통상적이다. 계약의 성립은 여신관련약정서를 작성할 때가 아니고 신청인에게 대출승인 사실을 통지한 때 성립된다. 계약체결은 합의에 의한 방식보다 약관에 의한 방식을 주로 이용하고 있다.

2) 사문서의 진정성

계약체결은 증거로 남아야 하므로 통상 문서로 하는 것이 일반적이다. 사문서는 사인간에 작성되는 모든 문서인데 민사소송[15]에 있어 사문서는 진정한 것임을 증명하여

---

13) 미성년자, 피성년후견인, 피한정후견인은 능력제한자에 해당된다.
14) '예' 학교교육에 사용되는 재산은 담보제공이 허용되지 않는다.
15) 민사소송법 제357조(사문서의 진정의 증명)
    사문서는 그것이 진정한 것임을 증명하여야 한다.

야 한다. 사문서는 본인 또는 대리인의 서명이나 날인 또는 무인(拇印)이 있는 때에는 진정한 것으로 추정한다. 문서가 진정하게 성립된 것인지 어떤지는 필적 또는 인영(印影)을 대조하여 증명할 수 있다.

3) 본인의 자서

여신계약체결시 증거확보는 신청인의 도장을 찍는 것 외에 자서를 하도록 하여야 한다.

4) 보험계약

건물담보에 있어서는 화재보험 등 보험계약이 추가로 필요하다.

제3절 가계여신의 담보

1. 저당권과 근저당권

1) 저당권

일반적인 저당권16)은 채권자가 채무자로부터 점유를 옮기지 않고 그 채권의 담보로

제358조(사문서의 진정의 추정) 사문서는 본인 또는 대리인의 서명이나 날인 또는 무인(拇印)이 있는 때에는 진정한 것으로 추정한다.

제359조(필적 또는 인영의 대조) 문서가 진정하게 성립된 것인지 어떤지는 필적 또는 인영(印影)을 대조하여 증명할 수 있다.

16) 저당권(보통 저당권을 말함)

민법 제360조(피담보채권의 범위) 저당권은 원본, 이자, 위약금, 채무불이행으로 인한 손해배상 및 저당권의 실행비용을 담보한다. 그러나 지연배상에 대하여는 원본의 이행기일을 경과한 후의 1년분에 한하여 저당권을 행사할 수 있다.

민법 제361조(저당권의 처분제한) 저당권은 그 담보한 채권과 분리하여 타인에게 양도하거나 다른 채권의 담보로 하지 못한다.

민법 제362조(저당물의 보충) 저당권설정자의 책임있는 사유로 인하여 저당물의 가액이 현저히 감소된 때에는 저당권자는 저당권 설정자에 대하여 그 원상회복 또는 상당한 담보제공을 청구할 수 있다.

민법 제363조(저당권자의 경매청구권, 경매인) 저당권자는 그 채권의 변제를 받기 위하여 저당물의 경매를 청구할 수 있다. 저당물의 소유권을 취득한 제삼자도 경매인이 될 수 있다.

하여 제공된 목적물에 대하여 채무자가 변제를 하지 않을 때에는 일반채권자에 우선하여 변제를 받는 권리이다. 저당권은 약정담보물권이므로 저당권자와 저당권설정자간의 저당권설정합의와 등기를 함으로써 성립한다.

2) 근저당권

근저당권은 계속적인 거래관계로부터 발생하는 다수의 채권을 담보하기 위하여 담보물이 부담하여야 될 최고액을 정하여 두고 장래에 확정하는 채권을 그 범위안에서 담보하는 저당권이다. 장래의 채권의 담보이기는 하지만 특정·단일의 채권을 담보하는 것이 아니라, 증감변동(增減變動)하는 일단의 불특정채권을 최고한도 내에서 담보하는 점에 특색이 있다. 근저당과 보통의 저당권과의 차이는

① 보통의 저당권이 현재 확정액의 채권에 부종하여 성립하는 데 반하여 근저당권은 피담보채권의 발생 또는 채권액의 확정이 장래의 결산기일이며,

② 보통의 저당권은 변제에 따라 피담보채권의 소멸(消滅), 즉 채권액의 소멸이 이루어지는 데 반하여, 근저당은 현재의 채무 없이도 저당권이 설립하고 한 번 성립한 채권은 변제되어도 차순위의 저당권의 순위가 승격하지 않으며, 결산기 전의 변제는 피담보채권액의 소멸을 가져오지 않고,

③ 보통의 저당권에 있어서는 피담보채권액이 등기되는 데 반하여, 근저당에서는 피담보채권 최고액이 등기된다. 근저당은 근저당이라는 뜻과 채권의 최고액 및 채무자를 등기하여야 한다. 계속적 거래관계가 종료되면 채권액이 확정되고 근저당권자는 우선변제를 받을 수 있게 된다. 그 효력은 보통의 저당권과 다르지 않으나, 비록 채권액이 많더라도 약정된 최고액 이상의 우선변제권은 없다.

민법 제364조(제3취득자의 변제) 저당부동산에 대하여 소유권, 지상권 또는 전세권을 취득한 제3자는 저당권자에게 그 부동산으로 담보된 채권을 변제하고 저당권의 소멸을 청구할 수 있다.
민법 제365조(저당지상의 건물에 대한 경매청구권) 토지를 목적으로 저당권을 설정한 후 그 설정자가 그 토지에 건물을 축조한 때에는 저당권자는 토지와 함께 그 건물에 대하여도 경매를 청구할 수 있다. 그러나 그 건물의 경매대가에 대하여는 우선변제를 받을 권리가 없다.
민법 제366조(법정지상권) 저당물의 경매로 인하여 토지와 그 지상건물이 다른 소유자에 속한 경우에는 토지소유자는 건물소유자에 대하여 지상권을 설정한 것으로 본다. 그러나 지료는 당사자의 청구에 의하여 법원이 이를 정한다.

2. 근저당권의 종류

1) 특정근저당

특정한 거래계약과 관련하여 발생하는 채무를 피담보채무로 하는 근저당권을 말한다.

2) 한정근저당

특정한 거래계약을 한정적으로 열거하고 그 거래계약과 관련하여 발생하는 채무를 피담보채무로 하는 근저당권을 말한다.

3) 포괄근저당

여신거래에서 이미 발생했거나 앞으로 발생할 여신거래에 관한 모든 채무를 담보하기 위해 설정하는 근저당권이다. 현재는 엄격히 제한되고 있다.

3. 근저당권의 효력

1) 피담보채권의 범위

근저당권은 등기된 채권최고액을 한도로 담보한다. 채권최고액에는 이자, 위약금, 지연배상금이 포함된다(저당권실행비용은 제외됨). 지연배상에 대해서는 변제기 후 1년 초과분도 대상에 포함된다.

2) 우선변제적 효력

근저당권자는 채무자의 채무불이행이 있는 경우 근저당목적물을 현금화하여 그 대금에서 다른 채권자에 우선하여 변제받을 수 있다. 다만 다른 물권자가 있는 경우는 등기 선후에 따라 순위가 결정된다.

4. 주택임대차와 상가임대차의 우선변제권과 최우선변제권

1) 주택임대차

(1) 우선변제권

우선변제권이란 대항요건과 확정일자를 갖춘 경우에 민사집행법에 의한 경매 또는 국세징수법에 의한 공매시 임차주택의 현금화 대금에서 후순위권리자 기타 일반채권자보다 우선하여 보증금을 받는 제도이다.

① 적용보증금

　주택임대차보호법상 우선변제권의 적용보증금 대상에는 제한이 없다.

② 우선변제권 : 주택의 인도＋전입신고＋확정일자[17]

(2) 최우선변제권

최우선변제권이란 경매등기 전까지 대항요건을 갖춘 소액임차인이 경매 또는 공매의 배당에서 보증금중 일정액을 다른 담보물권자보다 우선하여 변제받는 제도이다.

① 적용보증금

구분	소액임차인 범위	최우선변제액
서울특별시	9,500만 원 이하	3,200만 원까지
과밀억제권역	8,000만 원 이하	2,700만 원까지
광역시, 안산, 용인, 김포, 광주	6,000만 원 이하(과밀억제권역과 군지역 제외)	2,000만 원까지
기타지역	4,500만 원 이하	1,500만 원까지

② 최우선변제권 : 소액임차인으로서, 주택의 인도＋전입신고

2) 상가임대차

(1) 우선변제권

우선변제권이란 대항요건과 확정일자를 갖춘 경우에 상가건물임대차보호법상 후순위

---

17) 확정일자 : 등기소, 자치센터, 공증사무소 등에서 받는다.

권리자 그 밖의 일반채권자보다 우선하여 보증금을 받는 제도이다.

① 적용보증금

주택임대차보호법상과 달리 우선변제권의 적용보증금 대상이 있다.

구분	적용보증금
서울특별시	4억 원 이하
과밀억제권역	3억 원 이하
광역시, 안산, 용인, 김포, 광주	2억 4천만 원 이하(과밀억제권역과 군지역 제외)
기타지역	1억 8천만 원 이하

② 우선변제권 : 건물의 인도＋사업자등록 신청＋확정일자[18]

(2) 최우선변제권

최우선변제권이란 임차인이 보증금 중 일정액을 다른 담보물권자보다 우선하여 변제 받는 권리이다.

① 적용보증금

구분	소액임차인 범위	최우선변제액
서울특별시	6,500만 원 이하	2,200만 원까지
과밀억제권역	5,500만 원 이하	1,900만 원까지
광역시, 안산, 용인, 김포, 광주	3,800만 원 이하	1,300만 원까지
기타 지역	3,000만 원 이하	1,000만 원까지

② 최우선변제권 : 소액임차인으로서, 건물의 인도＋사업자등록신청

---

18) 확정일자 : 건물소재지 관할 세무서장으로부터 받는다.

제4절 가계여신의 관리

1. 기한연장 등

1) 기한연장

기한연장은 변제기를 연장하는 것을 말한다.

2) 대환

신규대출을 받아서 기존대출을 상환하는 것을 말한다. 사실상 대출금의 변제기간이 연장되는 효과가 있다.

2. 연장, 대환의 관리

1) 저당권설정 후의 가등기

저당권이 설정된 후의 가등기는 저당권의 효력에 영향을 주지 못한다.

2) 저당권설정 후의 가처분

가처분의 원인에 따라 살펴야 한다. 가처분이 소유권 분쟁이라면 저당권도 영향을 받을 수 있으므로 담보를 확충하든지 혹은 대출금의 회수검토가 필요하다.

3) 저당권 설정 후의 가압류

저당권 설정 후 가압류는 저당권의 효력에 영향을 주지 못한다. 다만 채무자의 신용이 악화되거나 담보물의 가액 감소가 현저한 경우, 담보의 보충을 하여야 한다.

3. 기한의 이익

1) 기한과 기한의 이익

기한(期限)에는 시기(始期)와 종기(終期)가 있는데, 기한은 법률행위의 효력이 장래에 발생하는 것이 확실한 사실(시기, 종기)에 의하도록 하는 법률행위의 부관이다.

기한은 채무자의 이익을 위한 것으로 추정한다. 기한의 이익은 이를 포기할 수 있다. 그러나 상대방의 이익을 해하지 못한다. 기한이익은 무상임치와 같이 채권자 측에만 있는 것과 이자부 소비대차와 같이 채무자와 채권자 쌍방에 있는 것이 있다. 기한의 이익은 포기할 수 있으나 이자가 붙은 차금(借金)을 기한 전에 변제할 경우는 대주(貸主)의 손해를 배상하지 않으면 안 된다. 즉 기한의 이익이 상대방에게도 있는 경우에는 일방적으로 포기함으로써 상대방의 이익을 해하지 못한다.

2) 기한이익의 상실

기한의 이익을 가진 채무자에 대하여 그 신용이 위험하게 될 일정한 사정 즉 채무자의 파산, 담보의 소멸·감소·담보제공의무의 불이행 등 그 신용을 잃는 사실이 있었을 때는 의무자는 기한의 이익이 박탈된다.[19]

---

19) 민법 제148조(조건부권리의 침해금지) 조건 있는 법률행위의 당사자는 조건의 성부가 미정한 동안에 조건의 성취로 인하여 생길 상대방의 이익을 해하지 못한다.
　제149조(조건부권리의 처분 등) 조건의 성취가 미정한 권리의무는 일반규정에 의하여 처분, 상속, 보존 또는 담보로 할 수 있다.
　제153조(기한의 이익과 그 포기) ① 기한은 채무자의 이익을 위한 것으로 추정한다.
　② 기한의 이익은 이를 포기할 수 있다. 그러나 상대방의 이익을 해하지 못한다.

　은행여신거래기본약관 제7조(기한전의 채무변제의무) ① 채무자에 관하여 다음 각 호에서 정한 사유중 하나라도 발생한 경우에는, 은행으로부터의 독촉·통지 등이 없어도, 채무자는 당연히 은행에 대한 모든 채무의 기한의 이익을 상실하여(지급보증거래에 있어서의 사전구상채무 발생을 포함합니다. 이하 같습니다) 곧 이를 갚아야 할 의무를 집니다.
　1. 제 예치금 기타 은행에 대한 채권에 대하여 가압류·압류명령이나 체납처분 압류통지가 발송된 때 또는 기타의 방법에 의한 강제집행 개시나 체납처분 착수가 있는 때
　　다만, 담보재산이 존재하는 채무의 경우에는 채권회수에 중대한 지장이 있는 때에만 가압류를 사유로 기한의 이익을 상실합니다.
　2. 채무자가 제공한 담보재산(제1호의 제예치금 기타은행에 대한 채권은 제외)에 대하여 압류명령이나 체납처분 압류통지가 발송된 때 또는 기타의 방법에 의한 강제집행 개시나 체납처분 착수가 있는 때
　3. 채무불이행자명부 등재신청이 있는 때

4. 어음교환소의 거래정지처분이 있는 때

5. 도피 기타의 사유로 지급을 정지한 것으로 인정된 때

② 채무자에 관하여 다음 각 호에서 정한 사유중 하나라도 발생한 경우에는, 채무자는 당연히 당해채무의 기한의 이익을 상실하여, 곧 이를 갚아야 할 의무를 집니다. 다만, 은행은 기한의 이익상실일 7영업일 전까지 다음 각 호의 채무이행 지체사실과 대출잔액 전부에 대하여 연체료가 부과될 수 있다는 사실을 채무자에게 서면으로 통지하여야 하며, 기한의 이익상실일 7영업일 전까지 통지하지 않은 경우에는 채무자는 실제통지가 도달한 날부터 7영업일이 경과한 날에 기한의 이익을 상실하여 곧 이를 갚아야 할 의무를 집니다.

1. 이자를 지급하여야 할 때부터 1개월(주택담보대출의 경우 2개월)간 지체한 때

2. 분할상환금 또는 분할상환원리금의 지급을 2회(주택담보대출의 경우 3회) 이상 연속하여 지체한 때

③ 채무자에 관하여 다음 각 호에서 정한 사유중 하나라도 발생하여 은행의 채권보전에 현저한 위험이 예상될 경우, 은행은 서면으로 변제, 압류 등의 해소, 신용의 회복 등을 독촉하고, 그 통지의 도달일로부터 10일 이상으로 은행이 정한 기간이 경과하면, 채무자는 은행에 대한 모든 채무의 기한의 이익을 상실하여, 곧 이를 갚아야 할 의무를 집니다.

1. 은행에 대한 수 개의 채무 중 하나라도 기한에 변제하지 아니하거나 제2항 또는 제4항에 의하여 기한의 이익을 상실한 채무를 변제하지 아니한 때

2. 제1항 제1호 및 제2호 외의 재산에 대하여 압류·체납처분이 있는 때

3. 채무자의 제1항 제1호 외의 재산에 대하여, 민사소송법상의 담보권실행등을 위한 경매개시가 있거나 가압류 통지가 발송되는 경우로서, 채무자의 신용이 현저하게 악화 되어 채권회수에 중대한 지장이 있을 때

4. 제5조, 제18조에서 정한 약정을 위반하여 건전한 계속거래 유지가 어렵다고 인정된 때

5. 어음교환소의 거래정지처분 이외의 사유로 금융기관의 신용불량거래처로 규제된 때

④ 채무자에 관하여 다음 각 호에서 정한 사유 중 하나라도 발생한 경우에 은행은 서면으로 독촉하고, 그 통지의 도달일로부터 10일 이상으로 은행이 정한 기간이 경과하면 채무자는 은행에 대해 당해채무 전부의 기한의 이익을 상실하여, 곧 이를 갚아야 할 의무를 집니다.

1. 제6조에서 정한 약정을 이행하지 아니한 때

2. 담보물에 대한 화재보험 가입의무를 이행하지 아니한 때, 은행을 해할 목적으로 담보물건을 양도하여 은행에 손해를 끼친 때, 주택자금 대출을 받아 매입 또는 건축한 당해주택의 담보제공을 지체한 때, 기타 은행과의 개별약정을 이행하지 아니하여 정상적인 거래관계 유지가 어렵다고 인정된 때

3. 보증인이 제1항에 해당하거나 제3항 제2호와 제3호에 해당하는 경우로서, 상당한 기간 내에 보증인을 교체하지 아니한 때

⑤ 제1항 내지 제4항에 의하여 채무자가 은행에 대한 채무의 기한의 이익을 상실한 경우라도, 은행의 명시적 의사표시가 있거나, 은행이 분할상환금·분할상환원리금·이자·지연배상금을 받는 등 정상적인 거래의 계속이 있는 때에는, 그 채무 또는 은행이 지정하는 채무의 기한의 이익은 그 때부터 부활됩니다.

인터넷 전문은행

제1절 개 요

1. 인터넷전문은행이란?

영업점 없이 또는 영업점을 소수로 운영하면서, 업무의 대부분을 ATM이나 인터넷뱅킹 등 전자매체를 통해(온라인 네트워크를 통해) 영위하는 은행이다.

2. 최저자본금

500억 원 이상

3. 우리나라 최초의 인터넷전문은행

우리나라 최초의 인터넷전문은행은 K Bank로서 2016.12.14 자본금 2,500억 원으로 인가되었다(조만간 5,000억 원까지 증자 예정). 우리은행·NH투자증권·GS리테일·KT 등 21개사가 컨소시엄을 결성해 주주로 참여하고 있다.

미국의 경우 본사나 사이버카페 외 지점망을 보유하지 않고 온라인을 통해서 영업하는 인터넷 전문은행은 Charles Schwab Bank(총자산 1,056억 달러, 약 116조 원), Ally Bank(1,008억 달러, 약 111조 원), Discover Bank(791억 달러, 약 87조 원) 등 약 20여개가 영업 중이다. 은행 자본과 산업자본의 분리 원칙으로 인하여 제조업 대기업이 금융계열사로서 BMW Bank, GE Capital Bank 등을 설립한 사례도 있고, 비은행금융기관이 자회사 형태로 인터넷 전문은행을 설립하기도 하였다. 대체로 당기순이익 중 이자수익의 비중이 높은 편으로 나타났다. 일본 금융청은 2000년 금융활성화 및 소비자편의 제고를 위해 '인터넷전문은행'을 도입하였는데, 금융청 등의 사전인가를 받으면 비금융회사의 은행소유도 가능하다. 현재 재팬네트은행, 소니은행, 라쿠텐은행, 주신SBI네트은행, 지분은행, 다이와넥스트은행 6개 인터넷전문은행이 사업을 영위 중이며, 이들은 유통, 증권, 통신 등 다양한 업종의 모기업과 시너지모델을 구축하여, 기존은행과 차별화하며 해당 업계 실적을 상회하는 성장세를 지속하고 있다(2010~2014년 일본 은행 연평균 총자산증가율 3.8%, 인터넷전문은행 30.6%). 중국의 경우에도 2015년 1월 은행감독회(CBRC)로부터 영업 승인을 받아 인터넷서비스 기업인 텐센트가 참여한 '위뱅크'(WeBank 微衆銀行 웨이중은행), 2015.6.25. 다른 인터넷서비스 기업인 알리바바와 자동차부품 완상그룹이 참여한 '마이뱅크'(MYbank 網商銀行 왕상은행) 외에 2016. 6.13. 가전업체 샤오미와 농축산그룹 신시왕그룹(新希望集團) 참여 '시왕은행'(希望銀行)까지 더해져 중국 인터넷전문은행 시장도 더욱 발전할 전망이다.

제2절 특 징

1. 실명확인 등

금융거래시 실명확인은 화상통신, 생체인식(지문, 홍채 등), ARS 전화 등을 활용하여 고객이 은행직원을 직접 만나지 않고도 은행서비스를 이용할 수 있다.

2. 장점과 단점

점포운영비, 인건비 최소화로 예금금리는 높이고, 대출금리는 낮출 수 있어 기존 은행에 비하여 비교우위가 있다.

고객의 입장에서는 은행에 가서 대기해야 하는 장소와 시간적 장애 없이 주말이나 연휴에도 연중무효로 거래가 가능하고, 송금수수료도 없거나 저렴하다.

반면에 컴퓨터에 전자인증이나 공인인증서 또는 이동식디스크에 이를 저장하여 사용하여야 하는 불편이 있다. 또한 직접 현금을 수령하고자 하는 경우에는 ATM이나 은행 점포에 가서 통장 또는 현금지급카드를 사용하여야 한다.

PART 04

자본시장법규

자본시장과 금융투자업에 관한 법률
(자본시장법)

자본시장과 금융투자업에 관한 법률
(부정청탁금지법)

제1절 자본시장법

1. 목적

자본시장법의 목적은 '자본시장에서의 금융혁신과 공정한 경쟁을 촉진하고 투자자를 보호하며 금융투자업을 건전하게 육성함으로써 자본시장의 공정성·신뢰성 및 효율성을 높여 국민경제의 발전에 이바지함을 목적으로 한다.'(동법 제1조)이다. 금융투자 회사의 건전성확보를 통한 투자자보호가 핵심이다.

자본시장법은 종전 증권거래법상의 기관별 규제체계를 기능별 규제체계로 전환하여 업종간 구분을 폐지하고, 금융투자업이라는 개념을 새로이 도입하였다. 자본시장은 기업 등의 장기자금이 조달되는 시장으로서 장기금융시장이라고도 한다. 자금의 공급방식에 따라 간접금융방식이 행해지는 장기대출시장과 증권시장으로 구분된다. 금융투자업은 금융투자와 관련된 사업을 계속적, 반복적 방법으로 행하는 영업으로서, 구체적으로는 투자매매업, 투자중개업, 집합투자업, 투자자문업, 투자일임업, 신탁업으로 구분된다. 그리고 금융투자상품은 증권과 파생상품으로 분류된다.

자본시장의 규제 개혁 + 투자자 보호의 강화

포괄주의 규율체제로 전환

○ 금융투자상품 개념을 추상적으로 정의
  ☞ 향후 출현할 모든 금융투자상품을
    법의 규율대상으로 포괄
  * 금융투자회사의 취급가능 상품과 투자자
    보호의 규율 대상 대폭 확대

기능별 규율 체제 도입

○ 금융투자업, 금융투자상품, 투자자를
  경제적 실질에 따라 각각 재분류
○ 취급 금융기관을 불문하고 경제적 실질이
  동일한 금융기능*을 동일하게 규율
  * 금융기능 = 금융투자업 + 금융투자상품
    + 투자자

자본시장 관련법률 통합 [자본시장법]

업무범위의 확대

○ 모든 금융투자업* 상호간 겸영 허용
  * 투자매매업, 투자중개업, 집합투자업,
    투자일임업, 투자자문업, 신탁업
○ 모든 부수업무의 영위 허용
○ 투자권유대행인 제도 도입
○ 금융투자업 관련 모든 외국환업무 허용

투자자 보호제도 선진화

○ 투자권유 규제 도입
  * 설명의무 신설, 적합성원칙 도입 등
○ 이해상충 방지체제 마련
○ 발행공시의 적용범위 확대
  * 은행채, 집합투자증권, 수익증권 등

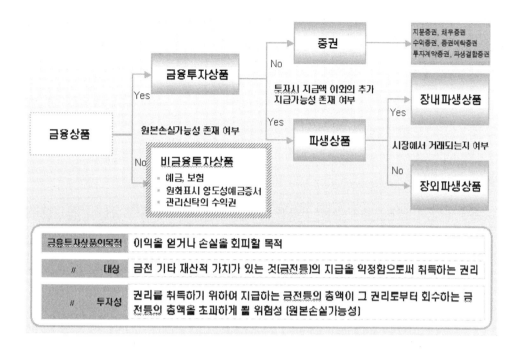

- 증권 : 원본까지만 손실발생 가능성이 있는 것[1]
- 파생상품 : 원본을 초과하여 손실가능성이 있는 것[2]
  - 장내파생상품 : 선물, 옵션, 스왑
  - 장외파생상품 : ELS, DLS
- 은행·보험 상품 : 원본 손실이 없음(각각 은행법, 보험업법 적용)

2. 주요 개념

1) 금융투자상품

이익을 얻거나 손실을 회피할 목적으로 현재 또는 장래의 특정(特定) 시점에 금전, 그 밖의 재산적 가치가 있는 것(이하 '금전 등'이라 한다)을 지급하기로 약정함으로써

---

1) 증권이란 내국인 또는 외국인이 발행한 금융투자상품으로서 투자자가 취득과 동시에 지급한 금전 등 외에 어떠한 명목으로든지 추가로 지급의무를 부담하지 않는 것이다(동법 제4조제1항). 종전에 구 증권거래법에서 '유가증권'으로 정의되던 것을 자본시장합법은 '증권'이라고 명칭을 변경하였다.
2) 파생상품이란 기초자산이나 기초자산의 가격이자율지표단위 또는 이를 기초로 하는 지수 등에 의하여 산출된 금전 등을 장래의 특정 시점에 인도할 것을 약정하는 계약상의 권리 등이다(동법 제5조제1항 내지 제3항). 한국거래소에서 거래되는 장내파생상품으로서 선물, 옵션 등과, 증권회사 등에서 장외로 거래되는 장외파생상품이 있다.

취득하는 권리로서, 그 권리를 취득하기 위하여 지급하였거나 지급하여야 할 금전 등의 총액(판매수수료 등 대통령령으로 정하는 금액을 제외한다)이 그 권리로부터 회수 하였거나 회수할 수 있는 금전 등의 총액(해지수수료 등 대통령령으로 정하는 금액을 포함한다)을 초과하게 될 위험(이하 '투자성'이라 한다)이 있는 것을 말한다. 단, 원화로 표시된 양도성 예금증서, 관리형신탁의 수익권은 제외한다.

2) 관리형신탁

① 위탁자(신탁계약에 따라 처분권한을 가지고 있는 수익자를 포함한다)의 지시에 따라서만 신탁재산의 처분이 이루어지는 신탁
② 신탁계약에 따라 신탁재산에 대하여 보존행위 또는 그 신탁재산의 성질을 변경하지 아니하는 범위에서 이용·개량 행위만을 하는 신탁

3) 금융투자상품의 구분

① 증권
② 파생상품
    ㉠ 장내파생상품
    ㉡ 장외파생상품

4) 증권

내국인 또는 외국인이 발행한 금융투자상품으로서 투자자가 취득과 동시에 지급한 금전 등 외에 어떠한 명목으로든지 추가로 지급의무(투자자가 기초자산에 대한 매매를 성립시킬 수 있는 권리를 행사하게 됨으로써 부담하게 되는 지급의무를 제외한다)를 부담하지 아니하는 것을 말한다. 다만, 다음의 어느 하나에 해당하는 증권은 제3편 제1장(제8편부터 제10편까지의 규정 중 제3편 제1장의 규정에 따른 의무 위반행위에 대한 부분을 포함한다) 및 제178조·제179조를 적용하는 경우에만 증권으로 본다.

① 채무증권 : 국채증권, 지방채증권, 특수채증권(법률에 의하여 직접 설립된 법인이 발행한 채권을 말한다), 사채권('상법' 제469조제2항제3호에 따른 사채의 경우에는 제7항제1호에 해당하는 것으로 한정한다), 기업어음증권(기업이 사업에 필요한 자금을 조달하기 위하여 발행한 약속어음으로서 대통령령으로 정하는 요건을 갖춘 것을 말한다), 그 밖에 이와 유사(類似)한 것으로서 지급청구권이 표시된 것을 말한다.

② 지분증권 : 주권, 신주인수권이 표시된 것, 법률에 의하여 직접 설립된 법인이 발행한 출자증권, 상법에 따른 합자회사·유한책임회사·유한회사·합자조합·익명조합의 출자지분, 그 밖에 이와 유사한 것으로서 출자지분 또는 출자지분을 취득할 권리가 표시된 것을 말한다.

③ 수익증권 : 자본시장법 제110조의 수익증권, 제189조의 수익증권, 그 밖에 이와 유사한 것으로서 신탁의 수익권이 표시된 것을 말한다.

④ 투자계약증권 : 특정 투자자(그 투자자와 다른 투자자를 포함한다)간의 공동사업에 금전 등을 투자하고 주로 타인이 수행한 공동사업의 결과에 따른 손익을 귀속받는 계약상의 권리가 표시된 것을 말한다.

□ 증권 및 파생상품

	명 칭	정 의	예
증 권	**전통적 증권** 채무증권	지급청구권(채무)을 나타내는 것	국채, 지방채, 사채, 기업어음 등
	지분증권	출자지분을 나타내는 것	주식, 신주인수권, 출자증권, 출자지분 등
	수익증권	수익권을 나타내는 것	신탁 수익증권, 투자신탁수익증권 등
	증권예탁증권	증권의 예탁을 받은 자가 발행하는 증권	KDR, GDR, ADR 등
	투자계약(Investment Contract) 증권	이익을 기대하여 공동사업에 금전을 투자하고 타인의 노력 결과에 따라 손익을 귀속받는 계약	집합투자증권, 비정형간접투자증권, 주식, 출자지분 등
	파생결합증권 (Securitized Derivatives)	기초자산의 가격 등의 변동과 연계되어 이익을 얻거나 손실을 회피할 목적의 계약상의 권리	주가연계증권(ELS), ELW, 원율연계증권, 역변동금리채 등

파생상품	장내 파생상품 : 선도, 옵션, 스왑을 추상적으로 정의 / 장외파생상품

□ **파생결합증권, 파생상품의 기초자산의 범위를 대폭 확대**
[종전] 유가증권, 통화, 일반상품, 신용위험
[자본시장법] 금융투자상품, 통화, 일반상품, 신용위험, 그 밖에
　　　　　자연적·환경적·경제적 위험 등으로서 평가가 가능한 것

⑤ 파생결합증권 : 기초자산의 가격·이자율·지표·단위 또는 이를 기초로 하는 지수 등의 변동과 연계하여 미리 정하여진 방법에 따라 지급하거나 회수하는 금전 등이 결정되는 권리가 표시된 것을 말한다.

⑥ 증권예탁증권 : 증권을 예탁받은 자가 그 증권이 발행된 국가 외의 국가에서 발행한 것으로서 그 예탁받은 증권에 관련된 권리가 표시된 것을 말한다.

5) 기초자산(underlying asset)

다음의 어느 하나에 해당하는 것을 말한다.

① 금융투자상품

② 통화(외국의 통화를 포함한다.)

③ 일반상품(농산물·축산물·수산물·임산물·광산물·에너지에 속하는 물품 및 이 물품을 원료로 하여 제조하거나 가공한 물품, 그 밖에 이와 유사한 것을 말한다.)

④ 신용위험(당사자 또는 제삼자의 신용등급의 변동, 파산 또는 채무재조정 등으로 인한 신용의 변동을 말한다.)

⑤ 그 밖에 자연적·환경적·경제적 현상 등에 속하는 위험으로서 합리적이고 적정한 방법에 의하여 가격·이자율·지표·단위의 산출이나 평가가 가능한 것

6) 공모(公募, public offering : 모집 및 매출)

① '모집'(public offering of new securities)이란 대통령령으로 정하는 방법에 따라 산출한 50인[3] 이상의 투자자에게 새로 발행되는 증권의 취득의 청약을 권유하는 것을 말한다.

② '매출'(public offering of outstanding securities)이란 대통령령으로 정하는 방법에 따라 산출한 50인 이상의 투자자에게 이미 발행된 증권의 매도의 청약을 하거나 매수의 청약을 권유하는 것을 말한다.

---

3) 50인을 산출하는 경우에는 청약의 권유를 하는 날 이전 6개월 이내에 해당 증권과 같은 종류의 증권에 대하여 모집이나 매출에 의하지 아니하고 청약의 권유를 받은 자를 합산한다.

7) 사모(私募, private placement)

새로 발행되는 증권의 취득의 청약을 권유하는 것으로서 모집에 해당하지 아니하는 것을 말한다.

8) 인수(引受, subscription)

제삼자에게 증권을 취득시킬 목적으로 다음의 어느 하나에 해당하는 행위를 하거나 그 행위를 전제로 발행인 또는 매출인을 위하여 증권의 모집·매출·사모를 하는 것을 말한다.

① 그 증권의 전부 또는 일부를 취득하거나 취득하는 것을 내용으로 하는 계약을 체결하는 것

② 그 증권의 전부 또는 일부에 대하여 이를 취득하는 자가 없는 때에 그 나머지를 취득하는 것을 내용으로 하는 계약을 체결하는 것

9) 파생상품(derivatives)

다음의 어느 하나에 해당하는 계약상의 권리를 말한다. 다만, 해당금융투자상품의 유통 가능성, 계약당사자, 발행사유 등을 고려하여 증권으로 규제하는 것이 타당한 것으로서 대통령령으로 정하는 금융투자상품은 그러하지 아니하다.

① 기초자산이나 기초자산의 가격·이자율·지표·단위 또는 이를 기초로 하는 지수 등에 의하여 산출된 금전 등을 장래의 특정 시점에 인도할 것을 약정하는 계약

② 당사자 어느 한쪽의 의사표시에 의하여 기초자산이나 기초자산의 가격·이자율·지표·단위 또는 이를 기초로 하는 지수 등에 의하여 산출된 금전 등을 수수하는 거래를 성립시킬 수 있는 권리를 부여하는 것을 약정하는 계약

③ 장래의 일정기간 동안 미리 정한 가격으로 기초자산이나 기초자산의 가격·이자율·지표·단위 또는 이를 기초로 하는 지수 등에 의하여 산출된 금전 등을 교환할 것을 약정하는 계약

④ ①부터 ③까지의 규정에 따른 계약과 유사한 것으로서 대통령령으로 정하는 계약

10) 금융투자업(securities investment business)

이익을 얻을 목적으로 계속적이거나 반복적인 방법으로 행하는 행위로서 다음의 어느 하나에 해당하는 업(業)을 말한다.

□ 금융투자업의 종류

① 투자매매업 : 누구의 명의로 하든지 자기의 계산으로 금융투자상품의 매도·매수, 증권의 발행·인수 또는 그 청약의 권유, 청약, 청약의 승낙을 영업으로 하는 것을 말한다.

② 투자중개업 : 누구의 명의로 하든지 타인의 계산으로 금융투자상품의 매도·매수, 그 중개나 청약의 권유, 청약, 청약의 승낙 또는 증권의 발행·인수에 대한 청약의 권유, 청약, 청약의 승낙을 영업으로 하는 것을 말한다.

③ 집합투자업 : 집합투자를 영업으로 하는 것으로서, '집합투자'란 2인 이상의 투자자로부터 모은 금전 등 또는 '국가재정법' 제81조에 따른 여유자금을 투자자 또는 각 기금관리주체로부터 일상적인 운용지시를 받지 아니하면서 재산적 가치가 있는 투자대상자산을 취득·처분, 그 밖의 방법으로 운용하고 그 결과를 투자자 또는 각 기금관리주체에게 배분하여 귀속시키는 것을 말한다. 다만, 다음의 어느 하나에 해당하는 경우를 제외한다.

　㉠ 대통령령으로 정하는 법률에 따라 사모(私募)의 방법으로 금전 등을 모아 운용·배분하는 것으로서 대통령령으로 정하는 투자자의 총수가 대통령령으로 정하는 수 이하인 경우

　㉡ '자산유동화에 관한 법률' 제3조의 자산유동화계획에 따라 금전 등을 모아 운용·배분하는 경우

ⓒ 그 밖에 행위의 성격 및 투자자 보호의 필요성 등을 고려하여 대통령령으로 정하는 경우

④ 신탁업 : 신탁을 영업으로 하는 것을 말한다.

⑤ 투자자문업 : 금융투자상품, 그 밖에 대통령령으로 정하는 투자대상자산(이하 '금융투자상품 등'이라 한다)의 가치 또는 금융투자상품 등에 대한 투자판단(종류, 종목, 취득·처분, 취득·처분의 방법·수량·가격 및 시기 등에 대한 판단을 말한다)에 관한 자문에 응하는 것을 영업으로 하는 것을 말한다.

⑥ 투자일임업 : 투자자로부터 금융투자상품 등에 대한 투자판단의 전부 또는 일부를 일임받아 투자자별로 구분하여 그 투자자의 재산상태나 투자목적 등을 고려하여 금융투자상품 등을 취득·처분, 그 밖의 방법으로 운용하는 것을 영업으로 하는 것을 말한다.

11) 청약의 권유

청약의 권유란 권유받는 자에게 증권을 취득하도록 하기 위하여 신문·방송·잡지 등을 통한 광고, 안내문·홍보전단 등 인쇄물의 배포, 투자설명회의 개최, 전자통신 등의 방법으로 증권 취득청약의 권유 또는 증권 매도청약이나 매수청약의 권유 등 증권을 발행 또는 매도한다는 사실을 알리거나 취득의 절차를 안내하는 활동을 말한다. 다만, 인수인의 명칭과 증권의 발행금액을 포함하지 아니하는 등 금융위원회가 정하여 고시하는 기준에 따라 다음의 사항 중 전부나 일부에 대하여 광고 등의 방법으로 단순히 그 사실을 알리거나 안내하는 경우는 제외한다.

① 발행인의 명칭
② 발행 또는 매도하려는 증권의 종류와 발행 또는 매도 예정금액
③ 증권의 발행이나 매도의 일반적인 조건
④ 증권의 발행이나 매출의 예상 일정
⑤ 그 밖에 투자자 보호를 해칠 염려가 없는 사항으로서 금융위원회가 정하여 고시하는 사항

제2절 금융투자업의 진입

1. 금융투자업의 영위

1) 인가, 등록, 신고 등

① 인가제 : 투자매매업, 투자중개업, 집합투자업, 신탁업을 영위하려면 각각 금융위원회의 인가를 받아야 한다.

② 등록제 : 투자일임업, 투자자문업을 영위하려면 각각 금융위원회에 등록하여야 한다.

③ 신고제 : 유사투자자문업을 영위하려면 금융위원회에 신고하여야 한다.

2) 금융투자업자에 대한 감독 방법

금융투자업자에 대한 감독의 방법은 ① 투자자 보호 및 거래질서 유지를 위한 금융위원회의 조치명령, ② 중요한 경영사항에 대한 금융위원회의 승인, ③ 경미한 경영 사항의 금융위원회에 보고 제도가 있다.

3) 금감원장에 대한 보고

① 사유발생 7일 내 보고 : 상호변경, 정관변경, 임원선임, 최대주주변경, 대주주 또는 특수관계인의 지분율 1% 변동, 금융투자업의 일부 양도 또는 양수, 금융투자업의 일부폐지, 본점 위치, 자본금 증가, 소송당사자, 파산의 신청 또는 해산, 해외현지법인, 해외지점 또는 해외사무소 등의 신설, 영업의 중지, 재개, 폐지, 위치변경, 상호나 명칭변경 등

② 사유발생시 지체 없는 보고 : 해외현지법인 또는 해외지점에 영업의 정지나 인허가 또는 등록의 취소·합병, 또는 영업의 전부나 일부 양도·부도나 이에 준하는 사태발생·해산의 결의·파산 및 회생절차의 개시신청·현지업무와 관련된 금융투자상품 사고발생 또는 중대한 소송사건 발생 등

③ 사유발생일이 해당하는 분기종료 후 45일 이내 보고 : 지점·영업소의 신설 또는 폐지, 본점·지점·영업소의 영업의 중지 또는 개시

제3절 금융투자업의 지배구조와 내부통제

1. 지배구조

1) 대주주의 변경

인가대상 금융투자업자가 발행한 주식을 취득하여 대주주가 되고자 하는 자는 사전에 금융위 승인이 필요하다. 다만 전업 투자자문업자와 전업 투자일임업자는 대주주가 변경된 후 2주 이내 금융위에 보고하면 된다.

2) 사외이사 및 사외이사후보추천위원회

금융투자업자는 사외이사를 3인 이상 두어야 하고 사외이사는 이사총수의 1/2 이상이 되어야 한다(다만 자산총액 2조 원 이상이면서 집합투자재산, 신탁재산 및 투자 일임재산의 합계액이 6조 원 미만인 자는 제외된다). 사외이사는 사외이사후보추천위원회에서 추천받은 자 중에서 선임하여야 한다.

3) 감사위원회의 설치

금융투자업자는 감사위원회를 설치하여야 한다(다만 사외이사 설치의무 면제자는 감사위원회 설치의무가 면제된다). 감사위원회는 총위원의 2/3 이상이 사외이사이고, 위원 중 1인 이상은 회계·재무 전문가이어야 하며, 감사위원회의 대표는 사외이사이어야 한다. 해당회사의 주요주주 혹은 상근임직원, 최근 2년 이내 상근 임직원이었던 자(다만, 해당회사의 상근감사 또는 사외이사가 아닌 감사위원회 위원으로 재임 중이거나 재임하였던 자는 사외이사가 아닌 감사위원회 위원은 예외), 해당회사의 주요주주 혹은 상근임직원의 배우자와 직계존비속, 계열회사의 상근임직원 또는 최근 2년 이내에 상근 임직원이었던 자는 감사위원회 위원이 될 수 없다.

4) 상근감사

금융투자업자는 1인 이상의 상근감사를 두어야 한다(단, 감사위원회를 설치한 경우에는 상근감사를 둘 수 없다). 다만 ① 자산총액이 1천억 원 미만이면서 집합투자재산,

신탁재산 및 투자일임재산의 합계액이 3조 원 미만인 자 ② 사외이사 설치의무 면제자
는 상근감사를 두지 않아도 된다.

2. 내부통제

금융관련업종중 금융투자업에 대해서는 사고예방 및 투자자보호 차원에서 매우 강력
한 내부통제제도가 요구되고 있다. 내부통제기준 마련, 준법감시인, 특정업무(파생상품
등)에 대한 책임자 선임 등이 있다. 금융투자업자는 내부통제기준을 마련해야 하고 준
법감시인을 선임해야 하며(준법감시인의 임면은 이사회 결의사항), 상근임원인 파생상
품업무책임자를 1인 이상 두어야 한다.

제4절 자산건전성 분류와 대손충당금

1. 자산건전성 분류

금융투자업자는 매분기마다 보유 자산에 대하여 '정상', '요주의', '고정', '회수의문',
'추정손실'의 5단계로 건전성을 분류하여야 하고, 매분기말 현재 '고정' 이하로 분류된
채권에 대하여 적정한 회수예상가액을 산정하여야 한다.

2. 대손충당금 적립

금융투자업자는 '정상' 분류자산의 0.5%, '요주의' 분류자산의 2%, '고정' 분류자산의
20%, '회수의문' 분류자산의 75%, '추정손실' 분류자산의 100% 이상의 대손충당금을 적
립하여야 한다. 다만, 정형화된 거래로 발생하는 미수금과 '정상'으로 분류된 대출채권
중 콜론, 환매조건부매수에 대하여는 대손충당금을 적립하지 아니할 수 있다. '고정' 이
하로 분류되는 지급보증에 대하여는 대손충당금 기준을 준용하여 지급보증충당금을 적
립하여야 한다.

3. 적용특례

채권중개전문회사 등에게는 자산건전성 분류 및 대손충당금 등의 적립규정을 적용하지 아니한다.

제5절   경영실태평가 등

1. 순자본비율(신NCR)과 영업용순자본비율(NCR : Net Capital Ratio)

1) 순자본비율(신NCR)

1종 금융투자업자(증권회사, 선물회사)는 2016년 1월 1일부터 영업용순자본비율 대신 순자본비율을 적용하고 있다. 순자본비율은 영업용순자본에서 총위험액을 뺀 잉여자본을 업무단위별 필요유지자기자본으로 나누어 산출한 값이다. 기존 구 영업용순자본비율(NCR)이 영업용순자본비율을 총위험액으로 나누어 위험자산 대비 당장 유동화할 수 있는 자금 여력을 나타냈다면, 순자본비율(신NCR)은 증권회사의 투자여력을 나타내는 지표로서의 의미를 갖는다.

현재 1종 금융투자업자(증권회사, 선물회사)는 순자본비율을 100% 이상으로 유지하여야 하며 미달 시에는 금융위원회로부터 경영개선권고, 50% 미만의 경우 경영개선요구, 0% 미만의 경우 경영개선명령을 받게 된다.

> 순자본비율 = (영업용순자본-총위험액 / 필요유지자기자본) × 100

> □ 영업용순자본 = 자산-부채-차감항목+가산항목
> □ 총위험액 = 시장위험액+신용위험액+운영위험액

2) 영업용순자본비율(NCR)

한편 2종 금융투자업자(자산운용회사, 신탁회사)는 영업용순자본을 총위험액 이상으로 유지해야 한다. 영업용순자본 비율은 총위험액에 대한 영업용순자본의 비율이다.

$$영업용순자본비율 \ = \ (영업용순자본 \ / \ 총위험액) \times 100$$

2. 경영실태평가

경영실태평가는 금융투자업자의 재산과 업무상태 및 위험에 대하여 금감원장이 검사를 통하여 실시하는데 자본적정성, 수익성, 내부통제 부문과 유동성, 안전성 부문을 구분하여 종합적으로 평가한다. 전업 투자자문업자와 전업 투자일임업자는 경영실태평가 대상에서 제외된다. 경영실태평가는 1등급(우수), 2등급(양호), 3등급(보통), 4등급(취약), 5등급(위험)의 5단계로 구분한다.

3. 적기시정조치(Prompt Corrective Action)

1) 적기시정조치의 구분(2종 금융투자업자 : 자산운용회사, 신탁회사)

(1) 경영개선권고

① 영업용순자본비율이 150% 미만인 경우, ② 경영실태평가 결과 종합평가등급이 3등급(보통) 이상으로서 자본적정성 부문의 평가등급이 4등급 이하인 경우, ③ 거액의 금융사고 또는 부실채권의 발생으로 ①, ② 기준에 해당될 것으로 명백히 판단되는 경우 등

(2) 경영개선요구

① 영업용순자본비율이 120% 미만인 경우, ② 경영실태평가 결과 종합평가등급이 4등급 이하인 경우 ③ 거액의 금융사고 또는 부실채권 발생의 발생으로 ①, ② 기준에 해당될 것으로 명백히 판단되는 경우 등

(3) 경영개선명령

① 영업용순자본비율이 100% 미만인 경우, ② 부실금융기관에 해당되는 경우, ③ 영

업의 전부 또는 일부 양도, ④ 6개월 이내의 영업정지 등

2) 1종 금융투자업자(증권회사, 선물회사)에 대한 적기시정조치

(1) 경영개선권고 : 순자본비율 100% 미만

(2) 경영개선요구 : 순자본비율 50% 미만

(3) 경영개선명령 : 순자본비율 0% 미만

3) 금융위의 적기시정조치 발동과 이행의무

적기시정조치를 받은 금융투자업자는 조치일로부터 2개월 범위 내에 조치권자가 정하는 기한 내에 경영개선계획을 금감원장에게 제출하여야 한다. 금융위는 1개월 이내에 승인 여부를 결정한다. 이행기간은 경영개선권고는 6개월 이내, 경영개선요구는 1년 이내, 경영개선명령은 금융위가 정하는 기간이며, 승인받은 금융투자업자는 매분기말부터 10일 이내에 이행실적을 금감원장에게 제출하여야 한다.

제6절 위험관리

1. 위험관리체제

1) 한도의 설정

금융투자업자는 위험관리 체제를 갖추고 부서별, 거래별 또는 상품별 위험부담한도ㆍ거래한도 등을 적절히 설정ㆍ운용하여야 한다.

2) 지침의 정비

금융투자업자는 위험을 관리하기 위하여 자산 및 집합투자재산의 운용시 발생할 수 있는 위험의 종류, 인식, 측정 및 관리체계의 내용 등 위험관리지침을 마련하여야 한다.

2. 외환건전성

1) 외화유동성비율

외국환업무 취급 금융투자업자는 외화자산 및 외화부채를 각각 잔존만기별로 구분하여 관리하여야 한다. 잔존만기 3개월 이내의 부채에 대한 잔존만기 3개월 이내 자산의 비율은 80% 이상, 외화자산 및 외화부채의 만기불일치비율(잔존만기 7일 이내의 경우에는 자산이 부채를 초과하는 비율이 0% 이상, 잔존만기 1개월 이내의 경우에는 부채가 자산을 초과하는 비율이 10% 이내)을 유지하여야 한다. 다만 총자산에 대한 외화부채의 비율이 1%에 미달하는 외국환업무취급 금융투자업자에게는 적용되지 아니한다.

2) 외국환포지션 및 한도

(1) 종합포지션의 산정

종합포지션은 각 외국통화별 종합매입초과포지션의 합계액과 종합매각초과포지션의 합계액 중 큰 것으로 하고, 선물환포지션은 각 외국통화별 선물환매입초과포지션의 합계에서 선물환매각초과포지션의 합계를 차감하여 산정한다.

(2) 종합포지션의 한도 및 선물환포지션의 한도

종합포지션 한도 및 선물환포지션 한도는 다음에 의하며 자기자본은 달러화로 환산한 금액을 기준으로 한다.

① 종합포지션 한도 : 종합매입포지션은 각 외국통화별 종합매입초과포지션의 합계액 기준으로 전월말 자기자본의 50%에 상당하는 금액, 종합매각초과포지션은 각 외국통화별 종합매각초과포지션의 합계액 기준으로 전월말 자기자본의 50%에 상당하는 금액을 각각 한도로 한다.

② 선물환포지션 한도 : 선물환 매입초과포지션은 각 외국통화별 선물환 매입초과포지션의 합계액 기준으로 전월말 자기자본의 50%에 상당하는 금액, 선물환 매각초과포지션은 각 외국통화별 선물환 매각초과포지션의 합계액 기준으로 전월말 자기 자본의 50%에 상당하는 금액을 각각 한도로 한다.

③ 별도한도 인정 : 금감원장은 2년 이내를 한도로 별도의 한도를 인정할 수 있다.

3) 한도 위반시의 보고의무 및 한도 면제

금융투자업자는 매영업일 잔액기준으로 한도관리하고 위반시에는 3영업일 이내에 금감원장에게 보고해야 한다. 다만, 자본금 또는 영업기금의 환위험 등을 회피하기 위한 외국환매입분은 한도관리에서 제외된다.

제7절   업무보고서

1. 업무보고서의 제출

금융투자업자는 매사업연도 개시일로부터 3개월간, 6개월간, 9개월간, 12개월간의 업무보고서를 작성하여 그 기간경과 후 45일 이내에 금융위에 제출하여야 한다.

2. 결산서류의 제출

금융투자업자는 외감법에 따라 회계감사를 받은 감사보고서, 재무제표 및 부속명세서, 수정재무제표에 따라 작성한 영업용순자본비율보고서 및 자산부채비율보고서, 해외점포의 감사보고서 등을 금감원장이 요청시 제출하여야 한다.

3. 경영공시

금융투자업자는 상장법인의 공시의무 사항 발생, 부실채권 또는 특별손실의 발생, 임직원이 형사처벌 받을 경우 등에는 금융위에 보고하고 인터넷 홈페이지에 공시하여야 한다.

제8절 영업행위규칙

1. 공통영업행위

1) 신의성실의무

금융투자업자는 신의성실의 원칙에 따라 공정하게 금융투자업을 영위하여야 하고, 금융투자업을 영위함에 있어서 정당한 사유 없이 투자자의 이익을 해하면서 자기가 이익을 얻거나 제삼자가 이익을 얻도록 하여서는 아니 된다(동법 제37조 제1항).

2) 상호

금융투자업자가 아닌 자는 그 상호 중에 '금융투자'라는 문자 또는 이와 같은 의미를 가지는 외국어문자로서 'financial investment'(그 한글표기문자를 포함한다)나 그와 비슷한 의미를 가지는 다른 외국어문자(그 한글표기문자를 포함한다)를 사용하여서는 아니 된다(동법 제38조).

3) 겸영제한

금융투자업자가 다른 금융업무를 겸영하고자 하는 경우 영위 예정일 7일 전까지 금융위원회에 신고하여야 한다(동법 제40조). 금융투자 업무에 부수하는 업무를 영위하고자 하는 경우에도 영위하고자 하는 날의 7일 전까지 금융위원회에 신고하여야 한다(동법 제41조 제1항).

4) 업무위탁

(1) 업무위탁과 재위탁

금융투자업자는 금융투자업, 겸영업무, 부수업무의 일부를 제3자에게 위탁할 수 있는데 본질적 업무(인가·등록과 직접 관련된 업무)는 위탁받는 자가 금융위에 인가·등록한 자이어야 하고, 핵심업무는 위탁이 금지된다. 재위탁은 원칙적으로 금지되는데, 다만 단순업무 및 외화자산 운용·보관업무는 위탁자의 동의를 받아 재위탁이 가능하다.

(2) 업무위탁 받은 자에 대한 관리감독

금융투자업자로부터 업무를 위탁받은 자는 그 위탁받은 업무와 관련하여 그 업무와 재산상황에 관하여 금감원장의 검사를 받아야 한다.

5) 이해상충의 관리

(1) 내부통제기준으로 이해상충 관리

금융투자업자는 이해상충 발생가능성을 파악하여 내부통제기준이 정하는 방법과 절차에 따라 이해상충을 관리하여야 한다.

(2) Chinese Wall(정보교류차단장치)의 설치

금융투자업자는 그 영위하는 금융투자업(고유재산 운용업무를 포함) 간에 이해상충이 발생할 가능성이 큰 경우에는 금융투자상품의 매매에 관한 정보제공, 임원 및 직원 겸직, 사무공간 또는 전산설비의 공동사용을 하여서는 아니 된다.

(3) 계열회사 등과의 정보교류 차단

금융투자업자는 금융투자업의 영위와 관련하여 계열회사, 금융투자업자가 집합투자업을 경영하는 경우에는 그 금융투자업자가 운용하는 집합투자기구의 집합투자증권을 판매하는 투자매매업자·투자중개업자(='집합투자증권 판매회사'라 한다), 금융투자업자가 자본시장법시행령 제16조제10항에 따른 외국 금융투자업자 등의 지점, 그 밖의 영업소인 경우에는 그 외국 금융투자업자등과 이해상충이 발생할 가능성이 큰 경우, 금융투자상품의 매매에 관한 정보 등 제공, 임원 및 직원 겸직, 사무공간 또는 전산설비의 공동사용을 하여서는 아니 된다.

2. 투자권유

1) 일반적 규제

(1) 적합성의 원칙 등

① 일반투자자 여부의 확인

금융투자업자는 투자자가 일반투자자인지 전문투자자인지의 여부를 확인하여야

한다.

② 고객파악의무(Know Your Customer Rule)

금융투자업자는 일반투자자에게 투자권유를 하기 전에 면담·질문 등을 통하여 일반투자자의 투자목적·재산상황 및 투자경험 등의 정보를 파악하고, 일반투자자로부터 서명(전자서명을 포함), 기명날인, 녹취, 그 밖에 대통령령으로 정하는 방법으로 확인을 받아 이를 유지·관리하여야 하며, 확인받은 내용을 투자자에게 지체 없이 제공하여야 한다.

③ 적합성 원칙(Suitability)

금융투자업자는 일반투자자에게 투자권유를 하는 경우에는 일반투자자의 투자목적·재산상황 및 투자경험 등에 비추어 그 일반투자자에게 적합하지 아니하다고 인정되는 투자권유를 하여서는 아니 된다.

(2) 적정성의 원칙

금융투자업자는 일반투자자에게 투자권유를 하지 아니하고 파생상품, 그 밖에 대통령령으로 정하는 금융투자상품(이하 '파생상품 등'이라 한다)을 판매하려는 경우에는 면담·질문 등을 통하여 그 일반투자자의 투자목적·재산상황 및 투자경험 등의 정보를 파악하여야 한다. 금융투자업자는 일반투자자의 투자목적·재산상황 및 투자경험 등에 비추어 해당 파생상품 등이 그 일반투자자에게 적정하지 아니하다고 판단되는 경우에는 대통령령으로 정하는 바에 따라 그 사실을 알리고, 일반투자자로부터 서명, 기명날인, 녹취, 그 밖에 대통령령으로 정하는 방법으로 확인을 받아야 한다.

(3) 설명의무

금융투자업자는 일반투자자를 상대로 투자권유를 하는 경우에는 금융투자상품의 내용, 투자에 따르는 위험, 그 밖에 대통령령으로 정하는 사항을 일반투자자가 이해할 수 있도록 설명하여야 한다. 그리고 설명한 내용을 일반투자자가 이해하였음을 서명, 기명날인, 녹취, 그 밖의 대통령령으로 정하는 방법 중 하나 이상의 방법으로 확인을 받아야 한다.

(4) 재권유의 금지

투자권유를 받은 투자자가 이를 거부하는 취지의 의사를 표시하였음에도 불구하고 투자권유를 계속하는 행위는 금지된다. 다만, 투자성 있는 보험에 대한 투자권유, 1개월 경과 후 투자권유, 다른 종류의 금융투자상품에 대한 투자권유는 예외이다.

2) 투자권유 대행인의 등록 및 금지행위

투자권유 대행인은 금융위에 등록해야 하고 다음 행위가 금지된다.

① 투자자를 대리하여 계약을 체결하는 행위

② 투자자로부터 금융투자상품에 대한 매매권한을 위탁받는 행위

③ 제3자로 하여금 투자자에게 금전을 대여하도록 중개·주선 또는 대리하는 행위

④ 투자일임재산이나 신탁재산을 각각의 투자자별 또는 신탁재산별로 운용하지 아니하고 집합하여 운용하는 것처럼 그 투자일임계약이나 신탁계약의 체결에 대한 투자권유를 하거나 투자광고를 하는 행위

⑤ 둘 이상의 금융투자업자와 투자권유 위탁계약을 체결하는 행위

⑥ 보험설계사가 소속 보험회사가 아닌 보험회사와 투자권유 위탁계약을 체결하는 행위

⑦ 그 밖에 투자자의 보호나 건전한 거래질서를 해칠 염려가 있는 행위로서 금융위원회가 정하여 고시하는 행위

⑧ 금융투자상품의 매매, 그 밖의 거래와 관련하여 투자자에게 일정한 한도를 초과하여 직접 또는 간접적인 재산상의 이익을 제공하면서 권유하는 행위

⑨ 금융투자상품의 가치에 중대한 영향을 미치는 사항을 사전에 알고 있으면서 이를 투자자에게 알리지 아니하고 당해 금융투자상품의 매수 또는 매도를 권유하는 행위

⑩ 위탁계약을 체결한 금융투자업자가 이미 발행한 주식의 매수 또는 매도를 권유하는 행위

3) 손실보전의 금지

금융투자업자는 금융투자상품의 매매, 그 밖의 거래와 관련하여 제103조제3항에 따라 손실의 보전 또는 이익의 보장을 하는 경우, 그 밖에 건전한 거래질서를 해할 우려가 없는 경우로서 정당한 사유가 있는 경우를 제외하고는 다음 각 호의 어느 하나에 해당하는 행위를 하여서는 아니 된다. 금융투자업자의 임직원이 자기의 계산으로 하는

경우에도 또한 같다.

① 투자자가 입을 손실의 전부 또는 일부를 보전하여 줄 것을 사전에 약속하는 행위

② 투자자가 입은 손실의 전부 또는 일부를 사후에 보전하여 주는 행위

③ 투자자에게 일정한 이익을 보장할 것을 사전에 약속하는 행위

④ 투자자에게 일정한 이익을 사후에 제공하는 행위

4) 약관

금융투자업자가 약관을 제정·변경시에는 사전에 금융위에 신고하고 공시하여야 한다. 단, 표준약관, 다른 금융투자업자와 동일한 내용의 약관, 전문투자자만을 대상으로 약관을 제정·변경시에는 제정·변경 후 7일 내에 금융위와 협회에 보고하여야 한다.

5) 투자광고

금융투자업자는 투자광고에 있어 준법감시인의 사전확인을 받은 후 투자광고계획 신고서와 투자광고안을 금융투자협회에 제출하여 심사를 받아야 한다.

6) 수수료

금융투자업자는 투자자로부터 받는 수수료의 부과기준 및 절차에 관한 사항을 공시하고 협회에 통보하여야 한다. 정당한 사유없이 투자자를 차별해서는 아니 된다.

7) 계약 등

(1) 계약서류 교부

투자자와 계약 체결시에는 계약서류를 지체 없이 교부하여야 하고, 다음의 경우에는 예외로 한다.

① 기본계약 체결 후 계속적 반복적 거래시

② 투자자가 거부의사를 서면으로 표시한 경우

③ 투자자의 서면의사 표시에 따라 우편이나 전자우편으로 제공하는 경우

(2) 계약해제(Cooling Off 제도)

투자자가 투자자문계약 체결시에는 계약서류를 교부받은 날로부터 7일 이내에 계약을 해제할 수 있다. 금융투자업자가 미리 대가를 지급받을 때에는 투자자에게 반환하여야 한다.

(3) 기록의 유지

금융투자업자는 영업·재무관련 자료는 10년, 내부통제자료는 5년간 각각 기록·유지하여야 한다.

8) 소유증권의 예탁의무

금융투자업자(겸영업자는 제외)는 고객재산인 증권 및 원화 CD, 어음(기업어음증권 제외) 등을 예탁결제원에 예탁하여야 한다. 단, 해당 증권이 투자계약증권인 경우, 상법상 합자회사·유한책임회사·합자조합·익명조합의 출자지분이 표시된 것인 경우(집합투자증권은 제외), 만기가 3일 이내에 도래하는 어음인 경우는 제외된다.

9) 금융투자업의 폐지공고

금융투자업자가 금융투자업을 폐지하거나 지점·영업소의 영업을 폐지하는 경우에는 폐지 30일 전에 일간신문에 공고하여야 하며, 알고 있는 채권자에게는 각각 통지하여야 한다.

10) 임직원 매매

금융투자업자의 임직원은 자기계산으로 특정 금융투자상품을 매매하는 경우 자기의 명의로 1개 투자중개업자를 통하여 매매하여야 하고, 매매명세를 분기별(주요종사자는 월별)로 소속회사에 통지하여야 한다.

11) 손해배상책임

금융투자업자가 법규위반, 업무소홀로 투자자에게 손해발생시에는 손해배상책임이 있다.

12) 투자광고

금융투자업자는 투자광고에 있어 준법감시인의 사전확인을 받은 후 투자광고계획 신고서와 투자광고안을 금융투자협회에 제출하여 심사를 받아야 한다.

제9절   투자매매업자, 투자중개업자의 영업행위 관련 규제

자본시장법은 금융투자업자에 대한 공통의 영업행위규칙 외에 각 업자별로 영업 행위규칙을 추가로 규정하고 있다.

1. 매매 또는 중개업무 관련 규제

1) 매매형태의 명시

투자매매업자 또는 투자중개업자는 투자자로부터 청약 또는 주문을 받는 경우 사전에 자기가 투자매매업자인지 투자중개업자인지를 밝혀야 한다(자본시장법 제66조).

2) 자기계약의 금지

투자매매업자 또는 투자중개업자는 금융투자상품에 관한 같은 매매에 있어 자신이 본인임과 동시에 상대방의 중재자가 될 수 없다(동법 제67조). 단, 다음의 경우에는 자기계약이 허용된다.

① 투자매매업자 또는 투자중개업자가 증권시장 또는 파생상품시장을 통하여 매매가 이루어지도록 한 경우

② 투자매매업자 또는 투자중개업자(영 제7조제4항제3호 각 목의 어느 하나에 해당하는 자를 거래상대방 또는 각 당사자로 하는 환매조건부매매의 수요·공급을 조성하는 자로 한정한다)가 기관간조건부매매를 중개·주선 또는 대리하면서 시장조성을 위하여 기관간조건부매매를 하는 경우

③ 투자매매업자 또는 투자중개업자가 둘 이상의 금융투자업자(주권상장법인과 계열회사의 관계에 있지 아니한 투자매매업자 또는 투자중개업자를 말한다)를 통하여

신주인수권증서의 매매 또는 그 중개·주선이나 대리업무가 이루어지도록 하는 방법으로 신주인수권증서를 매매하는 경우

3) 최선집행의 의무

투자매매업자 또는 투자중개업자는 금융투자상품의 매매에 관한 투자자의 청약 또는 주문을 처리하기 위하여 대통령령으로 정하는 바에 따라 최선의 거래조건으로 집행하기 위한 기준('최선집행기준')을 마련하고 이를 공표하여야 한다. 대상은 증권시장에 상장된 주권이다. 최선집행기준은 3개월마다 내용을 점검하고, ① 금융투자상품의 가격, ② 투자자가 매매체결과 관련하여 부담하는 수수료 및 그 밖의 비용, ③ 그 밖에 청약 또는 주문의 규모 및 매매체결의 가능성 등이 포함되도록 하여야 하며, 투자매매업자 또는 투자중개업자의 본점과 지점, 그 밖의 영업소에 게시하거나 비치하거나 인터넷 홈페이지를 이용하여 공시하여야 한다.

4) 임의매매의 금지

투자매매업자 또는 투자중개업자는 금융투자상품의 임의매매가 금지되며(동법 제70조), 위반시 5년 이하의 징역 혹은 2억 원 이하의 벌금에 처할 수 있다(동법 제444조 제7호).

2. 불건전 영업행위의 금지

1) 선행매매(先行賣買, front-running)의 금지

투자중개업자 또는 투자매매업자는 투자자로부터 가격에 중대한 영향을 줄 수 있는 매수 또는 매도의 청약이나 주문을 받게 될 가능성이 큰 경우에, 고객의 주문계약을 체결하기 전에 자기의 계산으로 매수 또는 매도하거나 제3자에게 매수 또는 매도를 권유하는 행위(front-running)가 금지된다(동법 제71조 제1호).

2) 조사분석자료 공표 후 24시간 내 매매(scalping)의 금지

투자매매업자 또는 투자중개업자는 특정금융상품의 조사분석자료의 내용이 사실상

확정된 때부터 공표 후 24시간이 경과하기 전까지 특정금융상품을 자기계산으로 매매 (scalping)할 수 없다(동법 제71조 제2호).[4]

3) 투자권유대행인 및 투자권유자문인력 이외의 자의 투자권유의 금지

투자매매업자 또는 투자중개업자는 투자권유대행인 및 투자권유자문인력이 아닌 자에게 투자권유를 하게 하는 행위가 금지된다(동법 제71조 제5호).

4) 일임매매의 제한

투자자로부터 금융투자상품에 대한 투자판단의 전부 또는 일부를 일임받아 투자자별로 구분하여 금융투자상품을 취득·처분, 그 밖의 방법으로 운용하는 행위는 제한된다(동법 제71조 제5호). 다만, 다음의 경우에는 일임매매 제한의 대상이 아니다(동법 시행령 제 제7조 제2항).

① 투자일임업의 한 형태로서 일임매매를 하는 경우

② 투자자가 금융투자상품의 매매거래일(하루에 한정한다)과 그 매매거래일의 총매매수량이나 총매매금액을 지정한 경우로서 투자자로부터 그 지정 범위에서 금융투자상품의 수량·가격 및 시기에 대한 투자판단을 일임받은 경우

③ 투자자가 여행·질병 등으로 일시적으로 부재하는 중에 금융투자상품의 가격 폭락 등 불가피한 사유가 있는 경우로서 투자자로부터 약관 등에 따라 미리 금융투자상품의 매도 권한을 일임받은 경우

④ 투자자가 금융투자상품의 매매, 그 밖의 거래에 따른 결제나 증거금의 추가 예탁 또는 법 제72조에 따른 신용공여와 관련한 담보비율 유지의무나 상환의무를 이행하지 아니한 경우로서 투자자로부터 약관 등에 따라 금융투자상품의 매도권한(파생상품인 경우에는 이미 매도한 파생상품의 매수권한을 포함한다)을 일임받은 경우

⑤ 투자자가 투자중개업자가 개설한 계좌에 금전을 입금하거나 해당 계좌에서 금전을

---

4) 자본시장법 제71조(불건전영업행위의 금지)
　1.~3. (생략)
　4. 자본시장법 제71조 제4호(주권 등의 모집·매출과 관련된 조사분석자료의 공표·제공 금지) : 투자매매업자 또는 투자중개업자는 주권 등 일정한 증권의 모집 또는 매출과 관련된 계약을 체결한 날부터 그 증권이 최초로 증권시장에 상장된 후 40일 이내에 그 증권에 대한 조사분석자료를 공표하거나 특정인에게 제공할 수 없다.

출금하는 경우에는 따로 의사표시가 없어도 자동으로 법 제229조제5호에 따른 단기금융집합투자기구('단기금융집합투자기구')의 집합투자증권 등을 매수 또는 매도하거나 증권을 환매를 조건으로 매수 또는 매도하기로 하는 약정을 미리 해당 투자중개업자와 체결한 경우로서 투자자로부터 그 약정에 따라 해당 집합투자증권 등을 매수 또는 매도하는 권한을 일임받거나 증권을 환매를 조건으로 매수 또는 매도하는 권한을 일임받은 경우

5) 매매내역 통지 등

투자매매업자 또는 투자중개업자는 월간 매매, 그 밖의 거래가 있는 계좌에 대하여 월간 매매내역, 손익내역, 월말잔액, 잔량현황, 월말 현재 파생상품의 미결제약정현황, 예탁재산잔고, 위탁증거금 필요액 현황 등(이하 '월간 매매내역 등'이라 한다)을 다음 달 20일까지, 반기동안 매매, 그 밖의 거래가 없는 계좌에 대하여는 반기말 잔액, 잔량현황을 그 반기 종료 후 20일까지 서면 교부, 전화, 전신 또는 모사전송, 전자우편, 그 밖에 이와 비슷한 전자통신 등으로 투자자에게 통지하여야 한다. 단, 다음의 경우에는 통지한 것으로 본다.

① 통지한 월간 매매내역 등 또는 반기말 잔액, 잔량 현황이 3회 이상 반송된 투자자 계좌에 대하여 투자자의 요구시 즉시 통지할 수 있도록 지점, 그 밖의 영업소에 이를 비치한 경우

② 반기동안 매매, 그 밖의 거래가 없는 계좌의 반기말 현재 예탁재산 평가액이 금융감독원장이 정하는 금액을 초과하지 않는 경우에 그 계좌에 대하여 투자자 요구시 즉시 통지할 수 있도록 지점, 그 밖의 영업소에 반기말 잔액, 잔량현황을 비치한 경우

③ 매매내역을 투자자가 수시로 확인할 수 있도록 통장 등으로 거래하는 경우

3. 신용공여 등

신용공여는 투자매매업자 또는 투자중개업자가 증권과 관련하여 청약자금대출, 신용거래융자, 신용공여대주, 예탁증권담보융자에 해당하는 방법으로 투자자에게 금전을 대

출하거나 증권을 대여하는 것을 말한다. 신용거래는 신용거래융자 또는 신용거래 대주를 받아 결제하는 거래를 말한다(동법 제72조 제1항).

1) 약정체결

투자매매업자 또는 투자중개업자가 신용공여를 하고자 하는 경우에는 투자자와 신용공여에 관한 약정을 체결하고 투자자 본인(법인투자자의 경우에는 그 대리인을 말한다)의 기명날인 또는 서명을 받거나 '전자서명법' 제18조의2에 따라 본인임을 확인하여야 한다.

2) 보증금

투자매매업자 또는 투자중개업자가 투자자로부터 신용거래를 수탁받은 때에는 신용거래계좌를 설정하여야 하며 계좌설정보증금으로 100만 원을 징구하여야 한다.

3) 신용공여의 회사별 한도

투자매매업자 또는 투자중개업자의 총 신용공여 규모는 자기자본의 범위 이내로 하되, 신용공여 종류별로 투자매매업자 또는 투자중개업자의 구체적인 한도는 금융위원회 위원장이 따로 결정할 수 있다.

4) 담보비율 등

투자매매업자 또는 투자중개업자는 투자자의 신용상태 및 종목별 거래상황 등을 고려하여 신용공여금액의 100분의 140 이상에 상당하는 담보를 징구하여야 한다. 신용거래를 수탁하고자 하는 경우에는 투자자가 주문하는 매매수량에 지정가격(지정가격이 없을 때에는 상한가를 말한다)을 곱하여 산출한 금액에 투자자의 신용상태 및 종목별 거래상황 등을 고려하여 정한 비율(100분의 40 이상)에 상당하는 금액을 보증금으로 징수하여야 한다. 이 경우 보증금은 대용증권으로 대신할 수 있다. 담보유지비율에 미달하는 때에는 지체 없이 투자자에게 추가담보의 납부를 요구하여야 한다. 다만, 투자자와 사전에 합의한 경우에는 담보의 추가납부를 요구하지 아니하고 투자자의 계좌에 담보로 제공하지 아니한 현금 또는 증권을 추가담보로 징구할 수 있다.

5) 담보가격의 평가

담보로 제공된 증권의 평가는 다음과 같이 하며 기타의 것은 협회가 정한다

① 청약하여 취득하는 주식 : 취득가액. 다만, 당해 주식이 증권시장에 상장된 후에는 당일 종가(당일 종가에 따른 평가가 불가능한 경우에는 최근일 기준가격)로 한다.

② 상장주권(주권과 관련된 증권예탁증권을 포함한다) 또는 상장지수집합투자기구의 집합투자증권 : 당일 종가(당일 종가에 따른 평가가 불가능한 경우에는 최근일 기준가격)로 한다. 다만, '채무자 회생 및 파산에 관한 법률'에 따른 회생절차개시신청을 이유로 거래 정지된 경우에는 투자매매업자 또는 투자중개업자가 자체적으로 평가한 가격으로 한다.

③ 상장채권 및 공모파생결합증권(주가연계증권에 한한다)

　　㉠ 2 이상의 채권평가회사가 제공하는 가격정보를 기초로 투자매매업자 또는 투자중개업자가 산정한 가격

　　㉡ 집합투자증권(상장지수집합투자증권을 제외한다) : 당일에 고시된 기준가격(당일에 고시된 기준가격에 따른 평가가 불가능한 경우에는 최근일에 고시된 기준가격을 말한다.)

6) 별도합의시의 적용배제

당일종가 또는 최근일 기준가격에 따른 평가를 적용하지 않기로 투자자와 합의한 경우에는 당해 합의에 따라 담보증권을 평가할 수 있다.

7) 임의상환

투자매매업자 또는 투자중개업자는 다음 어느 하나에 해당하는 경우 그 다음 영업일에 투자자계좌에 예탁된 현금을 투자자의 채무 변제에 우선 충당하고, 담보증권, 그 밖의 증권의 순서로 필요한 수량만큼 임의처분하여 투자자의 채무변제에 충당할 수 있다. 다만, 투자매매업자 또는 투자중개업자와 투자자가 사전에 합의한 경우에는 상환기일에도 투자자계좌에 예탁되어 있는 현금으로 채무변제에 충당할 수 있다.

① 투자자가 신용공여에 따른 채무의 상환요구를 받고 상환기일 이내에 상환하지 아니하였을 때

② 투자자가 담보의 추가납부를 요구받고 투자매매업자 또는 투자중개업자가 정한 납입기일까지 담보를 추가로 납입하지 않았을 때

③ 투자자가 신용공여와 관련한 이자, 매매수수료 및 제세금 등의 납부요구를 받고 투자매매업자 또는 투자중개업자가 정한 납입기일까지 이를 납입하지 아니하였을 때

투자매매업자 또는 투자중개업자는 담보유지비율 충족에도 불구하고 투자자와 사전에 합의하고 시세의 급격한 변동 등으로 인하여 채권회수가 현저히 위험하다고 판단되는 경우에는 투자자에 대하여 담보의 추가납부를 요구하지 아니하거나 추가로 담보를 징구하지 아니하고 필요한 수량의 담보증권, 그 밖에 예탁한 증권을 임의로 처분할 수 있다. 이 경우 투자매매업자 또는 투자중개업자는 처분내역을 지체 없이 투자자에게 내용증명우편, 통화내용 녹취 또는 투자자와 사전에 합의한 방법 등 그 통지사실이 입증될 수 있는 방법에 따라 통지하여야 한다. 임의상환 등에 따른 처분대금은 처분제비용, 연체이자, 이자, 채무원금의 순서로 충당한다.

8) 신용거래 등의 제한

투자자계좌의 순재산액이 100만원에 미달하는 투자자는 신규로 신용거래를 하지 못한다.

9) 신용공여 한도 및 보고 등

투자자별 신용공여한도, 신용공여 기간, 신용공여의 이자율 및 연체이자율 등은 신용공여 방법별로 투자매매업자 또는 투자중개업자가 정한다. 신용공여의 이자율 및 연체이자율, 최저 담보유지비율 등을 정하거나 변경한 경우에는 지체 없이 금융감독원장에게 이를 보고하여야 한다.

10) 신용공여 관련 조치 등

금융위원회는 신용공여 상황의 급격한 변동, 투자자 보호 또는 건전한 거래질서유지를 위하여 필요한 경우에는 다음의 조치를 취할 수 있다.

① 투자매매업자 또는 투자중개업자별 총 신용공여 한도의 변경

② 신용공여의 방법별 또는 신용거래의 종목별 한도의 설정

③ 신용공여시 투자매매업자 또는 투자중개업자가 징구할 수 있는 담보의 제한

④ 신용거래의 중지 또는 매입증권의 종목제한

4. 투자자 재산보호를 위한 규제

1) 투자자예탁금의 별도예치

(1) 투자자예탁금의 증권금융회사 예치

투자매매업자 또는 투자중개업자는 투자자예탁금을 고유재산과 구분하여 증권금융회사에 예치 또는 신탁하여야 한다(동법 제74조 제1항).

(2) 상계 또는 압류금지

투자자예탁금은 상계·압류하지 못하며 투자자예탁금을 예치 또는 신탁한 투자매매업자 또는 투자중개업자는 시행령으로 정하는 외에는 예치기관의 투자자예탁금을 양도나 담보로 제공하지 못한다(동법 제74조 제4항).

(3) 투자자예탁금의 운용

투자자예탁금은 국채증권 혹은 지방채증권의 매수, 정부·지방자치단체·시행령이 정하는 금융기관이 보증하는 채무증권의 매수, 증권 또는 원화표시 CD매수, 체신관서 예치, 특수채증건 매수 등에 운용하여야 한다(동법 제74조 제7항, 시행령 제74조 제1항).

2) 예탁의무

투자매매업자 또는 투자중개업자가 투자자증권 등을 예탁받는 경우에는 법 제75조제1항에 따라 그 증권 등을 지체 없이 예탁결제원에 예탁하여야 한다. 다만, 불가피한 사유로 투자자 예탁증권 등을 직접 보관하는 경우에는 물리적으로 안전한 장소에 회사의 증권 등과 구분하여 보관하고 이에 관한 적절한 보관, 관리 절차와 대책을 서면으로 마련하여 시행하여야 한다.

금융투자업자는 협회가 정하는 투자자예탁금이용료 산정기준 및 지급절차에 따라 투

자자에게 투자자예탁금의 이용대가를 지급하여야 한다.

제10절 집합투자업자의 영업행위규칙

1. 선량한 관리자의 주의의무 및 충실의무

자본시장법은 금융투자업자에 대하여 신의성실의 원칙을 요구하면서도(동법 제37조 제1항), 각 업종별에 따라서는 별도로 선관의무 및 충실의무를 부여하고 있다. 즉, 집합투자업자는 투자자에 대하여 선량한 관리자의 주의로써 집합투자재산을 운용하여야 하고, 투자자의 이익을 보호하기 위하여 해당 업무를 충실하게 수행하여야 한다(동법 제79조 제1항, 제2항).

2. 자산운용의 제한

1) 자산운용의 지시 및 실행

투자신탁의 집합투자업자는 투자신탁재산을 운용함에 있어서 그 투자신탁재산을 보관·관리하는 신탁업자에 대하여 투자신탁재산별로 투자대상자산의 취득·처분 등에 관하여 필요한 지시를 하여야 하며, 그 신탁업자는 집합투자업자의 지시에 따라 투자대상자산의 취득·처분 등을 하여야 한다.

2) 집합투자업자의 자산운용 제한

(1) 동일종목 투자의 제한

① 동일종목 한도 10% : 집합투자업자는 각 집합투자기구 자산총액의 10%까지만 동일종목 증권 투자가 가능하다. 동일종목 증권의 대상에는 원화CD, 기업어음증권 외의 어음, 대출채권, 예금 및 채권, 사업수익권도 포함된다. 단, 집합투자증권 및 외국 집합투자증권은 한도제한에서 제외된다.

② 동일종목 한도 100% : 집합투자업자는 국채, 통화안정증권, 정부보증채, 부동산 개

발회사 발행증권(부동산펀드), 또는 금융기관이 보증한 주택저당채권담보부채권 및 주택저당채권(부동산펀드)에 각 집합투자기구 자산총액의 100%까지만 동일 종목에 대해 증권투자가 가능하다.

(2) 동일 지분증권 투자의 제한

① 동일 지분증권 한도 20% : 집합투자업자는 전체집합투자기구에서 동일법인 등이 발행한 지분증권 총수의 20%까지만 투자가 가능하다.

② 동일 지분증권 한도 10% : 집합투자업자는 각 집합투자기구에서 동일법인 등이 발행한 지분증권 총수의 10%까지만 투자가 가능하다.

③ 동일 지분증권 한도 100% : 집합투자업자는 부동산개발회사 발행지분증권(부동산펀드), 부동산투자목적회사 발행 지분증권(부동산펀드), 사회기반시설사업의 시행을 목적으로 하는 법인이 발행한 주식(특별자산펀드), 위 사회기반시설사업 시행목적법인 관련 주식·채권·대출채권 투자를 목적으로 하는 법인(SOC펀드 제외)의 지분증권(특별자산펀드)에는 전체집합투자기구 자산총액의 100%까지, 각 집합투자기구 자산총액의 100%까지 각각 투자가 가능하다.

(3) 파생상품 투자의 제한

① 장외파생상품거래시의 적격요건 : 집합투자업자는 집합투자재산을 운용함에 있어 적격요건을 갖춘 자와만 장외파생상품을 거래할 수 있다.

　㉠ 신용평가회사에 의하여 투자적격 등급 이상으로 평가받은 경우

　㉡ 신용평가회사에 의하여 투자적격 등급 이상으로 평가받은 보증인을 둔 경우

　㉢ 담보물을 제공한 경우

② 파생상품 위험평가액이 펀드순자산의 100%까지만 가능

파생상품의 매매에 따른 위험평가액은 펀드 순자산(=자산-부채)의 100%를 초과하지 못한다.

③ 파생상품 위험평가액이 펀드순자산의 400%까지만 가능

전문사모펀드의 경우에는 파생상품의 매매에 따른 위험평가액이 펀드 순자산(=자산-부채)의 400%를 초과하지 못한다.

④ 파생상품 위험평가액이 펀드순자산의 10%까지만 가능

    ⊙ 파생상품의 매매와 관련하여 기초자산중 동일법인 등이 발행한 증권의 가격변동으로 인한 위험평가액은 각 펀드 자산총액의 10%를 초과하지 못한다.

    ⓛ 같은 거래상대방과의 장외파생상품 매매에 따른 거래상대방 위험평가액이 각 펀드 자산총액의 10%를 초과하지 못한다.

⑤ 파생상품에 주로 투자하는 펀드에 대한 규제

    ⊙ 파생상품 위험평가액이 자산총액의 10%를 초과하여 파생상품에 투자할 수 있는 펀드 : 위험지표를 인터넷홈페이지에 공시하고 투자설명서에 위험지표 개요를 기재하여야 한다.

    ⓛ 장외파생상품 위험평가액이 자산총액의 10%를 초과하여 장외파생상품에 투자할 수 있는 펀드 : 위험관리방법을 작성하여 신탁업자 확인을 받아 금융위에 신고하여야 한다.

(4) 부동산투자제한 : 취득 후 처분기간을 제한

① 국내 주택 : 취득 후 3년 이내 처분 제한

② 국내 주택 외 : 취득 후 1년 이내 처분제한

③ 국외부동산 : 펀드규약으로 제정

(5) 집합투자증권 투자의 제한

① 각 펀드 자산총액의 50% 초과금지

    각 펀드자산총액의 50%를 초과하여 동일 집합투자업자가 운용하는 집합투자증권에 투자하는 행위는 금지된다. 단, 다음의 경우는 100%까지 가능하다.

    ⊙ 펀드자산총액의 40%를 초과하여 다른 집합투자증권에 투자할 수 있는 펀드(재간접펀드)가 다음의 집합투자증권에 투자하는 경우

        - 외화자산에 70% 이상 투자하는 집합투자기구의 집합투자증권

        - 추가분산요건(30종목 이상 등) 등을 갖춘 ETF(Exchange Traded Funds : 상장지수펀드)

        - 외화자산에 90% 이상 운용하는 것으로 둘 이상의 다른 집합투자업자에게 운용을 위탁하는 집합투자기구의 집합투자증권

    ⓛ 변액보험 특별계정

② 집합투자기구 자산총액의 20% 초과 금지 : 각 펀드자산총액의 20%를 초과하여 동일 집합투자증권에 투자하는 행위는 금지된다.

    ㉠ 100%까지 투자가능한 경우
        - 추가분산요건(30종목 이상 등) 등을 갖춘 ETF
        - 변액보험 특별계정

    ㉡ 30%까지 투자 가능한 경우 : 추가분산요건을 갖추지 못한 일반 ETF

③ 자산총액의 40%를 초과하여 다른 집합투자증권에 투자할 수 있는 펀드(재간접펀드)의 집합투자증권에 투자하는 행위

④ 사모펀드의 집합투자증권에 투자하는 행위

⑤ 투자하는 날 기준으로 각 펀드재산으로 동일 집합투자증권 발행총수의 20%를 초과하여 투자하는 행위. 단, 변액보험특별계정은 예외이다.

⑥ 당해 집합투자증권 및 당해 펀드가 투자하는 집합투자증권의 판매수수료·보수 합계가 일정기준(판매수수료 2%, 판매보수 1%)을 초과하여 투자하는 행위는 금지된다(단 변액보험 특별계정은 예외).

(6) 기타 제한

① RP매도한도 : RP매도한도는 펀드재산인 증권총액의 50% 이내로 제한된다.

② 증권대여 : 증권대여는 펀드재산인 증권의 50% 이내로 제한된다.

③ 증권차입 : 증권차입은 펀드자산총액의 20% 이내로 제한된다.

(7) 가격변동에 의한 한도초과

자산의 가격변동 등으로 불가피하게 투자한도를 초과하게 되는 경우 3개월간 한도에 적합한 것으로 간주된다.

(8) 펀드자산 총액기준 투자제한의 유예

펀드자산 총액을 기준으로 하는 투자제한은 펀드 설정·설립 후 1개월간은 적용하지 않는다.

(9) 특례

① 파생상품 매매관련 위험액에 관한 특례 : 집합투자업자는 파생상품 매매에 따른 위

험평가액이 펀드 자산총액의 10%를 초과하여 투자할 수 있는 펀드의 집합투자재산을 파생상품에 운용하는 경우에는 계약금액과 위험에 관한 지표를 인터넷홈페이지 등으로 공시해야 한다.

② 장외파생상품 운용에 따른 위험관리 : 장외파생상품매매에 따른 위험평가액이 10%를 초과하여 투자할 수 있는 펀드의 집합투자재산을 장외파생상품에 운용하는 경우에는 위험관리방법을 작성하여 신탁업자의 확인을 받아 금융위에 신고하여야 한다.

③ 부동산 운용특례

ㄱ 차입 : 집합투자업자는 집합투자재산으로 부동산을 취득하는 경우에는 금융 기관 등에게 담보로 제공하는 방법으로 금전을 차입할 수 있다. 부동산펀드의 경우 부동산가액의 20%, 부동산펀드가 아닌 펀드의 경우는 부동산가액의 70%까지 가능하다.

ㄴ 대여 : 집합투자업자는 집합투자재산으로 부동산개발사업을 영위하는 법인(부동산신탁업자, 부동산투자회사 등)에 대하여 순자산가액의 100%까지 대여가 가능하다.

3) 자기집합투자증권의 취득 제한

펀드의 계산으로 그 펀드의 집합투자증권을 취득하거나 질권의 목적으로 받을 수 없다. 단, 권리행사(1월내 처분) 및 매수청구권행사는 예외이다.

4) 금전차입, 대여 등의 제한

① 집합투자업자는 펀드재산을 운용함에 있어 펀드의 계산으로 금전을 차입하지 못한다(단, 대량환매청구의 발생, 대량매수청구 발생시는 예외이다). 차입한도는 차입 당시 집합투자재산총액의 10%를 초과하지 못한다.

② 집합투자업자는 펀드재산으로 금전을 대여하지 못한다. 다만 아래 금융기관에 대한 30일 이내의 단기대출은 대여가 가능하다.
- '은행법'에 따른 은행
- '한국산업은행법'에 따른 한국산업은행

- '중소기업은행법'에 따른 중소기업은행

- '한국수출입은행법'에 따른 한국수출입은행

- '농업협동조합법'에 따른 농업협동조합중앙회 및 농협은행

- '수산업협동조합법'에 따른 수산업협동조합중앙회

- '보험업법'에 따른 보험회사

- 증권금융회사

- 종합금융회사

- 자본시장법 제355조제1항에 따라 인가를 받은 자금중개회사

- '여신전문금융업법'에 따른 여신전문금융회사

- '상호저축은행법'에 따른 상호저축은행 및 그 중앙회

- '새마을금고법'에 따른 새마을금고연합회

- '신용협동조합법'에 따른 신용협동조합중앙회

- 제1호부터 제17호까지의 기관에 준하는 외국 금융기관

- '금융회사부실자산 등의 효율적 처리 및 한국자산관리공사의 설립에 관한 법률'에 따른 한국자산관리공사

③ 집합투자재산으로 해당 펀드 이외의 자를 위한 채무보증과 담보제공은 하지 못한다. 다만 펀드자신을 위한 채무보증 및 담보제공은 가능하다.

④ 특례

ㄱ 금전차입 특례 : 펀드재산으로 부동산을 취득하는 경우에는 펀드의 계산으로 금전차입이 예외적으로 허용된다.

- 차입 상대방 : 금융기관, 보험회사, 기금, 다른 부동산펀드

- 차입 한도 : 부동산펀드는 순자산의 200%, 기타 펀드는 부동산가액의 70%

- 차입금 사용한도 : 부동산에 운용하는 방법으로 사용하여야 한다.

ㄴ 금전대여 특례 : 다음의 경우에는 금전대여가 예외적으로 허용된다.

- 대여상대방 : 부동산개발사업법인, 부동산신탁업자, 부동산투자회사 또는 다른 부동산펀드

- 대여한도 : 펀드 순자산총액의 100%

- 대여방법 : 부동산담보권설정, 시공사지급보증 등 대여금 회수를 위한 적절한 수단 확보

5) 이해관계인과의 거래 제한

집합투자업자는 집합투자재산을 운용함에 있어서 이해관계인[5]과 거래행위를 하여서는 아니 된다. 다만, 다음의 어느 하나에 해당하는 거래의 경우에는 이를 할 수 있다 (동법 제84조).

① 이해관계인이 되기 6개월 이전에 체결한 계약에 따른 거래
② 증권시장 등 불특정다수인이 참여하는 공개시장을 통한 거래
③ 일반적인 거래조건에 비추어 집합투자기구에 유리한 거래

6) 계열사 발행 증권 취득제한

(1) 대상증권

집합투자업자는 집합투자재산을 운용함에 있어서 대통령령으로 정하는 한도를 초과하여 그 집합투자업자의 계열회사가 발행한 증권을 취득하여서는 아니 된다. 대상은 증권, 지분증권 관련 증권예탁증권, 원화CD, CP가 아닌 어음, 대출채권이다. 다만, 투자신탁수익증권, 집합투자증권, 파생결합증권, 금전신탁수익증권은 대상에서 제외된다.

(2) 지분증권 취득한도 : 계열회사 증권의 취득한도

① 집합투자업자가 운용하는 전체 펀드의 펀드재산으로 계열회사가 발행한 지분증권 (그 지분증권과 관련된 증권예탁증권을 포함)을 취득하는 경우에 계열회사가 발행한 전체 지분증권에 대한 취득금액은 집합투자업자가 운용하는 전체 펀드 자산 총액 중 지분증권에 투자 가능한 금액의 100분의 10과 집합투자업자가 운용하는 각 펀드 자산총액의 100분의 50까지이다. 다만, 다음의 어느 하나에 해당하는 경우는 제외한다.

---

5) 이해관계인의 범위 :
- 집합투자업자의 임직원과 그 배우자
- 집합투자업자의 대주주와 그 배우자
- 집합투자업자의 계열회사, 계열회사의 임직원과 그 배우자
- 집합투자업자가 운용하는 전체 집합투자기구의 집합투자증권을 100분의 30 이상 판매·위탁판매한 투자매매업자 또는 투자중개업자(이하 '관계 투자매매업자·투자중개업자'라 한다.)
- 집합투자업자가 운용하는 전체 집합투자기구의 집합투자재산('국가재정법' 제81조에 따라 여유자금을 통합하여 운용하는 집합투자기구의 집합투자재산은 제외한다)의 100분의 30 이상을 보관·관리하고 있는 신탁업자
- 집합투자업자가 법인이사인 투자회사의 감독이사

㉠ 계열회사가 발행한 전체 지분증권의 시가총액비중의 합이 집합투자업자가 운용하는 전체 펀드 자산총액 중 지분증권에 투자 가능한 금액의 100분의 10을 초과하는 경우로서 그 계열회사가 발행한 전체 지분증권을 그 시가총액 비중까지 취득하는 경우

㉡ 다수 종목의 가격수준을 종합적으로 표시하는 지수 중 금융위원회가 정하여 고시하는 지수의 변화에 연동하여 운용하는 것을 목표로 하는 펀드의 집합 투자재산으로 그 계열회사가 발행한 전체 지분증권을 해당지수에서 차지하는 비중까지 취득하는 경우

② 각 집합투자업자가 운용하는 전체 펀드의 집합투자재산으로 계열회사가 발행한 증권(법 제84조제4항에 따른 증권 중 지분증권을 제외한 증권을 말한다)에 투자하는 경우에는 계열회사 전체가 그 집합투자업자에 대하여 출자한 비율에 해당하는 금액. 이 경우 계열회사 전체가 그 집합투자업자에 대하여 출자한 비율에 해당하는 금액은 계열회사 전체가 소유하는 그 집합투자업자의 의결권 있는 주식수를 그 집합투자업자의 의결권 있는 발행주식 총수로 나눈 비율에 그 집합투자업자의 자기자본(자기자본이 자본금 이하인 경우에는 자본금을 말한다)을 곱한 금액으로 한다.

7) 불건전 영업행위의 금지

집합투자업자는 다음의 어느 하나에 해당하는 행위를 하여서는 아니 된다.

① 집합투자재산을 운용함에 있어서 금융투자상품, 그 밖의 투자대상자산의 가격에 중대한 영향을 미칠 수 있는 매수 또는 매도 의사를 결정한 후 이를 실행하기 전에 그 금융투자상품, 그 밖의 투자대상자산을 집합투자업자 자기의 계산으로 매수 또는 매도하거나 제삼자에게 매수 또는 매도를 권유하는 행위

② 자기 또는 대통령령으로 정하는 관계인수인(이하 이 절에서 '관계인수인'이라 한다)이 인수한 증권을 집합투자재산으로 매수하는 행위

③ 자기 또는 관계인수인이 대통령령으로 정하는 인수업무를 담당한 법인의 특정증권 등에 대하여 인위적인 시세를 형성하기 위하여 집합투자재산으로 그 특정증권 등을 매매하는 행위

④ 특정 집합투자기구의 이익을 해하면서 자기 또는 제삼자의 이익을 도모하는 행위

⑤ 특정 집합투자재산을 집합투자업자의 고유재산 또는 그 집합투자업자가 운용하는 다른 집합투자재산, 투자일임재산 또는 신탁재산과 거래하는 행위

⑥ 제삼자와의 계약 또는 담합 등에 의하여 집합투자재산으로 특정 자산에 교차하여 투자하는 행위

⑦ 투자운용인력이 아닌 자에게 집합투자재산을 운용하게 하는 행위 등

8) 성과보수의 제한

(1) 성과보수의 금지

집합투자업자는 펀드의 운용실적에 연동하여 미리 정하여진 산정방식에 따른 보수('성과보수')를 받아서는 아니 된다.

(2) 성과보수의 허용

다음의 경우는 성과보수가 허용된다.

① 사모펀드인 경우

② 공모펀드의 경우에는 원칙적으로 성과보수가 금지되나 다음의 요건을 모두 갖추면 허용된다.

    ㉠ 성과보수가 금융위원회가 정하여 고시하는 요건을 갖춘 기준지표('기준지표')에 연동하여 산정될 것

    ㉡ 펀드의 운용성과가 기준지표의 성과보다 낮은 경우에는 성과보수를 적용하지 아니하는 경우보다 적은 운용보수를 받게 되는 보수체계를 갖출 것

    ㉢ 펀드의 운용성과가 기준지표의 성과를 초과하더라도 해당 운용성과가 부(負)의 수익률을 나타내거나 일정 성과가 금융위원회가 정하여 고시하는 기준에 미달하는 경우에는 성과보수를 받지 아니하도록 할 것

    ㉣ 금융위원회가 정하여 고시하는 최소투자금액(법인, 단체는 10억 원 이상, 개인은 5억 원 이상)을 투자한 투자자로만 구성될 것

    ㉤ 최소 존속기간이 1년 이상으로서 법 제230조에 따른 환매금지형펀드로 설정·설립하되, 집합투자증권을 추가로 발행하지 아니할 것

9) 의결권행사 및 공시

(1) 충실의무

집합투자업자는 투자자의 이익을 보호하기 위하여 펀드재산에 속하는 주식의 의결권을 충실하게 행사하여야 한다.

(2) 중립투표(shadow voting)

집합투자업자는 다음의 경우 중립투표를 하여야 한다.

① 다음에 해당하는 자가 주식발행인을 계열회사로 편입하기 위한 경우

  ㉠ 집합투자업자, 그 특수관계인 및 공동보유자

  ㉡ 관계 투자매매업자 · 투자중개업자 및 그 계열회사

  ㉢ 집합투자업자의 대주주(최대주주의 특수관계인인 주주 포함)

② 주식발행인이 집합투자업자와 다음의 관계인 경우

  ㉠ 계열회사

  ㉡ 관계 투자매매업자 · 투자중개업자 및 그 계열회사

  ㉢ 집합투자업자의 대주주(최대주주의 특수관계인인 주주 포함)

(3) 계열회사에 대한 의결권 행사의 제한

상호출자제한기업집단에 속하는 집합투자업자가 집합투자재산으로 그와 계열관계에 있는 주권상장법인이 발행한 주식을 소유하고 있는 경우 다음 요건을 모두 충족하는 방법으로만 의결권 행사가 가능하다.

① 그 주권상장법인의 특수관계인이 의결권을 행사할 수 있는 주식의 수를 합하여 그 법인의 발행주식 총수의 15%를 초과하지 아니하도록 의결권을 행사할 것

② 계열회사 주식을 동일종목 투자한도(10%)를 초과하여 취득한 주식은 그 주식을 발행한 법인의 주주총회에 참석한 주주가 소유한 주식수에서 집합투자재산인 주식수를 뺀 주식수의 결의내용에 영향을 미치지 아니하도록 의결권을 행사할 것(중립투표 shadow voting 의무)

(4) 투자한도 위반시의 의결권 제한

집합투자업자는 동일종목, 동일법인 발행증권, 계열사 발행증권 투자한도 규정을 위

반하여 취득한 주식에 대해서는 의결권을 행사할 수 없다.

(5) 의결권 교차행사의 금지

집합투자업자는 제삼자와의 계약에 의하여 의결권을 교차하여 행사하는 등 의결권 제한 규정을 면하기 위한 행위를 하여서는 아니 된다. 금융위원회는 의결권 행사 제한 규정을 위반하여 의결권 행사시 6개월 이내의 기간을 정하여 그 주식의 처분을 명할 수 있다.

(6) 금융위의 처분명령

금융위원회는 집합투자업자가 의결권행사 제한규정을 위반하여 집합투자재산에 속하는 주식의 의결권을 행사한 경우에는 6개월 이내의 기간을 정하여 그 주식의 처분을 명할 수 있다.

(7) 의결권행사 여부 등의 기록 · 유지

집합투자업자는 의결권공시대상법인6)에 대한 의결권행사 여부 및 그 내용을 기록 · 유지하여야 한다.

(8) 공시의무

집합투자업자는 펀드재산에 속하는 주권상장법인의 모든 주식의 의결권행사 내용 등을 주총 5일 전까지 공시하여야 한다.

10) 자산운용보고서

(1) 제공의무

집합투자업자는 자산운용보고서를 작성하여 신탁업자의 확인을 받아 3개월에 1회 이상 투자자에게 제공하여야 한다. 다만 다음의 경우에는 예외이다.

① 투자자가 수령거부의사를 서면, 전화 · 전신 · 팩스, 전자우편 또는 이와 비슷한 전자통신의 방법으로 표시한 경우
② MMF의 자산운용보고서를 월 1회 이상 공시하는 경우
③ 상장된 환매금지형펀드의 자산운용보고서를 3개월에 1회 이상 공시하는 경우

---

6) 의결권공시대상법인 : 각 펀드 자산총액의 5% 이상 또는 100억 원 이상을 소유하는 주식의 발행인

④ 집합투자규약에 10만 원 이하의 투자자에게 제공하지 아니한다는 내용을 정한 경우

(2) 제공의 시기 · 방법

① 집합투자업자는 판매회사 또는 예탁결제원을 통하여 기준일로부터 2개월 이내에 직접 또는 전자우편의 방법으로 교부하여야 한다. 투자자가 우편발송을 원하는 경우에는 그에 따라야 한다(전자우편 주소가 없는 경우는 운용사 · 판매사 · 협회 홈페이지 공시 및 운용사 · 판매사 본점 · 영업점 게시방법으로 가능하다).

② 자산운용보고서의 작성 · 제공비용은 집합투자업자가 부담

11) 수시공시 의무

투자운용인력 변경, 환매연기 또는 환매재개의 결정 및 사유, 부실자산이 발생한 경우 명세 및 상각률, 집합투자자 총회 결의내용 등이 있을 경우 집합투자업자, 판매회사, 협회의 인터넷 홈페이지, 전자우편, 판매회사 등의 본 · 지점 및 영업소에 게시하는 세 가지 방법 모두를 공시하여야 한다.

제11절 투자자문업자 및 투자일임업자의 영업행위규칙

1. 선량한 관리자의 주의의무 및 충실의무

투자자문업자 및 투자일임업자는 투자자에 대하여 선관의무 및 충실의무가 있다.

2. 투자자문계약 및 투자일임계약의 체결

투자자문업자 또는 투자일임업자는 일반투자자와 투자자문계약 또는 투자일임계약을 체결하고자 하는 경우에는 투자자문의 범위 및 제공방법 또는 투자일임의 범위 및 투자대상 금융투자상품 등을 기재한 서면자료를 미리 일반투자자에게 교부하여야 한다. 다만, 전문투자자에게는 적용되지 않는다.

3. 불건전 영업행위의 금지

1) 투자자문업자 및 투자일임업자 공통 금지행위

① 투자자로부터 금전·증권, 기타 재산의 보관·예탁을 받는 행위
② 투자자에게 금전·증권, 기타 재산을 대여하거나 투자자에 대한 제3자의 금전·증권 기타 재산의 대여를 중개·주선 또는 대리하는 행위
③ 투자권유자문인력 또는 투자운용인력이 아닌 자에게 투자자문업 또는 투자일임업을 수행하게 하는 행위
④ 수수료 외의 대가를 추가로 받는 행위 등

2) 투자일임업자의 금지행위

① 정당한 사유 없이 투자자의 운용방법의 변경 또는 계약의 해지 요구에 응하지 아니하는 행위
② 자기 또는 관계인수인이 인수한 증권을 투자일임재산으로 매수하는 행위
③ 자기 또는 관계인수인이 대통령령으로 정하는 인수업무를 담당한 법인의 특정증권 등에 대하여 인위적인 시세를 형성하기 위하여 투자일임재산으로 그 특정증권 등을 매매하는 행위
④ 특정 투자자의 이익을 해하면서 자기 또는 제삼자의 이익을 도모하는 행위
⑤ 투자일임재산으로 자기가 운용하는 다른 투자일임재산, 집합투자재산 또는 신탁재산과 거래하는 행위
⑥ 투자일임재산으로 투자일임업자 또는 그 이해관계인의 고유재산과 거래하는 행위
⑦ 투자자의 동의없이 투자일임재산으로 투자일임업자 또는 그 이해관계인이 발행한 증권에 투자하는 행위
⑧ 투자일임재산을 각각의 투자자별로 운용하지 아니하고 여러 투자자의 자산을 집합하여 운용하는 행위
⑨ 투자자로부터 다음의 행위를 위임받는 행위
　㉠ 투자일임재산을 예탁하는 투자매매업자·투자중개업자, 그 밖의 금융기관을 지정하거나 변경하는 행위
　㉡ 투자일임재산을 예탁하거나 인출하는 행위

ⓒ 투자일임재산에 속하는 증권의 의결권, 그 밖의 권리를 행사하는 행위

4. 투자일임보고서의 교부

투자일임업자는 투자일임보고서를 작성하여 3개월마다 1회 이상 투자일임계약을 체결한 일반투자자에게 교부하여야 한다. 투자일임업자가 투자자에게 투자일임보고서를 내주는 경우에는 투자일임보고서 작성대상 기간이 지난 후 2개월 이내에 직접 또는 우편발송 등의 방법으로 내주어야 한다. 다만, 일반투자자가 전자우편을 통하여 투자일임보고서를 받는다는 의사표시를 한 경우에는 전자우편을 통하여 보낼 수 있다.

5. 역외투자자문업자, 역외투자일임업자, 유사투자자문업

1) 역외투자자문업자 및 역외투자일임업자

① 역외투자자문업자는 외국투자자문업자가 외국에서 국내거주자를 상대로 직접 영업을 하거나 통신수단을 이용하여 투자자문업을 영위하는 자로 금융위에 등록한 자이다.
② 역외투자일임업자는 외국투자일임업자가 외국에서 국내거주자를 상대로 직접 영업을 하거나 통신수단을 이용하여 투자일임업을 영위하는 자로 금융위에 등록한 자이다.

2) 유사투자자문업

유사투자자문업은 불특정다수인을 대상으로 발행 또는 송신되고 불특정다수인이 수시로 구입 또는 수신할 수 있는 간행물·전자우편·출판물·통신물 또는 방송 등을 통하여 투자자문업자 외의 자가 일정한 대가를 받고 금융투자상품에 대한 투자판단 또는 금융투자상품의 가치에 관하여 투자조언을 하는 행위이다. 금융위에 사전신고 해야 하며 업의 폐지, 명칭 혹은 소재지 변경, 대표자 변경시에는 2주 내에 금융위에 신고하여야 한다.

제12절 신탁업자의 영업행위규칙

1. 선량한 관리자의 주의의무 및 충실의무

신탁업자는 수익자에 대하여 선량한 관리자의 주의로써 신탁재산을 운용하여야 하고 수익자의 이익을 보호하기 위하여 해당 업무를 충실하게 수행하여야 한다.

2. 신탁업무

1) 계약의 체결

신탁업자는 위탁자와 신탁계약을 체결하는 경우 신탁계약서를 지체 없이 교부하여야 한다.

2) 손실보전 및 이익보장의 금지

(1) 실적배당원칙

신탁업자는 신탁계약기간이 끝난 경우에는 손실의 보전이나 이익의 보장을 한 경우를 제외하고는 신탁재산의 운용실적에 따라 반환하여야 한다.

(2) 손실보전이나 이익보장의 금지

신탁업자는 수탁한 재산에 대하여 손실의 보전이나 이익의 보장을 하여서는 아니 된다. 다만, 연금이나 퇴직금의 지급을 목적으로 하는 신탁으로서 금융위가 정하는 신노후생활연금신탁(노후생활연금신탁을 포함), 연금신탁(신개인연금신탁 및 개인연금신탁을 포함), 퇴직일시금신탁은 허용된다.

신탁업자는 손실의 보전이나 이익의 보장을 한 신탁재산의 운용실적이 신탁계약으로 정한 것에 미달하는 경우에는 특별유보금(손실의 보전이나 이익의 보장 계약이 있는 신탁의 보전 또는 보장을 위하여 적립하는 금액을 말한다), 신탁보수, 고유재산의 순으로 충당하여야 한다.

(3) 운용제한

① 운용대상 : 신탁업자는 신탁재산에 속하는 금전을 다음 각 호의 방법으로 운용하여

야 한다.

  ㉠ 증권의 매수

  ㉡ 장내파생상품 또는 장외파생상품의 매수

  ㉢ 대통령령으로 정하는 금융기관에의 예치

  ㉣ 금전채권의 매수

  ㉤ 대출

  ㉥ 어음의 매수

  ㉦ 실물자산의 매수

  ㉧ 무체재산권의 매수

  ㉨ 부동산의 매수 또는 개발

  ㉩ 원화로 표시된 양도성 예금증서의 매수

  ㉪ 지상권, 전세권, 부동산임차권, 부동산소유권 이전등기청구권, 그 밖의 부동산 관련 권리에의 운용

  ㉫ 환매조건부매수

  ㉬ 증권의 대여 또는 차입

  ㉭ '근로자퇴직급여 보장법'에 따른 신탁계약으로 퇴직연금 적립금을 운용하는 경우에는 같은 법 시행령 제17조제1항제1호나목에 따른 보험계약의 보험금 지급 청구권에의 운용

② 차입 대상 : 원칙적으로 신탁업자는 신탁의 계산으로 자신의 고유재산으로부터 금전을 차입할 수 없다. 단, 다음의 경우는 가능하다.

  ㉠ 부동산, 지상권 등 부동산관련 권리만을 신탁받는 경우

  ㉡ 부동산개발사업을 목적으로 하는 신탁계약을 체결한 경우로서 그 신탁계약에 의한 부동산개발사업별로 사업비의 15% 이내에서 금전을 신탁받는 경우

  ㉢ 신탁계약의 일부해지 청구가 있는 경우에 신탁재산을 분할하여 처분하는 것이 곤란하고 차입금리가 공정한 경우로서 금융위가 인정한 경우

③ 특정금전신탁의 자금운용기준 : 자금을 위탁자가 지정한 방법에 따라 운용하되 신탁재산에 여유자금이 있는 경우에는 고유계정에 대한 일시적인 자금의 대여, 자금중개회사의 중개를 거치는 단기자금의 대여, 금융기관 예치의 방법으로 운용이 가능하다.

④ 부동산신탁업자의 자금 차입 : 부동산신탁업자는 부동산신탁사업을 영위함에 있어서 부동산신탁재산으로 자금을 차입하는 경우에는 해당 사업 소요자금의 70%(임대형 부동산신탁사업의 경우에는 90%) 이내에서 자금을 차입할 수 있다.

(4) 불건전 영업행위의 금지

① 신탁재산 운용에 있어 실행 전에 금융투자상품, 기타 투자대상자산을 자기의 계산으로 매수 또는 매도하거나 제3자에게 매수 또는 매도를 권유하는 행위
② 자기 또는 관계인수인이 인수한 증권을 신탁재산으로 매수하는 행위
③ 신탁재산으로 그 신탁업자가 운용하는 다른 신탁재산, 집합투자재산 또는 투자일임재산과 거래하는 행위
④ 신탁재산으로 신탁업자 또는 그 이해관계인의 고유재산과 거래하는 행위
⑤ 특정 신탁재산의 이익을 해하면서 자기 또는 제3자의 이익을 도모하는 행위 등

제13절 발행시장의 공시제도

발행시장의 공시제도는 증권신고서와 투자설명서 제도로 구성된다.

1. 증권신고서 제도 등

1) 증권신고서(registration statement)

증권신고서란 증권의 모집 또는 매출시 발행인이 금융위원회에 제출하는 신고서를 말하는데 여기에는 일괄신고서도 포함된다.

2) 모집과 매출

① '모집'(募集, public offering of newly issued securities)이란 대통령령으로 정하는 방법에 따라 산출한 50인 이상의 투자자에게 새로 발행되는 증권의 취득의 청약을 권유하는 것을 말한다.

② '매출'(賣出, public offering of outstanding securities)이란 대통령령으로 정하는 방법에 따라 산출한 50인 이상의 투자자에게 이미 발행된 증권의 매도의 청약을 하거나 매수의 청약을 권유하는 것을 말한다.

모집[7]과 매출에서 50인을 산출하는 방법은 청약의 권유를 하는 날 이전 6개월 이내에 해당 증권과 같은 종류의 증권에 대하여 모집이나 매출에 의하지 아니하고 청약의 권유를 받은 자를 합산한다.

3) 간주모집

청약의 권유를 받은 자의 수가 50인 미만으로서 모집에 해당하지 않을 경우에도 해당 증권의 발행일로부터 1년 이내에 50인 이상의 자에게 양도될 수 있는 경우로서 금융위 고시기준에 해당되면 모집으로 간주된다.

4) 적용면제증권

국채증권, 지방채증권, 국가 또는 지방자치단체가 원리금의 지급을 보증한 채무증권, 국가 또는 지방자치단체가 소유하는 증권을 미리 금융위원회와 협의하여 매출의 방법으로 매각하는 경우의 그 증권, 도시철도의 건설 및 운영과 주택건설사업을 목적으로 설립된 지방공사가 발행하는 채권, 국제금융기구가 금융위원회와의 협의를 거쳐 기획재정부장관의 동의를 받아 발행하는 증권, 한국주택금융공사가 채권유동화계획에 의하여 발행하고 원리금 지급을 보증하는 주택저당증권 및 학자금대출증권, 전자단기사채 등으로서 만기가 3개월 이내인 증권

5) 신고대상 모집 또는 매출금액

일정한 방법에 따라 산정한 모집가액 또는 매출가액 각각의 총액이 10억 원 이상인 경우에는 발행인이 그 모집 또는 매출에 관한 신고서를 금융위에 제출하여 수리되어야 모집 또는 매출이 가능하다.

---

7) 사모(私募, private placement) : '사모'란 새로 발행되는 증권의 취득의 청약을 권유하는 것으로서 모집에 해당하지 아니하는 것이다.

6) 소액공모공시

증권신고서 제출의무가 없는 모집 또는 매출의 경우에도 발행인은 투자자보호를 위하여 재무상태 등 일정한 사항을 공시하여야 한다.

7) 효력발생시기

(1) 효력발생시기

□ **증권신고서의 효력발생**(waiting period)

증권 / 발행기업	지분증권(주식)		채무증권(무보채, CB 등)		일괄 신고서	기타 증권
	일반공모, 주주우선공모	주주배정, 제3자배정	무보증	담보부, 보증, ABS		
주권상장법인	10일	7일	7일	5일	5일	15일
일반법인	15일					

(2) 특례

일괄신고서의 정정신고서는 수리된 날로부터 3일이 경과한 날에 효력이 발생한다. 다만, 일괄신고서의 정정신고서가 수리된 날로부터 3일이 경과한 날이 당초의 일괄 신고서의 효력이 발생하는 날보다 먼저 도래하는 경우에는 당초의 일괄신고서의 효력이 발생하는 날에 효력이 발생한다.

8) 특수한 신고서 제도

(1) 일괄신고서(shelf registration)

일괄신고서는 증권의 종류, 발행예정기간, 발행횟수, 발행인의 요건 등을 고려하여 대통령령으로 정하는 기준과 방법에 따라 일정기간 동안 모집하거나 매출할 증권의 총액을 일괄하여 기재한 신고서를 말한다. 일괄신고서를 금융위원회에 제출하여 수리된 경우에는 그 기간 중에 그 증권을 모집하거나 매출할 때마다 제출하여야 하는 신고서를 따로 제출하지 아니하고 그 증권을 모집하거나 매출할 수 있다. 이 경우 그 증권을 모집하거나 매출할 때마다 '일괄신고추가서류'를 제출하여야 한다.

(2) 정정신고서

정정신고서는 증권신고서의 형식을 제대로 갖추지 아니한 경우 또는 그 증권신고서 중 중요사항에 관하여 거짓의 기재 또는 표시가 있거나 중요사항이 기재 또는 표시되지 아니한 경우와 중요사항의 기재나 표시내용이 불분명하여 투자자의 합리적인 투자판단을 저해하거나 투자자에게 중대한 오해를 일으킬 수 있는 경우에 금융위원회 그 증권신고서에 기재된 증권의 취득 또는 매수의 청약일 전일까지 그 이유를 제시하고 그 증권신고서의 기재내용을 정정한 신고서를 말한다.

9) 안정조작의 기준가격

금융위원회가 정하는 평균거래가격은 다음의 가격이다.

(1) 증권시장에서 거래형성시
다음의 산술평균가격에 의한다.
① 안정조작기간의 초일전일부터 과거 20일간 공표된 매일의 증권시장에서 거래된 최종시세가격을 실물거래에 의한 거래량을 가중치로 하여 가중산술평균한 가격
② 안정조작기간의 초일전일부터 과거 7일간 공표된 매일의 증권시장에서 거래된 최종시세가격을 실물거래에 의한 거래량을 가중치로 하여 가중산술평균한 가격

(2) 증권시장에서 거래 미형성시
해당 법인의 자산상태, 수익성, 기타사정을 참작하여 금감원장이 정하는 가격에 의한다.

2. 투자설명서

1) 투자설명서(prospectus)

투자설명서는 증권을 모집하거나 매출하는 경우의 투자권유문서이다. 자본시장법은 투자설명서 외에 예비투자설명서와 간이투자설명서 제도를 두고 있다. 예비투자설명서는 신고서 수리 후 효력발생 전에 사용하고, 투자설명서와 간이투자설명서는 그 증권신고의 효력이 발생하는 날에 금융위에 제출하여야 하며, 이를 일반인이 열람할 수 있도

록 하여야 한다.

2) 투자설명서의 종류

(1) 본 투자설명서(prospectus)

본 투자설명서는 증권신고의 효력이 발생되어 모집·매출의 조건이 확정된 투자설명서이다. 증권신고서의 효력이 발생된 후에는 본 투자설명서를 사용하여 증권의 모집·매출을 하여야 한다.

(2) 예비투자설명서(preliminary prospectus)

예비투자설명서는 신고서가 수리된 후 효력이 발생되기 전에 증권의 모집·매출 등을 위하여 청약의 권유 등을 하고자 하는 때 사용하는 투자설명서를 말한다.

(3) 간이투자설명서

증권신고서가 수리된 후 신문, 방송 등을 통한 광고를 통하여 증권의 모집·매출 등을 하고자 할 때 사용한다.

제14절 유통시장의 공시제도

유통시장 공시제도는 정기공시, 주요사항보고서, 수시공시 제도로 구분된다.

1. 정기공시

1) 사업보고서

사업보고서는 회사의 목적, 상호, 사업내용, 회사의 개요, 재무에 관한 사항 등이 회사의 사업과 관련된 내용이 기재된 보고서이다. 자본시장법에서는 그 종류로서 사업보고서, 반기보고서, 분기보고서를 들고 있다.

(1) 사업보고서의 제출대상

증권(지분증권, 무보증사채권, 전환사채권, 신주인수권부사채권, 이익참가부사채권, 교환사채권, 신주인수권이 표시된 것, 증권예탁증권, 파생결합증권)을 상장한 발행인, 주권을 모집 또는 매출한 발행인, 주식회사의 외부감사에 관한 법률(외감법)에 의한 외부감사 대상법인으로 증권 소유자가 500인 이상인 발행인(500인 이상이었다가 300인 이상으로 된 발행인 포함)

(2) 제출 시기

사업년도 경과 후 90일 내, 반기보고서와 분기보고서는 반기 및 분기종료 45일 내에 금융위원회와 한국거래소에 제출하여야 한다.

2) 주요사항 보고 제도

(1) 주요사항 보고서

사업보고서 제출대상법인이 경영·재산 등에 관하여 중대한 영향을 미치는 다음과 같은 사항 등에 대하여 금융위에 제출하는 보고서이다.

① 발행한 어음 또는 수표가 부도로 되거나 은행과의 당좌거래가 정지 또는 금지된 때
② 영업활동의 전부 또는 중요한 일부가 정지되거나 그 정지에 관한 이사회 등의 결정이 있은 때
③ '채무자 회생 및 파산에 관한 법률'에 따른 회생절차개시 또는 간이회생절차개시의 신청이 있은 때
④ 자본시장법, 상법, 그 밖의 법률에 따른 해산사유가 발생한 때
⑤ 대통령령으로 정하는 경우에 해당하는 자본 또는 부채의 변동에 관한 이사회 등의 결정이 있은 때
⑥ 대통령령으로 정하는 중요한 영업 또는 자산을 양수하거나 양도할 것을 결의한 때
⑦ 자기주식을 취득 또는 처분할 것을 결의한 때
⑧ 기타 경영·재산 등에 관하여 중대한 영향을 미치는 사항 발생 등

(2) 제출대상

사업보고서 등 제출대상과 동일하다.

(3) 제출기한

보고사유 발생 다음 날까지 금융위에 제출하여야 한다.

3) 수시공시

(1) 수시공시

거래소의 공시규정상 수시공시 해당사항이 있을 경우 이를 지체 없이 거래소에 신고하도록 한 제도이다. 거래소는 신고받은 사항을 지체 없이 금융위원회에 송부하여야 한다. 특히 풍문이나 보도 등의 사실 여부 및 그 법인이 발행한 증권의 가격이나 거래량의 현저한 변동의 원인 등에 대한 거래소의 신고 또는 확인 요구에 관한 사항 등이 공시규정상 수시공시 신고대상에 포함된다.

(2) 수시공시의 유형

① 주요경영사항의 신고·공시 : 주권상장법인은 거래소 공시규정상 신고사항에 해당되는 경우 그 내용을 사유발생 당일 혹은 사유발생 다음 날까지 거래소에 신고하여야 한다.

② 자율공시 : 자율공시는 상장법인이 투자판단에 중요한 영향을 미칠 수 있거나 투자자에게 알릴 필요가 있다고 판단되는 등의 사항 발생시 상장법인의 자율적 판단과 책임하에 공시하는 것이다.

③ 조회공시 : 주권 등 상장법인에 관한 풍문이나 보도 등의 사실 여부 및 그 법인이 발행한 증권의 가격이나 거래량의 현저한 변동의 원인 등에 대한 거래소의 신고 또는 확인 요구에 관한 사항에 대하여 투자자의 투자판단에 중대한 영향을 미칠 우려가 있어서 그 내용을 신속하게 알릴 필요가 있는 경우에, 거래소는 상장기업에게 답변을 요구할 수 있고 기업이 이에 응하여 공시하도록 하는 제도이다. 조회공시 대상이 풍문 또는 보도와 관련된 경우 요구시점이 오전인 경우에는 당일 오후까지, 오후일 때는 다음 날 오전까지 답변해야 하며 시황급변과 관련될 경우는 요구받은 날로부터 1일 이내에 다음 날까지 답변하여야 한다.

4) 공정공시

공정공시는 상장기업이 증권시장을 통하여 공시되지 아니한 중요정보를 애널리스트,

기관투자자 등에게 특정인에게 선별적으로 제공하는 경우 모든 시장참가자들이 알 수 있도록 그 특정인에게 제시하기 전에 증권시장을 통해 공시하도록 하는 제도이다.

제15절 기업의 인수·합병(M&A) 관련 제도

기업의 인수·합병(M&A) 관련 공시제도에는 공개매수제도, 5% 보고제도, 의결권대리행사 권유제도가 있다.

1. 공개매수제도

1) 공개매수

(1) 공개매수

'공개매수'(公開買受, take over bid, tender offer)란 불특정 다수인에 대하여 의결권 있는 주식 등의 매수의 청약을 하거나 매도의 청약을 권유하고 증권시장 및 다자간매매체결회사[8] 밖에서 그 주식 등을 매수하는 것을 말한다(동법 제133조 이하).

(2) 증권시장 밖의 매매 간주

증권시장에서의 경쟁매매 외의 방법에 의한 주식 등의 매수로서 매도와 매수 쌍방당사자 간의 계약, 그 밖의 합의에 따라 종목, 가격과 수량 등을 결정하고, 그 매매의 체결과 결제를 증권시장을 통하는 방법으로 하는 주식 등의 매수는 증권시장 밖에서 행하여진 것으로 본다.

2) 공개매수의무

주식 등을 매수 등을 하는 날부터 과거 6개월 동안 증권시장 밖에서 10인 이상인 자로부터 매수 등을 하고자 하는 자는 매수 등을 한 후에 본인과 그 특별관계자가 보유

---

8) '다자간매매체결회사' : 정보통신망이나 전자정보처리장치를 이용하여 동시에 다수의 자를 거래상대방 또는 각 당사자로 하여 정하여진 매매가격의 결정 방법으로 증권시장에 상장된 주권, 매매체결대상상품의 매매 또는 그 중개·주선이나 대리 업무를 하는 투자매매업자 또는 투자중개업자를 말한다.

하게 되는 주식 등의 수의 합계가 그 주식 등의 총수의 5% 이상이 되는 경우(본인과 그 특별관계자가 보유하는 주식 등의 수의 합계가 그 주식 등의 총수의 5% 이상인 자가 그 주식 등의 매수 등을 하는 경우를 포함)에는 공개매수를 하여야 한다.

3) 적용대상증권

(1) 주권상장법인이 발행한 다음 ①, ②, ③의 증권

① 주권, 신주인수권이 표시된 것, 전환사채권, 신주인수권부사채권

② ①과의 교환사채

③ ①, ②의 증권을 기초자산으로 한 파생결합증권

(2) 주권상장법인 외의 자가 발행한 다음 ①, ②의 증권

① (1)의 증권과 관련된 증권예탁증권

② (1)의 증권과 ①과의 교환사채권

4) 적용대상

(1) 적용대상

본인 및 특별관계자가 적용대상이다. 특별관계자는 특별한 관계가 있는 자로 아래의 특수관계인과 공동보유자를 말한다.

(2) 특수관계인

① 개인

　　㉠ 배우자(사실상의 혼인관계에 있는 자를 포함한다. 이하 같다.)

　　㉡ 6촌 이내의 부계혈족과 4촌 이내의 부계혈족의 처

　　㉢ 3촌 이내의 부계혈족의 남편

　　㉣ 3촌 이내의 모계혈족과 그 배우자 및 자녀

　　㉤ 배우자의 2촌 이내의 부계혈족과 그 배우자

　　㉥ 양자의 생가의 직계존속

　　㉦ 양자 및 그 배우자와 양가(養家)의 직계비속

　　㉧ 혼인 외의 출생자의 생모

ⓩ 본인의 금전, 그 밖의 재산에 의하여 생계를 유지하는 자 및 본인과 생계를 함께 하는 자

ⓧ 본인이 단독으로 또는 그와 ㉠부터 ⓩ까지의 관계에 있는 자와 합하여 법인이나 단체에 30% 이상을 출자하거나, 그 밖에 임원의 임면 등 법인이나 단체의 중요한 경영사항에 대하여 사실상의 영향력을 행사하고 있는 경우에는 해당 법인이나 단체와 그 임원(본인이 단독으로 또는 그와 ㉠부터 ⓩ까지의 관계에 있는 자와 합하여 임원의 임면 등의 방법으로 그 법인 또는 단체의 중요한 경영사항에 대하여 사실상의 영향력을 행사하고 있지 아니함이 본인의 확인서 등을 통하여 확인되는 경우에는 그 임원은 제외한다.)

② 법인, 단체 : 본인이 법인이나 단체인 경우에는 다음의 어느 하나에 해당하는 자

㉠ 임원

㉡ 계열회사 및 그 임원

㉢ 단독으로 또는 개인인 특수관계인과 합하여 본인에게 30% 이상을 출자하거나, 그 밖에 임원의 임면 등 본인의 중요한 경영사항에 대하여 사실상의 영향력을 행사하고 있는 개인 또는 법인(계열회사는 제외), 단체와 그 임원

㉣ 본인이 단독으로 또는 본인과 ①부터 ②까지의 관계에 있는 자와 합하여 법인이나 단체에 100분의 30 이상을 출자하거나, 그 밖에 임원 임면 등 법인이나 단체의 중요한 경영사항에 대하여 사실상의 영향력을 행사하고 있는 경우에는 해당 법인, 단체와 그 임원

(3) 공동보유자

'공동보유자'란 본인과 합의나 계약 등에 따라 다음의 어느 하나에 해당하는 행위를 할 것을 합의한 자를 말한다.

① 주식 등을 공동으로 취득하거나 처분하는 행위

② 주식 등을 공동 또는 단독으로 취득한 후 그 취득한 주식을 상호양도하거나 양수하는 행위

③ 의결권(의결권의 행사를 지시할 수 있는 권한을 포함한다)을 공동으로 행사하는 행위

(4) 특수관계인의 예외

특수관계인이 소유하는 주식 등의 수가 1,000주 미만이거나 공동보유자에 해당하지 아니함을 증명하는 경우에는 여기에서의 특수관계인으로 보지 아니한다.

5) 공개매수의 적용면제

다음의 경우에는 공개매수 적용이 면제된다(동법 시행령 제143조).

① 소각을 목적으로 하는 주식 등의 매수 등

② 주식매수청구에 응한 주식의 매수

③ 신주인수권이 표시된 것, 전환사채권, 신주인수권부사채권 또는 교환사채권의 권리행사에 따른 주식 등의 매수 등

④ 파생결합증권의 권리행사에 따른 주식 등의 매수 등

⑤ 특수관계인으로부터의 주식 등의 매수 등

6) 공개매수 절차

공개매수공고 ⇒ 공개매수신고서 제출 ⇒ 공개매수실시 ⇒
공개매수결과보고서 제출

7) 공개매수 기간

① 기간 : 20일 이상~60일 이내

② 별도매수 금지 : 공개매수자는 공개매수공고일로부터 그 매수기간이 종료하는 날까지 공개매수에 의하지 아니하고는 매수 등을 하지 못한다(동법 제140조).

③ 전부매수의무 : 공개매수자는 공개매수신고서에 기재한 매수조건과 방법에 따라 응모한 주식 등의 전부를 공개매수기간이 종료하는 날의 다음 날 이후 지체 없이 매수하여야 한다(동법 제141조).

2. 주식 등의 대량보유상황보고제도

1) 개념

(1) 주식 등의 대량보유상황보고(5% rule, 5% 보고제도)

지분이 새로 5% 이상 되는 등의 경우 금융위와 거래소에 보고하도록 하는 제도이다(동법 제147조). 신규보고와 변동보고로 구분된다.

(2) 신규보고와 변동보고

① 신규보고 : 주권상장법인의 주식 등을 대량보유(본인과 그 특별관계자가 보유하게 되는 주식 등의 수의 합계가 그 주식 등의 총수의 5% 이상인 경우)하게 된 자는 그 날부터 5일 이내에 그 보유상황, 보유 목적, 그 보유 주식 등에 관한 주요계약 내용 등을 금융위와 거래소에 보고하여야 한다.

② 변동보고 : 5% 이상 보유자가 그 보유 주식 등의 수의 합계가 그 주식 등의 총수의 1% 이상 변동된 경우에는 그 변동된 날부터 5일 이내에 그 변동내용을 대통령령으로 정하는 방법에 따라 금융위원회와 거래소에 보고하여야 한다.

③ 보고 시기 : 보고 사유 발생일로부터 5일 이내에 보고하여야 한다.

2) 일정한 전문투자자

국가, 지방자치단체, 한국은행 등 일정한 전문투자자는 약식보고가 가능하고, 경영권에 영향을 주기 위한 것이 아닌 경우에는 보유 또는 변동이 있었던 분기의 다음 달 10일까지 보고가 가능하다. 일정한 전문투자자가 아닌 자로서 보유목적이 경영권에 영향을 주기 아닌 경우에는 보유상황에 변동이 있는 경우 변동이 있었던 달의 다음 달 10일까지 보고할 수 있다.

3) 냉각기간(冷却期間, Cooling-off period) 제도

5% 보고시 주식 등의 보유 목적을 발행인의 경영권에 영향을 주기 위한 것으로 보고하는 자는 그 보고하여야 할 사유가 발생한 날부터 보고한 날 이후 5일까지 그 발행인의 주식 등을 추가로 취득하거나 보유 주식 등에 대하여 그 의결권을 행사할 수 없다(동법 제150조).

4) 위반시의 조치

5%를 초과하는 부분 중 위반분에 대하여 그 의결권을 행사하여서는 아니 되며, 금융위원회는 6개월 이내의 기간을 정하여 그 위반분의 처분을 명할 수 있다(동법 제150조). 보고서의 중요사항 부실기재 및 보고의무 위반에 대하여는 형사처벌이 적용된다(동법 제 444조, 제446조).

5) 기타

(1) 공공적법인 발행주식의 취득

공공적 법인 주식의 취득한도(10/100 기 소유 주주 ☞ 그 한도, 그 외 주주 3/100)를 초과하여 취득하고자 하는 자는 대량주식취득 승인신청서에 다음의 서류를 첨부하여 금융위원회에 그 승인을 신청하여야 한다(동법 제162조).

① 가족관계등록부 기본증명서 또는 법인등기부등본
② 주식취득의 사유 설명서
③ 해당 주식 발행인의 최대주주의 소유비율을 초과하여 주식을 취득하고자 하는 경우에는 최대주주의 의견서

다만 다음의 경우에는 금융위원회 취득 승인으로 간주한다.
　㉠ 합병·상속 또는 유증
　㉡ 준비금의 자본전입 또는 주식배당
　㉢ 유상증자(주주권의 행사로 취득한 경우에 한한다)
　㉣ 대주주(주주1인과 특수관계인의 소유주식수가 10% 이상인 주주. 이에 해당하는 자가 없는 경우에는 최대주주) 외의 주주가 실권한 주식의 인수
　㉤ 정부 소유주식에 대한 정부로부터의 직접 취득
　㉥ 정부의 취득
　㉦ 상장당시 10% 이상 소유주주 이외의 주주가 취득한도를 초과하여 소유한 주식

(2) 보고서의 제출

금융위원회의 승인을 받아 취득한 자는 취득기간 종료일로부터 10일 이내에 대량 주식취득보고서를 제출하여야 한다.

제16절 의결권 대리행사 권유제도

1. 의결권대리행사 권유제도의 의의 등

의결권대리행사 권유제도는 주주총회에서 다수의 의결권을 확보할 목적으로 기존의 주주에게 의결권행사의 위임을 권유하는 경우 절차와 방법을 규정하고 그 내용을 공시하도록 하는 제도이다(동법 제152조).

2. 의결권 대리행사의 권유 등

1) 의결권의 대리행사

의결권 대리행사의 권유란 다음의 어느 하나에 해당하는 행위를 말한다.
① 자기 또는 제삼자에게 의결권의 행사를 대리시키도록 권유하는 행위
② 의결권의 행사 또는 불행사를 요구하거나 의결권 위임의 철회를 요구하는 행위
③ 의결권의 확보 또는 그 취소 등을 목적으로 주주에게 위임장 용지를 송부하거나, 그 밖의 방법으로 의견을 제시하는 행위

2) 의결권 권유자와 의결권 피권유자

상장주권의 의결권 대리행사의 권유를 하는 자를 '의결권 권유자'라고 하고, 그 권유의 상대방을 '의결권 피권유자'라 한다.

3. 적용배제

다음의 경우에는 적용이 배제된다.
① 해당 상장주권의 발행인(그 특별관계자를 포함)과 그 임원(그 특별관계자를 포함) 외의 자가 10인 미만의 의결권피권유자에게 그 주식의 의결권 대리행사의 권유를 하는 경우
② 신탁, 그 밖의 법률관계에 의하여 타인의 명의로 주식을 소유하는 자가 그 타인에

게 해당 주식의 의결권 대리행사의 권유를 하는 경우

③ 신문·방송·잡지 등 불특정 다수인에 대한 광고를 통하여 대리행사권유에 해당하는 행위를 하는 경우로서 그 광고내용에 해당 상장주권의 발행인의 명칭, 광고의 이유, 주주총회의 목적사항과 위임장 용지, 참고서류를 제공하는 장소만을 표시하는 경우

4. 권유의 방법

1) 위임장용지와 참고서류의 교부

의결권 권유자는 의결권 피권유자에게 위임장용지와 참고서류를 교부하여야 한다.

2) 비치 및 열람

의결권 권유자는 위임장 용지 및 참고서류를 의결권 피권유자에게 제공하는 날 2일 전까지 이를 금융위와 거래소에 제출하여야 하며, 총리령으로 정하는 다음의 장소에 이를 비치하고 일반인이 열람할 수 있도록 하여야 한다.

① 주권상장법인의 본점과 지점, 그 밖의 영업소
② 명의개서대행회사
③ 금융위원회
④ 거래소

제17절 주권상장법인에 대한 특례

1. 자기주식의 취득

상법상 예외적인 경우를 제외하고 주식회사는 원칙적으로 자기 주식의 취득이 금지된다(상법 제341조). 주권상장법인은 이사회 결의를 통하여 증권시장에서 자기주식의 취득 및 처분이 가능하다(자본시장법 제165조의3, 공개매수에 의한 취득도 있음).

2. 의결권 없는 주식

상법상 무의결권주 발행한도는 발행주식총수의 1/4까지이지만(상법 제344조의3 제2항), 주권상장법인은 발행주식총수의 1/2까지 가능하다(자본시장법 제165조의15).

3. 이익소각

상법상 이익소각은 원칙적으로 주주총회를 거쳐야 하나(상법 제438조 제1항, 제434조), 주권상장법인은 정관의 규정에 의한 이사회 결의로 가능하다(자본시장법 제165조의3).

4. 일반공모증자

상법상 주주의 신주인수권의 배제는 이사회의 결의만으로 가능하지 못하나(상법 제418조), 반면 주권상장주권법인은 주주총회 결의없이도 정관의 정함에 따른 이사회결의로 주주의 신주인수권을 배제하고 불특정다수인을 상대방으로 하여 신주를 모집하는 일반공모증자방식으로 신주를 발행할 수 있다(자본시장법 제165조의6).

5. 액면미달발행

상법상 주식회사는 원칙적으로 회사가 성립한 날로부터 2년을 경과한 후에 주식을 발행하는 경우에는 주주총회의 결의와 법원의 인가를 얻어서 주식을 액면미달의 가액으로 발행할 수 있다(상법 제417조). 반면 주권상장법인은 주주총회 특별결의만으로 법원의 인가없이도 액면미달 발행이 가능하다(자본시장법 제165조의8).

6. 우리사주조합원에 대한 우선배정

주권상장법인 또는 주권을 증권시장에 상장하려는 법인이 주식을 모집하거나 매출하는 경우에는 주식총수의 20%를 우리사주조합원에 우선 배정하여야 한다(자본시장법 제

165조의7).

7. 사채발행한도에서 CB 및 BW 관련 부분 제외

상법상 사채발행한도는 순자산의 4배까지인데(상법 제470조), 주권상장법인의 경우는 동 한도에서 전환사채(CB) 및 신주인수권부사채(BW) 중 주식으로 전환 또는 신주인수권 행사가 가능한 부분은 제외된다(자본시장법 제165조의10).

8. 이익참가부사채와 교환사채 발행 가능

주권상장법인은 이익참가부사채와 교환사채 등의 발행이 가능하다(자본시장법 제176조의11).

9. 분기배당

연1회 결산기인 경우 주권상장법인은 정관이 정한 바에 따라 이사회 결의로 분기배당이 가능하다(자본시장법 제165조의12).

10. 주식배당

상법상 주식배당한도는 이익배당액의 1/2까지이나(상법 제462조의2), 주권상장법인은 이익배당액의 100%까지 주식배당이 가능하다(자본시장법 제165조의13). 다만, 주가가 액면미달하는 경우에는 배당총액의 1/2까지만 가능하다.

11. 주식매수선택권(stock option)의 부여

비상장법인은 주식매수선택권의 부여한도는 발행주식총수의 10/100이나(상법 제434조), 주권상장법인은 그 부여한도가 15/100이다(동법 제542조의3 제3항, 시행령 제30조).

주권상장법인은 주주총회 특별결의 혹은 이사회 결의로 스톡옵션을 부여할 수 있고, 이 경우 금융위와 거래소에 신고하여야 한다.

12. 주식매수청구권

주식회사의 영업양도, 합병, 주식회사 분할 등에 반대하는 주주는 상법(제360조의3 등) 및 자본시장법상 주식매수청구권을 행사할 수 있는데, 그 행사방법 및 가격산정에 대한 규정에 차이가 있다. 즉 자본시장법은 반대주주가 주식매수청구를 행사할 수 있는 주식은 이사회 결의 사실이 공시되기 이전에 취득함을 증명하여야 하고 예외적으로 이사회 결의 사실이 공시된 이후에 취득한 주식의 경우 시행령으로 정하는 경우임이 증명되어야 한다. 매수가격도 회사와 반대주주 간의 협의에 의하나, 다만 협의가 되지 않는 경우에 대해서 주권상장법인의 경우에는 시행령에 의하여 산정된 균일한 매수가격을 정하고 있다. 이 가격에 불응하는 주주는 법원에 매수가격의 결정을 청구할 수 있다(자본시장법 제165조의5, 시행령 제176조의7).

13. 합병

상장법인의 합병과 관련하여 그 자산가치·수익가치 및 그 가중산술평균방법과 상대가치의 산출방법 등에 대하여 법률, 시행령, 시행규칙, 금융위원회의 공시규정(증권의 발행 및 공시 등에 관한 규정)에서 달리 정하지 않는 사항에 대하여는 금감원장이 정할 수 있도록 하고 있다

1) 합병가액의 산정 방법

자산가치·수익가치의 가중산술평균방법은 자산가치와 수익가치를 각각 1과 1.5로 하여 가중산술평균한다.

2) 자산가치

자산가치는 분석기준일 현재의 평가대상회사의 주당 순자산가액으로서 다음 산식에

의하여 산정한다. 이 경우에 발행주식의 총수는 분석기준일 현재의 총발행주식수로 한다.

$$자산가치 = 순자산 / 발행주식의 총수$$

순자산은 주요사항보고서(자본시장법 제161조 제1항)를 제출하는 날이 속하는 사업연도의 직전사업연도(직전사업연도가 없는 경우에는 최근 감사보고서 작성대상시점으로 한다. 이하 '최근사업연도'라 한다)말의 재무상태표상의 자본총계에서 다음의 방법에 따라 산정한다.

① 분석기준일 현재 실질가치가 없는 무형자산 및 회수가능성이 없는 채권을 차감한다.

② 분석기준일 현재 투자주식 중 취득원가로 평가하는 시장성 없는 주식의 순자산가액이 취득원가보다 낮은 경우에는 순자산가액과 취득원가와의 차이를 차감한다.

③ 분석기준일 현재 퇴직급여채무 또는 퇴직급여충당부채의 잔액이 회계처리기준에 따라 계상하여야 할 금액보다 적을 때에는 그 차감액을 차감한다.

④ 최근사업연도말 이후부터 분석기준일 현재까지 손상차손이 발생한 자산의 경우 동 손상차손을 차감한다.

⑤ 분석기준일 현재 자기주식은 가산한다.

⑥ 최근사업연도말 이후부터 분석기준일 현재까지 유상증자, 전환사채의 전환권 행사 및 신주인수권부사채의 신주인수권 행사에 의하여 증가한 자본금을 가산하고, 유상감자에 의하여 감소한 자본금 등을 차감한다.

⑦ 최근사업연도말 이후부터 분석기준일 현재까지 발생한 주식발행초과금 등 자본잉여금 및 재평가잉여금을 가산한다.

⑧ 최근사업연도말 이후부터 분석기준일 현재까지 발생한 배당금지급, 전기오류수정손실 등을 차감한다.

⑨ 기타 최근사업연도말 이후부터 분석기준일 현재까지 발생한 거래 중 이익잉여금의 증감을 수반하지 않고 자본총계를 변동시킨 거래로 인한 중요한 순자산 증감액을 가감한다.

3) 수익가치

수익가치는 현금흐름할인모형, 배당할인모형 등 미래의 수익가치 산정에 관하여 일반적으로 공정하고 타당한 것으로 인정되는 모형을 적용하여 합리적으로 산정한다.

4) 상대가치

상대가치는 다음의 금액을 산술평균한 가액으로 하는 것을 원칙으로 한다.

① 평가대상회사와 한국거래소 업종분류에 따른 소분류 업종이 동일한 주권상장법인 중 매출액에서 차지하는 비중이 가장 큰 제품 또는 용역의 종류가 유사한 법인으로서 최근사업연도말 주당법인세비용차감전 계속사업이익과 주당순자산을 비교하여 각각 100분의 30 이내의 범위에 있는 3사 이상의 법인('유사회사')의 주가를 기준으로 다음 산식에 의하여 산출한 유사회사별 비교가치를 평균한 가액의 30%이상을 할인한 가액

유사회사별 비교가치 = 유사회사의 주가 × {(평가대상회사의 주당법인세
비용차감전 계속사업이익 / 유사회사의 주당법인
세비용차감전 계속사업이익) + (평가대상회사의
주당순자산 / 유사회사의 주당순자산)} / 2

② 분석기준일 이전 1년 이내에 다음의 어느 하나에 해당하는 거래가 있는 경우 그 거래가액을 가중산술평균한 가액을 100분의 10 이내로 할인 또는 할증한 가액
  ㉠ 유상증자의 경우 주당 발행가액
  ㉡ 전환사채 또는 신주인수권부사채의 발행사실이 있는 경우 주당 행사가액

유사회사의 주가는 당해 기업의 보통주를 기준으로 분석기준일의 전일부터 소급하여 1월간의 종가를 산술평균하여 산정하되 그 산정가액이 분석기준일의 전일종가를 상회하는 경우에는 분석기준일의 전일종가로 한다. 이 경우 계산기간 내에 배당락 또는 권리락이 있을 때에는 그 후의 가액으로 산정한다.

평가대상회사와 유사회사의 주당법인세비용차감전 계속사업이익 및 주당법인세

비용차감전 계속사업이익은 다음 산식에 의하여 산정한다. 이 경우에 발행주식의 총수는 분석기준일 현재 당해회사의 총발행주식수로 한다.

주당법인세비용차감전 계속사업이익 = {(최근사업연도의 법인세비용차감전 계속사업이익 / 발행주식의 총수) + (최근사업연도의 직전사업연도의 법인세비용차감전 계속사업이익 / 발행주식의 총수)} / 2

평가대상회사의 주당순자산은 제5조제1항에 따른 자산가치로 하며, 제1항의 유사회사의 주당순자산 및 제6항제2호의 주당순자산은 분석기준일 또는 최근 분기말을 기준으로 제5조제1항에 따라 산출하되, 제5조제2항제8호 및 같은 항 제9호의 규정은 이를 적용하지 아니한다.

유사회사는 다음의 요건을 구비하는 법인으로 한다.
㉠ 주당법인세비용차감전 계속사업이익이 액면가액의 10% 이상일 것
㉡ 주당순자산이 액면가액 이상일 것
㉢ 상장일이 속하는 사업연도의 결산을 종료하였을 것
㉣ 최근 사업연도의 재무제표에 대한 감사인의 감사의견이 '적정' 또는 '한정'일 것

5) 분석기준일

분석기준일은 주요사항보고서를 제출하는 날의 5영업일 전일로 한다. 다만, 분석기준일 이후에 분석에 중대한 영향을 줄 수 있는 사항이 발생한 경우에는 그 사항이 발생한 날로 한다.

14. 재무관리기준

1) 주요 개념

(1) 주주배정방식

주주배정증자방식이란 주주에게 그가 가진 주식수에 따라서 신주를 배정하기 위하여 신주인수의 청약을 할 기회를 부여하는 방식(자본시장법 제165조의6제1항제1호)이다.

(2) 제3자배정방식

제3자배정증자방식이란 신기술의 도입, 재무구조의 개선 등 회사의 경영상 목적을 달성하기 위하여 필요한 경우 (1) 주주배정 방식 외의 방법으로 특정한 자(해당 주권상장법인의 주식을 소유한 자를 포함한다)에게 신주를 배정하기 위하여, 신주인수의 청약을 할 기회를 부여하는 방식이다(동법 제165조의6제1항제2호).

(3) 일반공모증자방식

일반공모증자방식이란 불특정 다수인(해당 주권상장법인의 주식을 소유한 자를 포함한다)에게 신주인수의 청약을 할 기회를 부여하고, 이에 따라 청약을 한 자에 대하여 신주를 배정하는 방식이다(동법 제165조의6제1항제3호).

(4) 주주우선공모증자방식

주주우선공모증자방식이란 주주에 대하여 우선적으로 신주인수의 청약을 할 수 있는 기회를 부여하고 청약되지 아니한 주식이 있는 경우 이를 불특정 다수인에게 신주를 배정받을 기회를 부여하는 방식이다(동법 제165조의6제4항제3호).

2) 감사의견의 표시

① 주권상장법인이 결산주주총회에 제출하는 영업보고서에는 회계감사인의 감사의견과 감사결과 수정된 당기순이익(당기순손실) 수정총액 및 주요 수정내용 등 감사보고서 본문을 기재하여야 한다.
② 주권상장법인이 상법 제449조제3항에 따라 대차대조표를 공고하는 때에는 주식회사 외부감사에 관한 법률 제14조제2항에 따라 병기하여야 하는 회계감사인의 명칭과 감사의견 이외에 회계감사인의 감사결과 수정된 당기순이익(당기순손실) 및

감사결과 수정된 수정후 전기이월이익잉여금(수정후 전기이월결손금)을 부기하여야 한다.

15. 유상증자 발행가액

① 주권상장법인이 일반공모증자방식 및 제3자배정증자방식으로 유상증자를 하는 경우 그 발행가액은 청약일전 과거 제3거래일부터 제5거래일까지의 가중산술평균주가를 기준주가로 하여 주권상장법인이 정하는 할인율을 적용하여 산정한다. 다만, 일반공모증자방식의 경우에는 그 할인율을 100분의 30 이내로 정하여야 하며, 제3자배정증자방식의 경우에는 그 할인율을 100분의 10 이내로 정하여야 한다.

② ①의 본문에 불구하고 제3자배정증자방식의 경우 신주 전체에 대하여 제2-2조제2항제1호 전단의 규정에 따른 조치 이행을 조건으로 하는 때(한국예탁결제원과 결제하고 1년간 인출 혹은 매각하지 않기로 하는 예탁계약 체결 후 그 예탁계약 이행시) 유상증자를 위한 이사회결의일(발행가액을 결정한 이사회결의가 이미 있는 경우에는 그 이사회 결의일로 할 수 있다) 전일을 기산일로 하여 과거 1개월간의 가중산술평균주가, 1주일간의 가중산술평균주가 및 최근일 가중산술평균주가를 산술평균한 가격과 최근일 가중산술평균주가 중 낮은 가격을 기준주가로 하여 주권상장법인이 정하는 할인율을 적용하여 산정할 수 있다.

① 및 ②에 따라 기준주가를 산정하는 경우 주권상장법인이 증권시장에서 시가가 형성되어 있지 않은 종목의 주식을 발행하고자 하는 경우에는 권리내용이 유사한 다른 주권상장법인의 주식의 시가(동 시가가 없는 경우에는 적용하지 아니한다) 및 시장상황 등을 고려하여 이를 산정한다.

③ 주권상장법인이 다음의 어느 하나에 해당하는 경우에는 제1항 단서에 따른 할인율을 적용하지 아니할 수 있다.

　㉠ 금융위원회 위원장의 승인을 얻어 해외에서 주권 또는 주권과 관련된 증권예탁증권을 발행하거나 외자유치 등을 통한 기업구조조정(출자관계에 있는 회사의 구조조정을 포함한다)을 위하여 국내에서 주권을 발행하는 경우

　㉡ 기업구조조정촉진을 위한 금융기관협약에 의한 기업개선작업을 추진 중인 기업으로서 금융산업 구조개선에 관한 법률 제11조제6항제1호의 규정에 의하여

같은 법 제2조제1호의 금융기관이 대출금 등을 출자로 전환하기 위하여 주권을 발행하거나, '기업구조조정촉진법'에 의하여 채권금융기관 공동관리 절차가 진행 중인 기업으로서 채권금융기관이 채권재조정의 일환으로 대출금 등을 출자로 전환하기 위하여 주권을 발행하는 경우

ⓒ 금산법 제12조 및 제23조의8, '예금자보호법' 제37조 및 제38조에 따라 정부, '한국정책금융공사법'에 의하여 설립된 정책금융공사 또는 '예금자보호법'에 의하여 설립된 예금보험공사의 출자를 위하여 주권을 발행하는 경우

ⓡ 금융기관이 공동(은행법 제8조의 규정에 의하여 은행업을 인가받은 자를 하나 이상 포함하여야 한다)으로 경영정상화를 추진 중인 기업이 경영정상화계획에서 정한 자에게 제3자배정증자방식으로 주권을 발행하는 경우

ⓜ '채무자 회생 및 파산에 관한 법률'에 의한 회생절차가 진행중인 기업이 회생계획 등에 따라 주권을 발행하는 경우

※ 주주배정방식의 경우 유상증자 발행가액 산정이 자율화 되었음.

16. 외국인의 증권소유 제한

원칙적으로 외국인의 상장주식 취득은 자유롭지만, 예외적으로 공공적법인이 발행한 지분증권에 대해서는 제한이 있다. 종목별 외국인 또는 외국법인의 1인 취득한도는 해당 공공적 법인의 정관에서 정한 한도이고, 종목별 외국인 및 외국법인 등의 전체취득한도는 해당종목 지분증권 총수의 40%이다.

제18절 불공정 거래행위의 규제 등

1. 미공개중요정보 이용행위 금지(내부자거래의 규제)

1) 내부자거래

내부자거래 규제는 상장회사의 내부자 등이 미공개 내부정보를 이용하여 증권을 거래하여 부당한 이익을 얻는 것을 규제하기 위한 제도이다(동법 제174조 이하). 내부자

거래의 규제 대상자는 내부자, 준내부자, 정보수령자로 구분된다.

2) 내부자거래 규제대상자

① 형사처벌 대상 : 내부자, 준내부자, 정보수령자(1차 정보수령자)
② 과징금 부과대상 : 2차 정보수령자 이상

3) 규제대상행위

업무 등과 관련된 미공개중요정보를 특정 증권의 매매, 기타 거래에 이용하거나 타인에게 이용하게 하는 행위가 규제대상이다.

4) 공개정보 간주

미공개정보라 하더라도 다음 기간이 지나면 공개정보로 간주된다.
① 금융위 또는 거래소가 정하는 바에 따라 비치된 날로부터 1일 경과
② 금융위 또는 거래소가 설치·운영하는 전자전달매체를 통하여 그 내용이 공개된 정보 : 공개된 때로부터 3시간 경과
③ 신문게재 : 게재된 날의 다음 날 0시부터 6시간(단, 전자간행물 형태는 6시간)
④ 지상파방송 : 방송된 때부터 6시간
⑤ 연합뉴스사 : 제공된 때부터 6시간

2. 단기매매차익의 반환

1) 단기매매차익 반환제도

주권상장법인의 임원, 직원 또는 주요주주가 특정증권 등을 매수한 후 6개월 이내에 매도하거나 특정증권 등을 매도한 후 6개월 이내에 매수하여 이익을 얻은 경우에는 그 법인은 그 임직원 또는 주요주주에게 그 이익(이하 '단기매매차익'이라 한다)을 그 법인에게 반환할 것을 청구할 수 있도록 하는 제도이다.

2) 특정증권의 범위

① 그 법인이 발행한 증권(대통령령으로 정하는 증권을 제외한다)

② ①의 증권과 관련된 증권예탁증권

③ 그 법인 외의 자가 발행한 것으로서 ① 또는 ②의 증권과 교환을 청구할 수 있는 교환사채권

④ ①부터 ③까지의 증권만을 기초자산으로 하는 금융투자상품

3) 반환청구

해당 법인의 주주(주권 외의 지분증권 또는 증권예탁증권을 소유한 자를 포함)는 그 법인으로 하여금 단기매매차익을 얻은 자에게 단기매매차익의 반환청구를 하도록 요구할 수 있으며, 그 법인이 그 요구를 받은 날부터 2개월 이내에 그 청구를 하지 아니하는 경우에는 그 주주는 그 법인을 대위(代位)하여 그 청구를 할 수 있다(이익을 취득한 날부터 2년 이내에 행사하지 아니한 경우에는 권리 소멸).

4) 단기매매차익반환 의무 적용 부서

① 주요사항보고 대상에 해당하는 사항의 수립, 변경, 추진, 공시 등 관련업무에 종사하는 직원

② 재무, 회계, 기획, 연구개발 관련업무 종사 직원

3. 시세조종행위의 금지

1) 위장거래에 의한 시세조종

누구든지 상장증권 또는 장내파생상품의 매매에 관하여 그 매매가 성황을 이루고 있는 듯이 잘못 알게 하거나, 그 밖에 타인에게 그릇된 판단을 하게 할 목적으로 다음 각 호의 어느 하나에 해당하는 행위를 하여서는 아니 된다(동법 제176조 이하).

(1) 통정매매

① 자기가 매도하는 것과 같은 시기에 그와 같은 가격 또는 약정수치로 타인이 그 증

권 또는 장내파생상품을 매수할 것을 사전에 그 자와 서로 짠 후 매도하는 행위

② 자기가 매수하는 것과 같은 시기에 그와 같은 가격 또는 약정수치로 타인이 그 증권 또는 장내파생상품을 매도할 것을 사전에 그 자와 서로 짠 후 매수하는 행위

(2) 가장매매

그 증권 또는 장내파생상품의 매매를 함에 있어서 그 권리의 이전을 목적으로 하지 아니하는 거짓으로 꾸민 매매를 하는 행위

2) 거래유인을 위한 성황 가장

누구든지 상장증권 또는 장내파생상품의 매매를 유인할 목적으로 다음의 어느 하나에 해당하는 행위를 하여서는 아니 된다.

(1) 성황 가장

그 증권 또는 장내파생상품의 매매가 성황을 이루고 있는 듯이 잘못 알게 하거나 그 시세를 변동시키는 매매 또는 그 위탁이나 수탁을 하는 행위

(2) 허위표시

① 그 증권 또는 장내파생상품의 시세가 자기 또는 타인의 시장 조작에 의하여 변동한다는 말을 유포하는 행위

② 그 증권 또는 장내파생상품의 매매를 함에 있어서 중요한 사실에 관하여 거짓의 표시 또는 오해를 유발시키는 표시를 하는 행위

3) 가격고정 및 안정조작

(1) 가격고정의 금지

누구든지 상장증권 또는 장내파생상품의 시세를 고정시키거나 안정시킬 목적으로 그 증권 또는 장내파생상품에 관한 일련의 매매 또는 그 위탁이나 수탁을 하는 행위를 하여서는 아니 된다.

(2) 가격고정의 금지 등의 예외

① 안정조작 : 투자매매업자(모집 또는 매출되는 증권의 발행인 또는 소유자와 인수

계약을 체결한 투자매매업자)가 대통령령(동법 시행령 제204조)으로 정하는 방법에 따라 그 증권의 모집 또는 매출의 청약기간의 종료일 전 20일부터 그 청약기간의 종료일까지의 기간 동안 증권의 가격을 안정시킴으로써 증권의 모집 또는 매출을 원활하도록 하기 위한 매매거래('안정조작')를 하는 경우

② 시장조성 : 투자매매업자가 대통령령(동법 시행령 제205조)으로 정하는 방법에 따라 모집 또는 매출한 증권의 수요·공급을 그 증권이 상장된 날부터 1개월 이상 6개월의 범위에서 인수계약으로 정한 기간 동안 조성하는 매매거래('시장조성')를 하는 경우

③ 안정조작 위탁 : 모집 또는 매출되는 증권 발행인의 임원 등이 투자매매업자에게 안정조작을 위탁하는 경우

④ 안정조작 수탁 : 투자매매업자가 안정조작을 수탁하는 경우

⑤ 시장조성 위탁 : 모집 또는 매출되는 증권의 인수인이 투자매매업자에게 시장조성을 위탁하는 경우

⑥ 시장조성 수탁 : 투자매매업자가 시장조성을 수탁하는 경우

4) 현선연계 시세조종

누구든지 증권, 파생상품 또는 그 증권·파생상품의 기초자산 중 어느 하나가 거래소에 상장되거나 그 밖에 이에 준하는 경우로서 대통령령으로 정하는 경우에는 그 증권 또는 파생상품에 관한 매매 등과 관련하여 다음의 어느 하나에 해당하는 행위를 하여서는 아니 된다.

① 파생상품의 매매 등에서 부당한 이익을 얻거나 제삼자에게 부당한 이익을 얻게 할 목적으로 그 파생상품의 기초자산의 시세를 변동 또는 고정시키는 행위

② 파생상품의 기초자산의 매매 등에서 부당한 이익을 얻거나 제삼자에게 부당한 이익을 얻게 할 목적으로 그 파생상품의 시세를 변동 또는 고정시키는 행위

③ 증권의 매매 등에서 부당한 이익을 얻거나 제삼자에게 부당한 이익을 얻게 할 목적으로 그 증권과 연계된 증권으로서 대통령령으로 정하는 증권 또는 그 증권의 기초자산의 시세를 변동 또는 고정시키는 행위

④ 증권의 기초자산의 매매 등에서 부당한 이익을 얻거나 제삼자에게 부당한 이익을

얻게 할 목적으로 그 증권의 시세를 변동 또는 고정시키는 행위

⑤ 파생상품의 매매 등에서 부당한 이익을 얻거나 제삼자에게 부당한 이익을 얻게 할 목적으로 그 파생상품과 기초자산이 동일하거나 유사한 파생상품의 시세를 변동 또는 고정시키는 행위

4. 부정거래의 금지

누구든지 금융투자상품의 매매, 그 밖의 거래와 관련하여 다음의 어느 하나에 해당하는 행위를 하여서는 아니 된다(동법 제178조 이하).

① 부정한 수단, 계획 또는 기교를 사용하는 행위

② 중요사항에 관하여 거짓의 기재 또는 표시를 하거나 타인에게 오해를 유발시키지 아니하기 위하여 필요한 중요사항의 기재 또는 표시가 누락된 문서, 그 밖의 기재 또는 표시를 사용하여 금전, 그 밖의 재산상의 이익을 얻고자 하는 행위

③ 금융투자상품의 매매, 그 밖의 거래를 유인할 목적으로 거짓의 시세를 이용하는 행위

④ 누구든지 금융투자상품의 매매, 그 밖의 거래를 할 목적이나 그 시세의 변동을 도모할 목적으로 풍문의 유포, 위계(僞計)의 사용, 폭행 또는 협박을 하여서는 아니 된다.

5. 공매도 금지

누구든지 증권시장에서 상장증권에 대하여 다음의 어느 하나에 해당하는 매도를 하거나 그 위탁 또는 수탁을 하여서는 아니 된다(동법 제180조).

1) 금지행위

① 소유하지 아니한 상장증권의 매도

② 차입한 상장증권으로 결제하고자 하는 매도

2) 적용제외

① 증권시장에서 매수계약이 체결된 상장증권을 해당 수량의 범위에서 결제일 전에 매도하는 경우

② 전환사채·교환사채·신주인수권부사채 등의 권리 행사, 유·무상증자, 주식배당 등으로 취득할 주식을 매도하는 경우로서 결제일까지 그 주식이 상장되어 결제가 가능한 경우

③ 그 밖에 결제를 이행하지 아니할 우려가 없는 다음의 경우

 ㉠ 매도주문을 위탁받는 투자중개업자 외의 다른 보관기관에 보관하고 있거나, 그 밖의 방법으로 소유하고 있는 사실이 확인된 상장증권의 매도

 ㉡ 상장된 집합투자증권의 추가발행에 따라 받게 될 집합투자증권의 매도

 ㉢ 법 제234조에 따른 상장지수집합투자기구의 집합투자증권의 환매청구에 따라 받게 될 상장증권의 매도

 ㉣ 증권예탁증권에 대한 예탁계약의 해지로 취득할 상장증권의 매도

 ㉤ 대여 중인 상장증권 중 반환이 확정된 증권의 매도

 ㉥ 증권시장 외에서의 매매에 의하여 인도받을 상장증권의 매도

 ㉦ 증권을 예탁하고 취득할 증권예탁증권의 매도

 ㉧ 그 밖에 계약, 약정 또는 권리 행사에 의하여 인도받을 상장증권을 매도하는 경우로서 증권시장업무규정으로 정하는 경우

제19절 금융투자협회 관련 사항

1. 투자권유대행인

투자권유대행인은 금융투자회사의 임직원이 아닌 자로서 투자권유업무를 위탁받은 개인을 말한다. 투자권유 대행인은 파생상품 등에 대한 투자권유는 할 수 없으며 펀드 투자권유 대행인과 증권투자권유 대행인으로 구분된다. 투자권유 대행인은 2년마다 1회씩 협회의 보수교육을 이수하여야 한다.

2. 금융투자분석사

1) 담당 회사의 주식 등 매매의 금지

자신이 담당하는 업종에 속하는 법인이 발행하는 주식 등의 매매가 금지된다.

2) 24시간 내 매매의 금지

소속 금융투자회사에서 조사분석자료를 공표한 금융투자상품의 매매는 24시간 동안 매매가 금지된다. 24시간 경과 후라도 공표일로부터 7일 동안은 투자의견과 같은 방향으로 매매하여야 한다.

3) 투자광고

금융투자업자의 투자광고는 준법감시인의 사전심의와 협회의 심사가 필요하다. 광고 이전에 금융투자업자는 투자광고계획서와 투자광고안을 협회에 제출하여 심사를 받아야 하고 협회는 3영업일 이내 심사결과를 통보한다(이의가 있는 경우 7영업일 이내 재심사 청구가 가능하다).

3. 신용공여시 담보가격

① 상장주권 : 당일종가
② 청약주식 : 취득가액(상장 후는 당일종가, 당일종가 평가 불능시는 최근일 기준가격)
③ 집합투자증권(ETF 제외) : 당일 고시 기준가격
④ 상장채권 및 주가연계증권 : 2 이상 채권평가회사가 제공하는 가격정보를 기초로 금융투자회사가 산정한 가격
⑤ 기타 : 금융투자회사와 투자자간 합의

4. 미수동결계좌제도

미수동결계좌제도는 주식매수(매도)후 결제일까지 매수대금(매도증권)을 납부하지 않

은 고객에 대하여 다음 거래일로부터 30일간(매도증권 미납의 경우 90일간) 전체 증권회사에서 위탁증거금을 100% 징수하는 제도이다.

5. 유사해외통화선물거래(FX마진거래)

① 거래대상 : 이종통화간의 환율(원하는 제외)

② 거래단위 : 기준통화의 100,000 단위

③ 위탁증거금 : 1만 달러 이상, 증거금은 미달러화에 한정

④ 유지증거금 : 위탁증거금의 50% 이상 미화

⑤ 거래방법 : 투자자 계산으로 하되 명의는 투자자 명의가 아닌 금융투자회사 명의로 하여야 한다.

⑥ 포지션 제한 : 투자자 계좌별 양방향 포지션 동시보유는 금지됨(기보유 양방향 미결제약정은 상계처리의무).

⑦ 핵심설명서 추가교부 의무 : FX 마진거래에 대한 교육·설명회 혹은 모의거래시에는 투자자에 대하여 투자설명서 외에 핵심설명서를 추가로 교부해야 한다.

6. 해외파생상품거래

해외파생상품시장에서 거래되는 파생상품으로 다음의 어느 하나에 해당하는 거래를 말한다.

① 런던금속거래소의 규정에 따라 장외(파생상품시장과 비슷한 시장으로서 해외에 있는 시장 밖을 말한다)에서 이루어지는 금속거래

② 런던귀금속시장협회의 규정에 따라 이루어지는 귀금속거래

③ 미국선물협회의 규정에 따라 장외에서 이루어지는 외국환거래

④ 일본의 상품거래소법에 따라 장외에서 이루어지는 외국환거래

⑤ 선박운임선도거래업자협회의 규정에 따라 이루어지는 선박운임거래

⑥ 그 밖에 국제적으로 표준화된 조건이나 절차에 따라 이루어지는 거래로서 금융위원회가 정하여 고시하는 거래

7. 재산상 이익제공 한도 등

1) 통상 한도

동일거래 상대방에게 제공할 수 있는 재산상 이익제공 한도는 다음과 같다.

① 1회당 한도 : 20만 원

② 연간한도 : 100만 원

2) 연간한도의 예외

대표이사 또는 준법감시인 사전승인(부득이한 경우 사후보고)시 연간총한도

① 거래상대방이 투자자가 아닌 경우 : 500만 원

② 거래상대방이 투자자인 경우 : 투자자의 수수료합계액 10%와 500만 원 중 큰 금액

※ 외국인투자자 대상 기업설명회 관련 투자대상기업의 임직원 교통비, 숙박비는 대표이사 또는 준법감시인 확인으로 제외된다.

제20절 한국거래소 관련 사항

1. 호가

1) 호가의 종류

① 지정가호가(limit order)

종목, 수량, 호가를 지정하는 호가로 가장 일반적인 방식이다.

② 시장가호가(market order)

수량만 지정하고 가격은 지정하지 않는 호가이다.

③ 최유리지정가호가(best limit order)

호가할 때는 가격을 지정하지 않으나 호가가 시장에 도달된 때 가장 빨리 집행될 수 있는 가격을 지정한 것으로 간주하는 호가이다.

④ 조건부지정가호가

시장에 도달된 때는 지정가호가로 거래되지만 종가 단일가 거래 전까지 체결되지 않은 경우에는 종가 단일가 거래시에 시장가 호가로 전환되는 호가이다.

2) 선물 등의 호가 한도수량

회원이 호가할 수 있는 최대 호가수량을 말한다.

(1) 선물
① 주식선물, 통화선물 : 5,000계약(유동성관리상품은 500계약)
② 기타 선물 : 1,000계약(유동성관리상품은 100계약)

(2) 스프레드
① 선물스프레드 : 1,000계약

   (주식선물스프레드는 5,000계약, 통화선물스프레드는 10,000계약)
② 글로벌거래 : 100계약

2. 유동성관리상품

1) 지정

유동성관리상품은 매월의 최초거래일을 기준으로 직전 3개월간의 일평균 약정수량이 다음의 수량('유동성관리기준수량')에 미달하는 상품에 대하여 지정한다[다만, 상장일이 속하는 월의 다음 월(상장일이 그 월의 최초거래일인 경우에는 상장일이 속하는 월로 한다)부터 6개월이 경과하지 아니한 상품을 제외].
 ① 주가지수를 기초자산으로 하는 선물 및 옵션의 경우에는 300계약
 ② 주권을 기초자산으로 하는 선물 및 옵션의 경우에는 기초주권별로 50계약
 ③ 금리를 기초자산으로 하는 선물 및 옵션의 경우에는 200계약
 ④ 통화를 기초자산으로 하는 선물 및 옵션의 경우에는 100계약
 ⑤ 일반상품을 기초자산으로 하는 선물 및 옵션의 경우에는 50계약

2) 해제

① 매월의 최초거래일을 기준으로 직전 3개월간의 일평균 약정수량이 3회 연속하여 유동성관리기준수량 이상으로 되는 경우
② 유동성관리기간의 종료 직후 3개월간의 일평균 약정수량이 유동성관리기준수량 이상으로 되는 경우
③ 상장폐지예고상품으로 지정되는 경우

3. 서킷 브레이커

코스피(KOSPI) 수치가 ① 직전 매매거래일의 최종 수치보다 8% 이상 하락하여 1분간 지속되는 경우, 20분간 매매거래 정지 후 재개되고, ② 직전 매매거래일의 최종 수치보다 15% 이상 하락하여 1분간 지속되는 경우, 20분간 매매거래 중단 후 재개되며, ③ 직전 매매거래일의 최종 수치보다 20% 이상 하락하여 1분간 지속되는 경우 매매거래 중단 후 즉시 당일의 매매거래가 종결된다.

4. 사이드 카(Side Car)

사이드카는 선물가격이 전일종가 대비 5% 이상 상승하거나 하락해 1분간 지속될 때 발동된다. 발동되면 주식시장 프로그램 매매호가의 효력이 5분간 정지된다.

5. 선물거래의 일일정산

선물거래의 일일정산에 따른 차금은 당일차금과 갱신차금으로 구분된다.

1) 당일차금

당일의 약정가격과 당일의 정산가격의 차에 당일약정수량과 거래승수를 곱하여 산출한다.
① 당일매수거래=당일매수수량×(당일정산가격-당일약정가격)×거래승수

② 당일매도거래=당일매도수량×(당일약정가격−당일정산가격)×거래승수

2) 갱신차금

전일의 정산가격과 당일의 정산가격의 차에 전일의 미결제약정수량과 거래승수를 곱하여 산출한다.

① 매수미결제약정=전일 매수미결제약정수량×(당일정산가격−전일정산가격)×거래승수

② 매도미결제약정=전일 매도미결제약정수량×(전일정산가격−당일정산가격)×거래승수

6. 옵션 권리행사와 수량신고

결제회원은 옵션의 권리행사를 위해서 최종거래일(권리행사일) 장종료 시점부터 장종료 후 30분(15:15~15:45) 이내에 권리행사수량을 파생상품계좌별 옵션종목별로 거래소에 신고하여야 한다. 단, 미국달러옵션은 최종거래일 도래종목의 거래종료 시점부터 장 종료 후 30분(11:30~15:45) 이내에 권리행사 또는 권리행사 포기의 신고를 하여야 한다.

현금결제방식에 의해 최종결제되는 옵션거래의 경우에는 손실종목에 대하여 권리행사를 신고할 수 없다. 권리행사로 이익이 발생하는 종목은 회원이 권리행사를 신고하지 않더라도 권리행사를 신청한 것으로 본다(권리행사신고의제). 권리행사신고의제가 적용되는 기준(자동권리행사)은 옵션종목의 권리행사로 인한 이익이 코스피 옵션은 0.01 포인트 이상, 주식옵션은 5원 이상, 미국달러옵션은 0.1원 이상이다.

7. 미결제약정수량 제한

① 코스피 200선물과 코스피 200옵션

ㄱ 코스피 200선물과 코스피 200옵션의 모든 종목에 대한 선물환산순델타포지션 기준으로 1만 계약(다만, 개인투자자는 5천 계약)

ㄴ 최종거래일이 도래한 종목에 대해서는 해당 종목들에 대한 선물환산순델타포

지션 기준으로 1만 계약(다만, 개인투자자는 5천 계약)

② 스타지수선물거래

순미결제약정수량 기준으로 5천 계약(회원, 투자자 구분없이 동일)

③ 주식선물거래

순미결제약정수량 기준으로 기초주권 상장주식수의 0.3% 이내에서 다음 산식에 의해 산출하여 거래소가 공표하는 수량.

계산식 : (기초주권의 상장보통주식총수 × 0.3%) / 거래승수

④ 10년 국채선물 : 최근월종목에 대하여 최종거래일이 속하는 월의 초일부터 최종 거래일까지 미결제약정수량을 기준으로 5천 계약

⑤ 돈육선물 : 순미결제약정수량을 기준으로 3천 계약

⑥ 금선물거래 : 순미결제약정수량을 기준으로 300계약

⑦ 미니금선물거래 : 순미결제약정수량을 기준으로 3,000계약

8. 기본예탁금

기본예탁금은 미결제약정이 없는 위탁자로부터 거래의 위탁을 받는 때, 사전에 예탁 받는 것이다.

구분	기본예탁금액	적용대상	
-	없음	사후위탁증거금계좌	
1단계	500만~1,500만 원 미만	건전투자자, 돈육선물 · 미니금선물 전용계좌 개설자	사전위탁 증거금계좌
2단계	1,500만~3,000만 원	일반투자자	
3단계	3,000만 원 이상	관리대상투자자	
-	수탁 혹은 계좌개설 거부	거래부적격 투자자	

PART

05

보험법규

CHAPTER 01

보험법

제1절 보험의 개념과 기능

　보험법은 상법(1962. 12. 12. 법률 제1212호, 1963. 1. 1.시행) 제4편(보험)이다. 보험이란 동질적인 위험하에 있는 다수인이 단체를 이루고 우연한 사고의 발생으로 인한 경제적 수요에 대한 만족을 얻기 위하여 통계적 기초에서 산출된 금액(보험료)을 미리 갹출(醵出)하여 일정한 공동기금을 마련하고, 사고가 발생한 경우에 공동기금으로부터 일정한 금액(보험금)을 지급받는 제도이다.

　보험의 주된 기능은 기업과 개인의 경제생활 안정화에 있고, 거출된 보험료는 보험금 지급 외에 투자 재원으로 활용되기도 한다. 보험의 폐단으로서는 보험금의 취득을 목적으로 하는 보험사고를 스스로 발생시키는 도덕적 위험이 지적되고 있다.

　상법상 보험법 규정은 상대적 강행법규성(반면적 강행법)의 성질을 갖고 있다. 즉 '보험법'의 규정은 당사자간의 특약으로 보험계약자 또는 피보험자나 보험자의 불이익으로 변경하지 못한다(상법 제663조, 보험계약자 등의 불이익변경금지). 그리고 보험법 규정은 그 성질에 반하지 아니하는 범위에서 공제(共濟), 상호보험, 그 밖에 이에 준하는 계약에 준용된다(상법 제664조).

제2절 보험계약

1. 보험계약과 법원

보험계약은 당사자 일방이 약정한 보험료를 지급하고 재산 또는 생명이나 신체에 불확정한 사고가 발생할 경우에 상대방이 일정한 보험금이나 그 밖의 급여를 지급할 것을 약정함으로써 효력이 생긴다(상법 제638조).

보험계약의 법원(法源)으로서는 상법 제4편(보험) 규정 이외에도 보통보험약관(보험약관)이 중요하다. 보통보험약관은 보험자가 미리 작성하여 마련한 보통 보험계약의 내용이 되는 조항이다. 보험약관은 보험기업을 운영하는 보험자가 대량의 보험계약을 통일적·획일적으로 처리할 필요성에 의하여 만들어졌다. 즉 다수의 보험계약자의 집단적·계속적이고, 획일적인 거래를 대량으로 신속하게 계약 체결하기 위하여, 보험계약의 내용을 일정한 표준으로 정형화하는 것이 능률적·합리적이었기 때문이다. 또한 보험제도는 사회성을 갖고 국민생활과 기업활동에 큰 영향을 미치기 때문에 국가도 적극적으로 관여하여 보험기업을 지도·감독할 필요가 있었고, 이를 위하여 보험계약의 내용을 정형화하는 것이 필요하였다. 그러나 보험약관에 의한 폐해로부터 보험계약자 등을 보호하기 위하여 상법은 보험법을 반면적 강행규정으로 하고 있고(상법 제663조), 또한 약관규제법의 적용을 받아 불공정한 약관에 대한 심사와 규제가 이루어지고 있다.

2. 보험계약의 성질

보험계약에 있어서는 윤리성·선의성이 강조된다. 이를 위하여 상법은 보험계약자와 피험자에게 보험계약 체결시 중요한 사항에 대해 고지의무(상법 제651조)를 규정하고 있고, 사기나 투기의 수단으로 이용되지 않도록, 고의(故意)로 인한 보험사고에 대한 보험자의 면책(상법 제659조), 사기로 인한 초과보험의 무효(제669조 제4항) 등을 규정하고 있다.

① 초과보험(제669조) : 보험금액이 보험계약의 목적의 가액을 현저하게 초과한 때에는 보험자 또는 보험계약자는 보험료와 보험금액의 감액을 청구할 수 있다. 이는 단순초과보험과 사기적 초과보험으로 나뉜다.

② 중복보험 : 동일한 피보험이익에 대하여 동일 기간동안 수개의 보험계약이 동시에 또는 순차적으로 체결된 경우 보험금액 총액이 보험가액을 초과한 때에는 보험자는 각자의 보험금액의 한도에서 연대책임을 진다. 이 경우 각 보험자의 보상책임은 각자의 보험금액의 비율에 따른다. 중복보험의 경우 보험계약자는 각 보험자에 대하여 각 보험계약의 내용을 통지하여야 한다.

3. 보험계약의 성립

1) 보험계약의 당사자 등

① 보험자(insurer, underwriter) : 보험계약의 당사자 중 보험계약자와 보험계약을 체결하고, 보험사고가 발생한 때에 보험금 지급의무를 지는 자이다. 보험업은 공공의 이익과 관계가 깊으므로 보험회사의 자격에는 일정한 제한(보험업법 제9조 ; 300억 원, 생명보험과 연금보험만 영위하는 경우 ⇒ 200억 원)이 있고 금융위원회의 설립 허가 또는 상품의 종류별로 인가를 받아야 한다. 보험금 지급의무 등 상법상 여러 의무를 부담한다.

② 보험계약자 : 보험회사 그리고 보험회사와 보험계약을 체결하고 보험료 납입의무를 부담하는 자이다.

③ 피보험자 : 인보험에서는 자기의 생명 또는 신체가 보험에 붙여진 자연인을 말하고, 손해보험에 있어서는 보험사고의 발생으로 생긴 재산상의 손해에 대해 보상을 보험자에게 직접 청구할 수 있는 자를 의미한다. 보험계약자와 피보험자가 다른 경우 이를 타인을 위한 생명(손해)보험계약이라 하고, 동일한 경우 '자기를 위한 생명(손해)보험계약'이라고 한다.

④ 보험수익자 : 인보험의 특수한 개념으로서, 보험사고 발생시에 보험금 청구권을 갖는 자이다. 인보험에서, 보험계약자와 보험수익자가 같으면 '자기를 위한 인보험,' 다르면 '타인을 위한 인보험계약'이라고 한다.

⑤ 보험보조자 : 보험대리상과 보험중개인이 있다.

　　㉠ 보험대리상 : 일정한 보험자를 위하여 상시 그 보험계약의 체결을 대리하거나 중개하는 독립된 상인이다. 특정한 보험자만을 위하여 중개하는 중개대리상과

구별된다.

ⓛ 보험중개인(insurance broker) : 보험자와 보험계약자의 계약을 중개하는 독립된 상인이다. 보험중개인은 사실행위인 중개를 할 뿐, 체약대리권, 고지수령권, 기타 보험료수령권 등의 권한이 없다.

⑥ 보험모집인 : 특정한 보험자에게 종속되어 보험자를 위해 보험계약의 체결을 중개하는 자이다. 보험모집인은 소속 보험회사와 고용이나 도급계약의 요소가 혼합된 위임계약에 근거한 소속 보험회사의 사용인으로서 보험계약의 체결대리권(체약대리권 締約代理權)이 없는 중개인에 불과하며, 계약체결권, 보험료수령권, 고지의무 수령권 등이 없다. 보험외판원, 생활설계사, 보험설계사라고도 하며, 근로기준법상 근로자가 아니다.

2) 보험계약의 성립

보험계약은 계약자의 청약(請約)과 보험자의 승낙(承諾)에 의하여 성립된다. 보험법은 보험자가 계약자로부터 청약과 함께 보험료 상당액의 전부 또는 일부를 지급받은 경우에는 30일 이내에 계약 낙부의 통지(諾否通知)를 발송하도록 규정하고 있고, 낙부의 통지를 하지 않는 때에는 보험계약의 성립을 의제하여 보험계약자를 보호하고 있다(제638조의2).

4. 약관의 교부의무와 설명의무

보험자는 보험계약을 체결할 때에 보험약관을 교부(交付)하고 중요한 내용을 설명(說明)하여야 한다. 이를 위반한 때에는 보험계약자가 계약성립 후 3개월 이내에 계약을 취소할 수 있다(제638조의3). 보험계약자는 위임의 여부에 불구하고 타인(제3자)을 위하여 보험계약을 체결할 수 있다. 그러나 손해보험계약의 경우에는 그 타인의 위임이 없는 때에는 보험계약자는 이를 보험자에게 고지하여야 하고, 그 고지가 없는 때에는 타인이 그 보험계약이 체결된 사실을 알지 못하였다는 사유로 보험자에게 대항하지 못한다(제639조). 보험계약은 그 계약전의 어느 시기를 보험기간의 시기로 할 수 있다(제634조).

보험자는 보험계약이 성립된 때에는 지체 없이 보험증권을 작성하여 보험계약자에게 교부하여야 한다(제640조).

제3절 보험료와 보험금

1. 보험료

보험계약자는 계약 체결 후 지체 없이 보험료의 전부 또는 제1회 보험료를 지급하여야 하며, 보험계약자가 이를 지급하지 아니하는 경우에는 다른 약정이 없는 한 계약성립 후 2월이 경과하면 그 계약은 해제된 것으로 본다(제650조). 보험자의 책임은 당사자간에 다른 약정이 없으면 최초의 보험료의 지급을 받은 때로부터 개시한다(제656조). 보험계약자 또는 피보험자나 보험수익자는 보험사고의 발생을 안 때에는 지체 없이 보험자에게 그 통지를 발송하여야 한다(제657조). 보험계약이 해지되고 해지환급금이 지급되지 아니한 경우에 보험계약자는 일정한 기간 내에 연체보험료에 약정이자를 붙여 보험자에게 지급하고 그 계약의 부활을 청구할 수 있다(제650조의2).

※ 보험료불가분의 원칙 : 보험료기간은 위험측정의 단위가 되는 기간이기 때문에, 그 중도에 보험계약의 효력이 소멸하더라도 보험자는 1년이라는 보험료기간의 보험료를 모두 취득한다.

2. 보험금

보험자는 보험금액의 지급에 관하여 약정기간이 있는 경우에는 그 기간 내에, 약정기간이 없는 경우에는 보험사고 발생의 통지를 받은 후 지체 없이 지급할 보험금액을 정하고 그 정해진 날부터 10일 내에 피보험자 또는 보험수익자에게 보험금액을 지급하여야 한다. 그러나 보험사고가 보험계약자 또는 피보험자나 보험수익자의 고의 또는 중대한 과실로 인하여 생긴 때에는 보험자는 보험금을 지급할 책임이 없다(제656~제659조).

※ 보험자대위 : 손해보험에서 보험자가 보험사고로 인한 손실을 피보험자에게 보상
하여 준 때에 보험의 목적이나 제삼자에 대하여 가지는 피보험자 또는 보험계약자
의 권리를 법률상 당연히 취득하는 것이다. 인보험에서는 예외적으로 생명보험에
서만 인정되고 있다.

제4절 보험의 종류

보험을 원하는 자가 직접 공동위험단체를 만드는 경우와 보험회사에 의하여 공동위
험단체가 형성되는 경우가 있는데, 전자를 상호보험(相互保險)이라고 하고 후자를 영리
보험(營利保險)이라고 한다. 보험은 보험자가 보험사고로 인하여 생길 피보험자의 재산
상의 손해를 보상하는 것을 내용으로 하는 손해보험(損害保險, 제665조)과 사람의 생
명·신체에 관한 보험사고가 생긴 경우에 보험자가 보험금이나 그 밖의 재산적 급여를
하는 인보험(人保險)으로 나뉜다. 상법상 손해보험에는 화재보험, 운송보험, 해상보험,
책임보험, 자동차보험, 보증보험, 기타 삼림수해보험이 있다. 인보험에는 생명보험(정기
보험, 종신, 생존, 양로, 단체, 신용보험)과 상해보험, 질병보험이 있고, 기타 교육보험,
의료보험 등이 있다.

1. 상법(보험법)상의 종류

1) 손해보험(損害保險)

손해보험계약은 손보험자가 우연한 일정한 사고로 발생한 손해의 전보를 그 내용으
로 하므로, 이에는 사고가 없었더라면 가졌을 이익, 즉 피보험이익(被保險利益)이 있어
야 한다. 피보험이익은 피보험자와 보험의 목적의 관계에서 보험사고가 발생하면 손해
를 받게 될 우려가 있는 것이다. 손해보험은 손해 보상을 목적으로 하므로 피보험이익
은 손해보험계약에 있어서 본질적 요소이다. 피보험이익의 주체를 피보험자라고 한다.
피보험자와 보험계약자는 보통 일치하며, 그렇지 않은 경우에는 타인을 위한 보험이 된
다. 피보험이익은 적법한 이익이고 금전으로 산정할 수 있는 이익이어야 한다(제668

조). 피보험이익은 보험계약의 동일성을 결정하고 초과보험(제669조)과 중복보험(제672조)을 방지하며, 일부 보험(제674조)과 전부 보험의 판정 기준이 되고, 보험의 사행성(射倖性)을 방지하는 역할을 한다.

손해보험은 보험사고로 인하여 생긴 실제의 손해액을 보상하는 부정액보험(不定額保險)인 점에서, 보험사고로 인한 실제손해의 유무나 그 손해액의 다소에 관계없이 미리 약정된 일정액의 보험금을 지급하는 정액보험(定額保險)과 다르다.

보험계약자와 피보험자는 손해방지의무(제680조)가 있으며, 피보험자가 보험의 목적을 양도한 때에는 양수인은 보험계약상의 권리와 의무를 승계한 것으로 추정한다(제679조).

① 화재보험 : 화재로 인하여 생긴 손해를 보상하는 보험(제683조~제687조)

② 운송보험 : 다른 약정이 없는 한 운송인이 운송물을 수령한 때로부터 수하인에게 인도할 때까지 생길 손해를 보상하는 보험(제688조~제692조)

③ 해상보험 : 해상사업에 관한 사고로 인하여 생길 손해를 보상(제693조~제718조)

④ 책임보험 : 피보험자가 보험기간 중의 사고로 인하여 제3자에게 배상할 책임을 진 경우에 이를 보상(제719조~제726조)

⑤ 자동차보험 : 피보험자가 자동차를 소유, 사용 또는 관리하는 동안에 발생한 사고로 인하여 생긴 손해를 보상(제726조의2~제726조의4). 피보험자가 보험기간 중에 자동차를 양도한 때에는 양수인은 보험자의 승낙을 얻은 경우에 한하여 보험계약상의 권리·의무를 승계한다.

⑥ 보증보험 : 보험계약자가 피보험자에게 계약상의 채무불이행 또는 법령상의 의무불이행으로 입힌 손해를 보상(제726조의5~제726조의7). 보증보험의 경우에는 보험사고가 보험계약자의 고의 또는 중과실로 인하여 생긴 때에도 보험금을 지급할 책임이 있으며(756조의7, 제651조, 제659조), 민법상 보증채무에 관한 규정을 준용한다.

2) 인보험

상법상 인보험(人保險)은 사람의 생명이나 신체에 생기는 보험사고에 대해 보상하는 보험으로서, 이에는 생명보험(生命保險)과 상해보험(傷害保險), 질병보험의 세 가지가 있다. 이에 대하여 물(건)보험(物保險)이란 물건 또는 재산에 관하여 생기는 사고의 손해를 보상하는 보험으로서, 화재보험, 운송보험, 도난보험 등이 있다.

① 생명보험 : 피보험자의 사망, 생존, 사망과 생존에 관한 보험사고가 발생할 경우에 약정한 보험금 지급(제730조~제736조)

　㉠ 타인의 사망을 보험사고로 하는 보험계약 : 서면에 의한 동의

　㉡ 15세 미만자, 심신상실자, 심신박약자의 사망을 보험사고로 한 보험계약 ⇒ 무효(다만, 심신박약자가 보험계약을 체결하거나 단체보험의 피보험자가 될 때 의사능력 회복시 체결 가능)

　㉢ 사망을 보험사고로 하는 보험계약에서는 사고가 보험계약자 또는 피보험자나 보험수익자의 중대한 과실로 인해 발생한 경우에도 보험자는 보험금 지급책임을 면하지 못한다. 둘 이상의 보험수익자 중 일부가 고의로 피보험자를 사망하게 한 경우 보험자는 다른 보험수익자에 대한 책임은 면하지 못한다.

　㉣ 단체보험(단체가 규약에 따라 구성원의 전부 또는 일부를 피보험자로 하는 생명보험계약을 체결)의 경우에는 타인의 서면에 의한 동의(제731조)를 요하지 아니한다.

② 상해보험 : 신체의 상해에 관한 보험사고가 생길 경우에 보험금액 기타의 급여를 하는 보험(제737조~제739조)이다. 즉, 생명보험계약은 당사자의 일방이 상대방이나 제3자의 생명에 관한 보험사고가 생긴 경우에 보험수익자에게 일정한 보험금액 기타 재산적 급여를 하고, 상대방은 일정한 보험료를 지급할 것을 약정하는 계약이다. 이것은 손해의 유무나 다소에 관계없는 정액보험이다. 손해보험에서는 손해의 전보를 받을 자를 피보험자라 하나, 생명보험에서는 특정인의 생명에 관한 사고가 보험사고로 되는 경우 그 특정인을 피보험자라 한다. 보험계약자가 자기를 피보험자로 하지 않고 제3자를 피보험자로 할 때에 이를 타인의 생명보험이라 한다. 또한 보험계약자가 자기를 보험수익자로 하지 않고 제3자를 보험수익자로 할 때에 이를 타인을 위한 보험이라 한다. 피보험자와 보험계약자가 동일인이 아닐 때에는 보험증권의 기재사항 중 피보험자의 주소·성명 및 생년월일 ⇒ 피보험자의 직무 또는 직위만을 기재할 수 있다.

③ 질병보험 : 피보험자의 질병에 관한 보험사고가 발생할 경우 보험금이나 그 밖의 급여를 지급하는 보험(제739조의2~제739조의3)

2. 공보험과 사보험

공보험(公保險, public insurance)이란 국가 또는 지방 공공단체, 또는 지방자치단체가 국가정책상 목적에서 보험사업의 경영주체가 되어 운영하는 보험을 말한다. 예컨대 고용보험, 건강보험, 산업재해보상보험 등이 이에 해당된다. 이에 대하여 사보험(私保險)은 보험관계자의 경제적 이익을 위하여 영위되는 보험이다.

3. 강제보험과 임의보험

강제보험은 법률에 의해 일정한 범위의 사람들에게 의무적으로 강제하게 하는 보험으로서, 고용보험, 건강보험, 산업재해보상보험 등의 공적보험이 이에 해당된다. 반면에 임의보험 또는 자유보험은 당사자의 자유로운 의사로 가입하는 보통의 보험을 말한다.

4. 단체보험과 개별보험

단체보험은 대학, 회사, 공장 등 일정한 단체의 구성원 전부 또는 일부를 포괄적으로 피보험자로 하여 구성원의 생명·신체에 관한 사고를 보험사고로 하는 생명보험 또는 상해보험을 말한다.

5. 기업보험과 가계보험

기업보험은 기업이 경영 목적으로 이용하는 보험으로서, 경영인정기보험, 퇴직은퇴플랜, 임직원 대상의 단체보험 등이 있다. 이에 대해 가계보험은 일반 소비자를 대상으로 한다.

6. 재보험과 원보험

재보험(reinsurance)은 보험계약상의 위험을 분산시키기 위하여 보험사가 드는 보험으로서, 보험사를 위한 보험이다. 재보험의 경우 피보험자는 보험회사(원보험자)가 되고, 보험자는 재보험자가 된다. 세계적으로 '스위스 리'(Swiss Re), '뮤닉 리'(Munich Re), '젠 리'(Gen Re) 등이 재보험사로 유명하며, 우리나라에는 1963년에 설립된 '코리안 리(한국재보험)'가 있어서 보험회사가 인수한 계약의 일부를 다른 보험회사에 인수시키는 전업 국내 재보험회사로 활동하고 있는데, 국내 시장은 2015년 현재 약 8조 원 정도의 시장 규모로서, '코리안 리'가 약 60%, 나머지를 8개 외국계 회사가 분점하고 있으며, 2015. 7. 세계 4대 생명보험회사 중 하나인 '퍼시픽라이프 리'가 금융당국에 예비허가를 신청 중에 있다.

7. 상호보험과 영리보험

상호보험(相互保險)은 보험이 필요한 사람들이 직접 단체를 구성하여 상호적으로 보험을 행하는 보험으로서, 영국의 선주상호보험 법인이 그 예이다. 구성원은 보험입사계약(保險入社契約, entry)에 따라 상호보험관계가 생겨, 보험자인 동시에 피보험자의 지위를 갖게 된다. 이는 영리보험에 대립되는 개념으로서, 이 경우 보험계약 관계가 존재하지 아니하여 보험계약법 규정이 적용되지 않지만, 상법(보험법)은 그 성질이 상반되지 아니한 한도에서 상호보험에 준용된다(제664조).

8. 유사보험

단체 구성원의 복리후생이나 공제(共濟)를 위하여 보험회사가 아닌 조합이 하는 보험사업이나 유사 사업을 말한다. 공제회(共濟會)는 단체의 구성원들이 일정한 금액을 갹출하고, 구성원들의 사망, 상해, 질병 등의 사고가 발생할 경우 정해진 금액을 지급하여 구제하는 목적의 단체이다.

보험업법

제1절 개 요

1. 개요

보험업법에서는 보험상품, 보험업 등에 대해서 용어의 정의를 내리고 있으나 보험에 대해서는 법적 용어정의를 하지 않고 있다. 다만 통상적으로 보험은 '우발적으로 발생하는 일정한 위험에서 생기는 경제적 타격이나 부담을 덜어주기 위하여 다수의 경제주체가 협동하여 합리적으로 산정된 금액을 조달하고 지급하는 경제적 제도'로 일컬어지고 있다.

보험업법의 목적은 '보험업을 경영하는 자의 건전한 경영을 도모하고 보험계약자, 피보험자, 그 밖의 이해관계인의 권익을 보호함으로써 보험업의 건전한 육성과 국민경제의 균형 있는 발전에 기여함을 목적으로 한다.'라고 되어 있는데 보험회사의 건전성 확보를 통한 계약자보호는 핵심사항으로 여겨지고 있다.

2. 주요 개념

(1) 보험상품

'보험상품'이란 위험보장을 목적으로 우연한 사건 발생에 관하여 금전 및 그 밖의 급여를 지급할 것을 약정하고 대가를 수수(授受)하는 계약('국민건강보험법'에 따른 건강보험, '고용보험법'에 따른 고용보험 등 보험계약자의 보호 필요성 및 금융거래 관행 등을 고려하여 대통령령으로 정하는 것은 제외한다[1])으로서 다음의 것을 말한다.

① 생명보험상품 : 위험보장을 목적으로 사람의 생존 또는 사망에 관하여 약정한 금전 및 그 밖의 급여를 지급할 것을 약속하고 대가를 수수하는 계약으로서 대통령령으로 정하는 계약

- 생명보험계약

- 연금보험계약(퇴직보험계약 포함)

② 손해보험상품 : 위험보장을 목적으로 우연한 사건(질병·상해 및 간병은 제외한다)으로 발생하는 손해(계약상 채무불이행 또는 법령상 의무불이행으로 발생하는 손해를 포함한다)에 관하여 금전 및 그 밖의 급여를 지급할 것을 약속하고 대가를 수수하는 계약으로서 대통령령으로 정하는 계약

- 화재보험계약

- 해상보험계약(항공·운송보험계약 포함)

- 자동차보험계약

- 보증보험계약

- 재보험계약

- 책임보험계약

- 기술보험계약

- 권리보험계약

- 도난보험계약

- 유리보험계약

- 동물보험계약

- 원자력보험계약

---

1) 적용제외 :
  - 고용보험법에 따른 고용보험
  - 국민건강보험법에 따른 건강보험
  - 국민연금법에 따른 국민연금
  - 노인장기요양보험법에 따른 장기요양보험
  - 산업재해보상보험법에 따른 산업재해보상보험
  - 할부거래에 관한 법률 제2조제2호에 따른 선불식 할부계약

- 비용보험계약
- 날씨보험계약

③ 제3보험상품 : 위험보장을 목적으로 사람의 질병·상해 또는 이에 따른 간병에 관하여 금전 및 그 밖의 급여를 지급할 것을 약속하고 대가를 수수하는 계약으로서 대통령령으로 정하는 계약
- 상해보험계약
- 질병보험계약
- 간병보험계약

(2) 보험업

'보험업'이란 보험상품의 취급과 관련하여 발생하는 보험의 인수(引受), 보험료 수수 및 보험금 지급 등을 영업으로 하는 것으로서, 생명보험업·손해보험업 및 제3보험업을 말한다.

① 생명보험업

생명보험업이란 생명보험상품의 취급과 관련하여 발생하는 보험의 인수, 보험료 수수 및 보험금 지급 등을 영업으로 하는 것이다.

② 손해보험업

손해보험업이란 손해보험상품의 취급과 관련하여 발생하는 보험의 인수, 보험료 수수 및 보험금 지급 등을 영업으로 하는 것이다.

③ 제3보험업

제3보험업이란 제3보험상품의 취급과 관련하여 발생하는 보험의 인수, 보험료 수수 및 보험금 지급 등을 영업으로 하는 것이다.

(3) 보험회사

보험회사란 허가를 받아 보험업을 경영하는 자이다.

(4) 상호회사

상호회사는 보험업을 경영할 목적으로 이 법에 따라 설립된 회사로서 보험계약자를 사원(社員)으로 하는 회사이다.

(5) 외국보험회사

외국보험회사란 대한민국 이외의 국가의 법령에 따라 설립되어 대한민국 이외의 국가에서 보험업을 경영하는 자이다.

(6) 보험설계사

보험설계사란 보험회사·보험대리점 또는 보험중개사에 소속되어 보험계약의 체결을 중개하는 자[법인이 아닌 사단(社團)과 재단을 포함한다]로서 제84조에 따라 등록된 자이다.

(7) 보험대리점

보험대리점이란 보험회사를 위하여 보험계약의 체결을 대리하는 자(법인이 아닌 사단과 재단을 포함한다)로서 보험업법 제87조에 따라 등록된 자이다.

(8) 보험중개사

보험중개사란 독립적으로 보험계약의 체결을 중개하는 자(법인이 아닌 사단과 재단을 포함한다)로서 보험업법 제89조에 따라 등록된 자이다.

(9) 모집

'모집'이란 보험계약의 체결을 중개하거나 대리하는 것이다.

(10) 신용공여

'신용공여'란 대출 또는 유가증권의 매입(자금 지원적 성격인 것만 해당한다)이나 그 밖에 금융거래상의 신용위험이 따르는 보험회사의 직접적·간접적 거래로서 대통령령으로 정하는 바에 따라 금융위원회가 정하는 거래를 말한다.

(11) 총자산

총자산이란 대차대조표에 표시된 자산에서 미상각신계약비(未償却新契約費), 영업권 등 대통령령으로 정하는 자산을 제외한 것을 말한다.

(12) 자기자본

자기자본이란 납입자본금·자본잉여금·이익잉여금, 그 밖에 이에 준하는 것(자본조정은 제외한다)으로서 대통령령으로 정하는 항목의 합계액에서 영업권, 그 밖에 이에 준하는 것으로서 대통령령으로 정하는 항목의 합계액을 뺀 것을 말한다.

(13) 동일차주

'동일차주'란 동일한 개인 또는 법인 및 이와 신용위험을 공유하는 자로서 대통령령으로 정하는 자를 말한다.

(14) 대주주

'대주주'란 다음의 어느 하나에 해당하는 주주를 말한다.
① 최대주주 : 보험회사의 의결권 있는 발행주식 총수를 기준으로 본인 및 그와 대통령령으로 정하는 특수한 관계에 있는 자('특수관계인')가 누구의 명의로 하든지 자기의 계산으로 소유하는 주식을 합하여 그 수가 가장 많은 경우의 그 본인
② 주요주주 : 누구의 명의로 하든지 자기의 계산으로 보험회사의 의결권 있는 발행주식 총수의 100분의 10 이상의 주식을 소유하는 자 또는 임원의 임면 등의 방법으로 그 보험회사의 주요 경영사항에 대하여 사실상의 영향력을 행사하는 주주로서 대통령령으로 정하는 자

(15) 자회사

보험회사가 다른 회사('민법' 또는 특별법에 따른 조합을 포함한다)의 의결권 있는 발행주식(출자지분을 포함한다) 총수의 100분의 15를 초과하여 소유하는 경우의 그 다른 회사를 말한다.

(16) 전문보험계약자

보험계약에 관한 전문성, 자산규모 등에 비추어 보험계약의 내용을 이해하고 이행할 능력이 있는 자로서 다음의 어느 하나에 해당하는 자를 말한다. 다만, 전문보험계약자 중 대통령령으로 정하는 자가 일반보험계약자와 같은 대우를 받겠다는 의사를 보험회사에 서면으로 통지하는 경우 보험회사는 정당한 사유가 없으면 이에 동의하여야 하며, 보험회사가 동의한 경우에는 해당 보험계약자는 일반보험계약자로 본다.

① 국가

② 한국은행

③ 대통령령으로 정하는 금융기관

④ 주권상장법인

⑤ 그 밖에 대통령령으로 정하는 자

(17) 일반보험계약자

'일반보험계약자'란 전문보험계약자가 아닌 보험계약자를 말한다.

(18) 기타 관련용어

① 보험자 : 위험을 인수하고 보험금을 지불하는 보험회사이다.

② 보험계약자 : 보험계약을 체결하고 보험료를 납입하는 자이다.

③ 피보험자 : 보험의 객체, 즉 보험이 걸려있는 자이다.

④ 보험수익자 : 보험계약자로부터 보험금의 수령을 지정받은 자이다.

⑤ 보험기간 : 보험자가 보험계약에 대해 위험을 부담하는 기간이다.

⑥ 보험료 : 보험계약자가 보험회사에 납입하는 금액이다.

⑦ 보험금 : 보험회사가 보험사고시 계약자 또는 수익자에게 지급하는 금액이다.

⑧ 보험사고 : 보험자가 보험금을 지급해야 할 의무가 구체화되는 사고이다.

⑨ 연생보험 : 하나의 보험계약으로 2명 이상의 보험대상자를 보장하는 보험이다.

⑩ 생사혼합보험 : 보험기간 중 사망하거나 보험기간 만료시까지 생존하였을 경우 약정보험금을 지급하는 생명보험이다.

⑪ 역선택 : 보험사고의 발생가능성이 높은 위험상태에 있는 자가 자진하여 보험에 가입하는 것이다(대수의 법칙에 의한 수지상등의 법칙이 무너져 보험회사에게 불리한 상황이다).

⑫ 표준체 : 신체, 물건 등 보험대상에 명확한 결점이 없어 특별한 조건을 붙이지 않고도 보험에 가입할 수 있는 것을 말한다.

⑬ 표준미달체 : 신체, 물건 등 보험대상에 명확한 결점이 있어 특별한 조건을 붙이지 않고는 보험에 가입할 수 없는 것을 말한다.

⑭ 사정 : 피보험자의 위험을 측정하여 계약조건을 정하는 것이다.

⑮ 제1급 장해 : 질병 또는 재해로 인한 신체장해가 영구히 남아있어서, 소득능력이 완전히 상실되거나 현저히 감소된 상태이다.

⑯ 장해 : 외부로부터의 급격한 사고로 육체적 상해를 입어 사망하거나 전염병으로 사망 또는 장해분류표 중 질병 또는 동일한 재해로 인해 여러 신체부위의 합산 장해지급률이 80% 이상인 장해상태가 된 것을 말한다.

⑰ 효력상실 : 유예기간 및 일정한 통지기간이 지나도록 보험료를 납입하지 않아 보험계약의 효력이 상실되는 것이다.

⑱ 후견인 : 친권자가 없을 때 3촌 이내의 직계가족 중 한 사람을 내세워 법률적 행위를 하도록 하는 것이다.

⑲ 부활 : 납입최고기간 이후 계약이 해지되었으나 해지환급금을 받지 않은 경우 3년 이내에 연체보험료 및 연체이자를 납입함과 동시에 보험회사로부터 승낙을 얻어 다시 계약을 유효하게 하는 것이다.

⑳ 주계약, 특약 : 주계약이란 독립적으로 판매할 수 있는 보험을 말하며, 특별약관(이하 '특약'이라 한다)이란 주계약에 부가하여 보장을 추가하거나 보험계약자 등의 편의를 도모하기 위한 제도 등을 추가하는 보험을 말한다.

㉑ 승낙 : 보험관련 청약을 인수하는 것이다.

㉒ 고지의무 : 계약자 또는 피보험자가 건강상태 등 법령에서 정한 중요사항을 보험회사에 알리도록 할 의무이다.

㉓ 청약철회 : 보험증권수령일로부터 15일 이내에 청약을 언제든지 철회가 가능한 것을 말한다(통신판매는 30일 이내, 약관 사본 미교부 등은 3개월 이내).

㉔ 참조순보험료율 : '참조순보험요율'이란 보험요율산출기관이 금융위에 신고한 위험률을 말한다.

㉕ 기준연령요건 : '기준연령 요건'이란 전기납 및 월납 조건으로 남자가 만 40세에 보험에 가입하는 경우를 말한다. 다만, 남자가 만 40세에 보험에 가입할 수 없거나 연령만기보험(종신보험, 연금보험 포함)의 경우에는 가입연령의 중간연령을 가입시기로 하며, 전기납이 없는 경우에는 최장기납으로 한다.

㉖ 보장성보험 : '보장성보험'이란 기준연령 요건에서 생존시 지급되는 보험금의 합계 액이 이미 납입한 보험료를 초과하지 아니하는 보험을 말하며, '순수보장성보험'이 란 생존시 지급되는 보험금이 없는 보장성보험을 말하고 '그 밖의 보장성보험'이란 순수보장성보험을 제외한 보장성보험을 말한다.

㉗ 저축성보험 : '저축성보험'이란 보장성보험을 제외한 보험으로서 생존시 지급되는 보험금의 합계액이 이미 납입한 보험료를 초과하는 보험이다.

㉘ 연금보험 : '연금보험'이란 일정연령 이후에 생존하는 경우 연금을 주된 보장으로 하는 보험을 말한다.

㉙ 금리연동형보험 : '금리연동형보험'이란 보험회사의 자산운용이익률, 시장금리 등에 따라 보험료적립금 적용이율이 변동되는 보험을 말한다.

㉚ 금리확정형보험 : '금리확정형보험'이란 보험료적립금 적용이율이 고정된 보험을 말한다.

㉛ 자산연계형보험 : '자산연계형보험'이란 특정자산의 수익률 또는 지표 등에 연계하 여 보험료적립금 적용이율이 변동되고 특별계정으로 설정·운용되는 금리연동형 보험을 말한다.

㉜ 주피보험자, 종피보험자 : '주피보험자'란 피보험자중 주된 보장의 대상이 되는 피 보험자를 말하며, '종피보험자'라 함은 주피보험자에 종속되어 보장을 받는 피보험 자를 말한다.

㉝ 일반손해보험 : '일반손해보험'이란 보험료를 산출시에 할인율을 적용하지 아니 하 고 순보험료가 위험보험료만으로 구성된 손해보험을 말한다.

㉞ 장기손해보험 : '장기손해보험'이란 일반손해보험을 제외한 손해보험을 말한다.

㉟ 표준이율 : '표준이율'이란 보험회사가 최소한 적립해야 할 보험료적립금의 계산 등을 위해 시장금리를 고려하여 금감원장이 정하는 이율을 말한다.

㊱ 표준위험률 : '표준위험률'이란 보험회사가 최소한 적립해야 할 보험료적립금의 계 산 등을 위해 금감원장이 정하는 위험률을 말한다. 다만, 표준위험률이 없는 경우 에는 금감원장이 정하는 바에 따라 최적위험률을 보수적으로 할인·할증하여 사 용한다.

㊲ 표준순보험료 : '표준순보험료'란 표준이율 및 표준위험률을 적용하여 계산한 순보 험료를 말한다.

㊳ 표준위험보험료 : '표준위험보험료'란 표준이율 및 표준위험률을 적용하여 계산한 위험보험료를 말한다.

㊴ 최적기초율 : '최적기초율'이란 장래 현금흐름이 실제 발생하는 현금흐름에 최대한 근접하도록 추정된 기초율(최적사업비율, 최적위험률, 최적해지율 등)을 말한다.

㊵ 참조순보험료 : '참조순보험료'란 표준이율 및 참조순보험요율을 적용하여 계산한 순보험료를 말한다. 다만, 참조순보험요율이 없는 경우에는 최적위험률을 보수적으로 할인·할증한 위험률을 사용한다.

제2절 보험업 허가

1. 보험업의 영위

1) 허가

보험업을 경영하려는 자는 보험종목별로 금융위원회의 허가를 받아야 한다.

2) 예외적용

생명보험업이나 손해보험업에 해당하는 보험종목의 전부(보증보험 및 재보험은 제외)에 관하여 허가를 받은 자는 제3보험업에 해당하는 보험종목에 대한 허가를 받은 것으로 본다. 보험업법에 따른 허가를 받은 자는 해당 보험종목의 재보험에 대한 허가를 받은 것으로 본다.

3) 자본금

보험회사는 300억 원 이상의 자본금 또는 기금을 납입함으로써 보험업을 시작할 수 있으며, 보험회사가 보험종목의 일부만을 취급하려는 경우에는 50억 원 이상의 범위에서 대통령령으로 자본금 또는 기금의 액수를 다르게 정할 수 있다(전화·우편·컴퓨터통신 등 통신수단을 이용하여 대통령령으로 정하는 바에 따라 모집을 하는 보험회사는 통상적인 자본금 또는 기금의 3분의 2에 상당하는 금액 이상을 자본금 또는 기금으로 납입함으로써 보험업을 시작할 수 있다).

※참고 : 보험종목별 자본금 또는 기금

보험업법 제9조제1항 단서에 따라 보험종목의 일부만을 취급하려는 보험회사가 납입하여야 하는 보험종목별 자본금 또는 기금의 액수는 다음의 구분에 따른다.

1. 생명보험 : 200억 원
2. 연금보험(퇴직보험을 포함한다) : 200억 원
3. 화재보험 : 100억 원
4. 해상보험(항공·운송보험을 포함한다) : 150억 원
5. 자동차보험 : 200억 원
6. 보증보험 : 300억 원
7. 재보험 : 300억 원
8. 책임보험 : 100억 원
9. 기술보험 : 50억 원
10. 권리보험 : 50억 원
11. 상해보험 : 100억 원
12. 질병보험 : 100억 원
13. 간병보험 : 100억 원
14. 1부터 13까지 외의 보험종목 : 50억 원

* 재보험은 재보험을 전업(專業)으로 하려는 보험회사에 한정하여 적용한다. 다만, 취급하고 있는 보험종목에 대한 재보험을 하려는 경우에는 그러하지 아니하다.

** 보험회사가 보험종목 중 둘 이상의 보험종목을 취급하려는 경우에는 각 구분에 따른 금액의 합계액을 자본금 또는 기금으로 한다(다만, 그 합계액이 300억 원 이상인 경우에는 300억 원으로 한다).

---

4) 통신판매전문보험회사

총보험계약건수 및 수입보험료의 100분의 90 이상을 전화, 우편, 컴퓨터통신 등 통신 수단을 이용하여 모집하는 보험회사('통신판매전문보험회사')를 말한다(보험업법 제9조 제2항).

5) 외국보험회사

외국보험회사가 대한민국에서 보험업을 경영하려는 경우에는 대통령령으로 정하는 영업기금(30억 원 이상)을 자본금 또는 기금으로 본다.

2. 보험업의 구분

1) 생명보험업의 보험종목

① 생명보험

② 연금보험(퇴직보험 포함)

③ 그 밖에 대통령령으로 정하는 보험종목

2) 손해보험업의 보험종목

① 화재보험

② 해상보험(항공 · 운송보험 포함)

③ 자동차보험

④ 보증보험

⑤ 재보험(再保險)

⑥ 책임보험

⑦ 기술보험

⑧ 권리보험

⑨ 도난 · 유리 · 동물 · 원자력 보험

⑩ 비용보험

⑪ 날씨보험

3) 제3보험업의 보험종목

① 상해보험

② 질병보험

③ 간병보험

④ 그 밖에 대통령령으로 정하는 보험종목

제3절 보험계약과 지배구조 등

1. 보험계약의 체결

누구든지 보험회사가 아닌 자와 보험계약을 체결하거나 중개 또는 대리하지 못한다. 다만, 보험업법 시행령으로 정하는 다음의 경우에는 예외로 한다.

① 외국보험회사와 생명보험계약, 수출적하보험계약, 수입적하보험계약, 항공보험계약, 여행보험계약, 선박보험계약, 장기상해보험계약 또는 재보험계약을 체결하는 경우

② ① 외의 경우로서 대한민국에서 취급되는 보험종목에 관하여 셋 이상의 보험회사로부터 가입이 거절되어 외국보험회사와 보험계약을 체결하는 경우

③ 대한민국에서 취급되지 아니하는 보험종목에 관하여 외국보험회사와 보험계약을 체결하는 경우

④ 외국에서 보험계약을 체결하고, 보험기간이 지나기 전에 대한민국에서 그 계약을 지속시키는 경우

⑤ ①부터 ④까지 외에 보험회사와 보험계약을 체결하기 곤란한 경우로서 금융위원회의 승인을 받은 경우

2. 보험업 겸영의 제한

보험회사는 생명보험업과 손해보험업을 겸영(兼營)하지 못한다. 다만, 다음의 어느 하나에 해당하는 보험종목은 그러하지 아니하다.

① 생명보험의 재보험 및 제3보험의 재보험

② 다른 법령에 따라 겸영할 수 있는 보험종목2)으로서 대통령령으로 정하는 보험종목

---

2) 겸영 가능 보험종목 : 동법 제10조제2호에서 '대통령령으로 정하는 보험종목'이란 다음 각 호의 보험을 말한다. 다만, 동법 제4조제1항제2호에 따른 손해보험업의 보험종목(재보험과 보증보험은 제외한다) 일부만을 취급하는 보험

③ 대통령령으로 정하는 기준에 따라 제3보험의 보험종목에 부가되는 보험[3]

3. 겸영업무와 부수업무의 신고

보험회사가 겸영업무 혹은 부수업무를 영위하려면 그 업무를 시작하려는 날의 7일 전까지 금융위원회에 신고하여야 한다.

4. 보험업과의 구분계리 사항

겸영업무 혹은 부수업무는 보험업과 구분하여 계리하여야 한다.

5. 사외이사 등

1) 사외이사의 선임

자산총액이 2조 원 이상인 보험회사는 이사회에 사외이사를 3명 이상 두어야 하며, 사외이사의 수는 전체 이사수의 2분의 1 이상이어야 한다. 사외이사후보를 추천하기 위하여 '상법' 제393조의2에 따른 위원회('사외이사후보추천위원회')를 설치하여야 한다. 이 경우 사외이사후보추천위원회는 사외이사가 총 위원의 2분의 1 이상이 되도록 구성하여야 한다. 사외이사는 사외이사후보추천위원회의 추천을 받은 자 중 주주총회 또는 사원총회('주주총회 등')에서 선임한다.

회사와 제3보험업만을 경영하는 보험회사는 겸영할 수 없다.
1. '조세특례제한법' 제86조의2에 따른 연금저축계약
2. '근로자퇴직급여 보장법' 제29조제2항에 따른 보험계약 및 법률 제7379호 근로자퇴직급여보장법 부칙 제2조제 1항에 따른 퇴직보험계약
3) 보험업법 제10조제3호에서 '대통령령으로 정하는 기준에 따라 제3보험의 보험종목에 부가되는 보험'이란 손해보험업의 보험종목 전부를 취급하는 손해보험회사가 질병을 원인으로 하는 사망을 제3보험의 특약 형식으로 담보하는 보험으로서 다음 각 호의 요건을 충족하는 보험을 말한다.
   1. 보험만기는 80세 이하일 것
   2. 보험금액의 한도는 개인당 2억 원 이내일 것
   3. 만기 시에 지급하는 환급금은 납입보험료 합계액의 범위 내일 것

2) 사외이사의 선임 제한

다음의 어느 하나에 해당하는 자는 보험회사의 사외이사가 되지 못하며, 사외이사가 된 후 이에 해당하게 되면 그 직을 잃는다.

① 다음의 어느 하나에 해당하는 자(보험업법 제13조제1항제1호~제9호)

　㉠ 미성년자·금치산자 또는 한정치산자

　㉡ 파산선고를 받은 자로서 복권되지 아니한 자

　㉢ 금고 이상의 실형을 선고받고 그 집행이 끝나거나(집행이 끝난 것으로 보는 경우를 포함한다) 집행이 면제된 날부터 5년이 지나지 아니한 자

　㉣ 이 법 또는 이에 상당하는 외국의 법령이나 그 밖에 대통령령으로 정하는 금융 관계 법률에 따라 벌금 이상의 형을 선고받고 그 집행이 끝나거나(집행이 끝난 것으로 보는 경우를 포함한다) 집행이 면제된 날부터 5년이 지나지 아니한 자

　㉤ 금고 이상의 형의 집행유예를 선고받고 그 유예기간 중에 있는 자

　㉥ 보험업법 또는 대통령령으로 정하는 금융 관계 법률에 따라 영업의 인가·허가 등이 취소된 회사나 법인의 임직원이었던 자(그 취소사유의 발생에 직접 또는 이에 상응하는 책임이 있는 자로서 대통령령으로 정하는 자만 해당한다)로서 그 회사나 법인에 대한 취소처분이 있었던 날부터 5년이 지나지 아니한 자

　㉦ '금융산업의 구조개선에 관한 법률' 제10조제1항에 따라 금융위원회로부터 적기시정조치를 받거나 같은 법제14조제2항에 따라 계약이전의 결정 등 행정처분(이하 '적기시정조치 등'이라 한다)을 받은 금융기관(같은 법 제2조제1호에 따른 금융기관을 말한다)의 임직원으로 재직하거나 재직하였던 자(그 적기시정조치 등을 받게 된 원인에 대하여 직접 또는 이에 상응하는 책임이 있는 자로서 대통령령으로 정하는 자만 해당한다)로서 그 적기시정조치 등을 받은 날부터 2년이 지나지 아니한 자

　㉧ 보험업법 또는 이에 상당하는 외국의 법령이나 그 밖에 대통령령으로 정하는 금융 관계 법률에 따라 해임되거나 징계면직된 자로서 해임 또는 징계면직된 날부터 5년이 지나지 아니한 자

　㉨ 보험업법 제135조 또는 대통령령으로 정하는 금융 관계 법률에 따라 재임 또는 재직 중이었더라면 해임 또는 징계면직의 조치를 받았을 것으로 통보된 퇴

임한 임원 또는 퇴직한 직원으로서 그 통보가 있었던 날부터 5년(통보가 있었던 날부터 5년이 되는 날이 퇴임 또는 퇴직한 날부터 7년을 넘는 경우에는 퇴임 또는 퇴직한 날부터 7년으로 한다)이 지나지 아니한 자

② 최대주주

③ 최대주주의 특수관계인

④ 주요주주 및 그의 배우자와 직계 존속·비속

⑤ 그 보험회사 또는 계열회사('독점규제 및 공정거래에 관한 법률'에 따른 계열회사를 말한다)의 상근(常勤) 임직원이거나 최근 2년 이내에 상근 임직원이었던 자

⑥ 그 보험회사의 상근 임원의 배우자 및 직계 존속·비속

⑦ 그 보험회사와 대통령령으로 정하는 중요한 거래관계가 있거나, 사업상 경쟁관계 또는 협력관계에 있는 법인의 상근 임직원이거나 최근 2년 이내에 상근 임직원이었던 자

⑧ 그 보험회사의 상근 임직원이 비상임이사로 있는 회사의 상근 임직원

⑨ 그 밖에 사외이사로서의 직무를 충실하게 이행하기 어렵거나 그 보험회사와 이해관계가 있거나 경영에 영향을 미칠 수 있는 자로서 대통령령으로 정하는 자

6. 감사위원회

자산총액이 2조 원 이상인 보험회사는 감사위원회를 설치하여야 한다. 감사위원회는 총 위원의 3분의 2 이상이 사외이사이고, 위원 중 1명 이상은 대통령령으로 정하는 회계 또는 재무 전문가이어야 한다.

7. 지급여력비율

지급여력비율[4]은 지급여력기준금액에 대한 지급여력금액의 비율을 백분율로 나타낸 것이다.

---

4) 지급여력비율 = (지급여력금액/지급여력기준금액)×100

1) 지급여력금액

'지급여력금액'이란 자본금, 계약자배당을 위한 준비금, 대손충당금, 후순위차입금, 그 밖에 이에 준하는 것으로서 금융위원회가 정하여 고시하는 금액을 합산한 금액에서 미상각신계약비, 영업권, 그 밖에 이에 준하는 것으로서 금융위원회가 정하여 고시하는 금액을 뺀 금액을 말한다.

2) 지급여력기준금액

'지급여력기준금액'이란 보험업을 경영함에 따라 발생하게 되는 위험을 금융위원회가 정하여 고시하는 방법에 의하여 금액으로 환산한 것을 말한다.

8. 지급여력비율과 금융위의 적기시정조치

금융위원회는 보험회사에 대해 지급여력비율이 50~100% 미만인 경우 경영개선권고를, 0%~50% 미만인 경우 경영개선 요구를, 0% 미만인 경우 경영개선 명령을 내린다.

9. 보험 안내자료 기입사항

모집시에는 보험 안내자료에 다음의 사항을 명백하고 알기 쉽게 적어야 한다.

① 보험회사의 상호나 명칭 또는 보험설계사·보험대리점 또는 보험중개사의 이름·상호나 명칭
② 보험 가입에 따른 권리·의무에 관한 주요 사항
③ 보험약관으로 정하는 보장에 관한 사항
④ 보험금 지급제한 조건에 관한 사항
⑤ 해약환급금에 관한 사항
⑥ '예금자보호법'에 따른 예금자보호와 관련된 사항 등

10. 모집 가능자

모집을 할 수 있는 자는 다음의 어느 하나에 해당하는 자이어야 한다.[5]

① 보험설계사

② 보험대리점

③ 보험중개사

④ 보험회사의 임원(대표이사·사외이사·감사 및 감사위원은 제외) 또는 직원

11. 보험설계사에 의한 모집의 제한

① 보험회사의 타 보험회사 소속 설계사에 대한 위탁금지

보험회사 등은 다른 보험회사 등에 소속된 보험설계사에게 모집을 위탁하지 못한다.

② 보험설계사의 타 보험회사를 위한 모집금지

보험설계사는 자기가 소속된 보험회사 등 이외의 자를 위하여 모집을 하지 못한다.

③ 적용제외

다음 각 호의 어느 하나에 해당하는 경우에는 ① 및 ②를 적용하지 아니한다.

㉠ 생명보험회사 또는 제3보험업을 전업(專業)으로 하는 보험회사에 소속된 보험설계사가 1개의 손해보험회사를 위하여 모집을 하는 경우

㉡ 손해보험회사 또는 제3보험업을 전업으로 하는 보험회사에 소속된 보험설계사가 1개의 생명보험회사를 위하여 모집을 하는 경우

㉢ 생명보험회사나 손해보험회사에 소속된 보험설계사가 1개의 제3보험업을 전업으로 하는 보험회사를 위하여 모집을 하는 경우

---

5) 금융기관보험대리점 등은 대통령령으로 정하는 바에 따라 그 금융기관 소속 임직원이 아닌 자로 하여금 모집을 하게 하거나, 보험계약 체결과 관련한 상담 또는 소개를 하게 하고 상담 또는 소개의 대가를 지급하여서는 아니 된다.

12. 보험설계사에 대한 불공정행위 금지

보험회사 등은 보험설계사에게 보험계약의 모집을 위탁할 때 다음의 행위를 하여서는 아니 된다.

① 보험모집 위탁계약서를 교부하지 아니하는 행위
② 위탁계약서상 계약사항을 이행하지 아니하는 행위
③ 위탁계약서에서 정한 해지요건 외의 사유로 위탁계약을 해지하는 행위
④ 정당한 사유없이 보험설계사가 요청한 위탁계약 해지를 거부하는 행위
⑤ 위탁계약서에서 정한 위탁업무 외의 업무를 강요하는 행위
⑥ 정당한 사유없이 보험설계사에게 지급되어야 할 수수료의 전부 또는 일부를 지급하지 아니하거나 지연하여 지급하는 행위
⑦ 정당한 사유없이 보험설계사에게 지급한 수수료를 환수하는 행위
⑧ 보험설계사에게 보험료 대납(代納)을 강요하는 행위 등

13. 보험대리점

1) 등록

보험대리점이 되려는 자는 개인과 법인을 구분하여 대통령령으로 정하는 바에 따라 금융위원회에 등록하여야 한다.

2) 등록제한

① 다음의 어느 하나에 해당하는 자는 보험대리점이 되지 못한다(동법 제84조제2항).
　㉠ 금치산자 또는 한정치산자
　㉡ 파산선고를 받은 자로서 복권되지 아니한 자
　㉢ 이 법에 따라 벌금 이상의 형을 선고받고 그 집행이 끝나거나(집행이 끝난 것으로 보는 경우를 포함한다) 집행이 면제된 날부터 2년이 지나지 아니한 자
　㉣ 이 법에 따라 금고 이상의 형의 집행유예를 선고받고 그 유예기간 중에 있는 자
　㉤ 이 법에 따라 보험설계사·보험대리점 또는 보험중개사의 등록이 취소된 후 2년이 지나지 아니한 자

ⓑ ⓜ에도 불구하고 이 법에 따라 보험설계사·보험대리점 또는 보험중개사 등록 취소 처분을 2회 이상 받은 경우 최종 등록취소 처분을 받은 날부터 3년이 지 나지 아니한 자

ⓢ 이 법에 따라 과태료 또는 과징금 처분을 받고 이를 납부하지 아니하거나 업무 정지 및 등록취소 처분을 받은 보험대리점·보험중개사 소속의 임직원이었던 자(처분사유의 발생에 관하여 직접 또는 이에 상응하는 책임이 있는 자로서 대 통령령으로 정하는 자만 해당한다)로서 과태료·과징금·업무정지 및 등록취소 처분이 있었던 날부터 2년이 지나지 아니한 자

ⓞ 영업에 관하여 성년자와 같은 능력을 가지지 아니한 미성년자로서 그 법정대리 인이 ⓖ부터 ⓢ까지의 규정중 어느 하나에 해당하는 자

ⓩ 법인 또는 법인이 아닌 사단이나 재단으로서 그 임원이나 관리인 중에 ⓖ부터 ⓢ까지의 규정 중 어느 하나에 해당하는 자가 있는 자

ⓒ 이전에 모집과 관련하여 받은 보험료, 대출금 또는 보험금을 다른 용도에 유용 (流用)한 후 3년이 지나지 아니한 자

② 보험설계사 또는 보험중개사로 등록된 자

③ 다른 보험회사 등의 임직원

④ 외국의 법령에 따라 ⓖ에 해당하는 것으로 취급되는 자

⑤ 그 밖에 경쟁을 실질적으로 제한하는 등 불공정한 모집행위를 할 우려가 있는 자 로서 대통령령으로 정하는 자

3) 영업보증금 예탁

금융위원회는 등록을 한 보험대리점으로 하여금 금융위원회가 지정하는 기관에 영업 보증금을 예탁하게 할 수 있다.

4) 보험대리점의 구분, 등록요건, 영업기준 및 영업보증금의 한도액 등

보험업법 제87조에 따른 보험대리점은 개인인 보험대리점('개인보험대리점')과 법인인 보험대리점('법인보험대리점')으로 구분하고, 각각 생명보험대리점·손해보험대리점[특 정 재화의 판매 또는 용역의 제공을 본업으로 하는 자가 그 본업과 관련 있는 보험상

품을 모집하는 손해보험대리점('단종손해보험대리점')을 포함한다.] 및 제3보험대리점으로 구분한다.

5) 법인보험대리점

법인보험대리점은 보험계약자 보호 등을 해칠 우려가 없는 업무로서 대통령령으로 정하는 업무 또는 보험계약의 모집 업무 이외의 업무를 하지 못한다. 그리고 경영현황 등 대통령령으로 정하는 업무상 주요 사항을 대통령령으로 정하는 바에 따라 공시하고 금융위원회에 알려야 한다.

14. 방카슈랑스

금융기관은 법인보험대리점의 한 형태로 보험업대리점 등을 할 수 있다. 금융기관 보험대리점은 은행, 투자매매업자 또는 투자중개업자, 상호저축은행, 그 밖에 다른 법률에 따라 금융업무를 하는 기관으로서 대통령령으로 정하는 기관이 가능하다. 은행의 보험대리점은 방카슈랑스로 통칭되고 있다.

15. 설명의무 등

1) 설명의무

보험회사 또는 보험의 모집에 종사하는 자는 일반보험계약자에게 보험계약 체결을 권유하는 경우에는 보험료, 보장범위, 보험금 지급제한 사유 등 대통령령으로 정하는 보험계약의 중요 사항을 일반보험계약자가 이해할 수 있도록 설명하여야 한다.

2) 확인의무

보험회사 또는 보험의 모집에 종사하는 자는 설명한 내용을 일반보험계약자가 이해하였음을 서명, 기명날인, 녹취, 그 밖에 대통령령으로 정하는 방법으로 확인을 받아야 한다.

3) 기타

보험회사는 보험계약의 체결 시부터 보험금 지급 시까지의 주요 과정을 대통령령으로 정하는 바에 따라 일반보험계약자에게 설명하여야 한다. 다만, 일반보험계약자가 설명을 거부하는 경우에는 그러하지 아니하다. 보험회사는 일반보험계약자가 보험금 지급을 요청한 경우에는 대통령령으로 정하는 바에 따라 보험금의 지급절차 및 지급내역 등을 설명하여야 하며, 보험금을 감액하여 지급하거나 지급하지 아니하는 경우에는 그 사유를 설명하여야 한다.

16. 적합성의 원칙

1) 보험계약자 파악(know your customer rule)

보험회사 또는 보험의 모집에 종사하는 자는 일반보험계약자가 보험계약을 체결하기 전에 면담 또는 질문을 통하여 보험계약자의 연령, 재산상황, 보험가입의 목적 등 대통령령으로 정하는 사항을 파악하고 일반보험계약자의 서명('전자서명법' 제2조제2호에 따른 전자서명 포함), 기명날인, 녹취, 그 밖에 대통령령으로 정하는 방법으로 확인을 받아 유지 · 관리하여야 하며, 확인받은 내용은 일반보험계약자에게 지체 없이 제공하여야 한다.

2) 적합성의 판단

보험회사 또는 보험의 모집에 종사하는 자는 일반보험계약자의 연령, 재산상황, 보험가입의 목적 등에 비추어 그 일반보험계약자에게 적합하지 아니하다고 인정되는 보험계약의 체결을 권유하여서는 아니 된다.

17. 모집 광고

1) 모집 광고의 공정성

보험회사 또는 보험의 모집에 종사하는 자가 보험상품에 관하여 광고를 하는 경우에는 보험계약자가 보험상품의 내용을 오해하지 아니하도록 명확하고 공정하게 전달하여야 한다.

2) 광고 포함사항

보험회사 또는 보험의 모집에 종사하는 자가 보험상품에 관하여 광고를 하는 경우에는 다음의 내용이 포함되어야 한다.

① 보험계약 체결 전에 상품설명서 및 약관을 읽어볼 것을 권유하는 내용

② 보험계약자가 기존에 체결했던 보험계약을 해지하고 다른 보험계약을 체결하면 보험인수가 거절되거나 보험료가 인상되거나 보장내용이 달라질 수 있다는 내용

③ 변액보험 계약과 관련하여 대통령령으로 정하는 내용 등

3) 광고시 금지사항

보험회사 또는 보험의 모집에 종사하는 자가 보험상품에 대하여 광고를 하는 경우에는 다음의 행위를 하여서는 아니 된다.

① 보험금 지급한도, 지급제한 조건, 면책사항, 감액지급 사항 등을 누락하거나 충분히 고지하지 아니하여 제한 없이 보험금을 수령할 수 있는 것으로 오인하게 하는 행위

② 보장금액이 큰 특정 내용만을 강조하거나 고액 보험금 수령 사례 등을 소개하여 보험금을 많이 지급하는 것으로 오인하게 하는 행위

③ 보험료를 일할로 분할하여 표시하거나 보험료 산출기준(보험가입금액, 보험료 납입기간, 보험기간, 성별, 연령 등)을 불충분하게 설명하여 보험료가 저렴한 것으로 오인하게 하는 행위

④ 만기 시 자동갱신되는 보험상품의 경우 갱신 시 보험료가 인상될 수 있음을 보험계약자가 인지할 수 있도록 충분히 고지하지 아니하는 행위

⑤ 금리 및 투자실적에 따라 만기환급금이 변동이 될 수 있는 보험상품의 경우 만기환급금이 보험만기일에 확정적으로 지급되는 것으로 오인하게 하는 행위

18. 보험중개사의 고지의무 및 겸직금지

1) 고지의무

보험중개사는 보험계약의 체결을 중개할 때 그 중개와 관련된 내용을 대통령령으로 정하는 바에 따라 장부에 적고 보험계약자에게 알려야 하며, 그 수수료에 관한 사항을 비치하여 보험계약자가 열람할 수 있도록 하여야 한다.

2) 겸직금지 등

보험중개사는 보험회사의 임직원이 될 수 없으며, 보험계약의 체결을 중개하면서 보험회사·보험설계사·보험대리점·보험계리사 및 손해사정사의 업무를 겸할 수 없다.

19. 보험설계사·보험대리점 또는 보험중개사의 신고의무

보험설계사·보험대리점 또는 보험중개사는 그 등록 또는 피성년후견·피한정후견·파산 등 그 결격사유가 발생한 때 등에는 지체 없이 그 사실을 금융위원회에 신고하여야 한다(동법 제93조).

20. 설명의무

① 보험회사 또는 보험의 모집에 종사하는 자는 일반보험계약자에게 보험계약 체결을 권유하는 경우에는 보험료, 보장범위, 보험금 지급제한 사유 등 대통령령으로 정하는 보험계약의 중요사항을 일반보험계약자가 이해할 수 있도록 설명하여야 한다.
② 보험회사 또는 보험의 모집에 종사하는 자는 ①에 따라 설명한 내용을 일반보험계약자가 이해하였음을 서명, 기명날인, 녹취, 그 밖에 대통령령으로 정하는 방법으로6) 확인을 받아야 한다.
③ 보험회사는 보험계약의 체결 시부터 보험금 지급 시까지의 주요 과정을 대통령령으로 정하는 바에 따라 일반보험계약자에게 설명하여야 한다. 다만, 일반보험계약

---

6) '전자서명법' 제2조제2호에 따른 전자서명을 말한다.

자가 설명을 거부하는 경우에는 그러하지 아니하다.

21. 특별이익 제공의 금지

보험계약의 체결 또는 모집에 종사하는 자는 그 체결 또는 모집과 관련하여 보험 계약자나 피보험자에게 다음의 어느 하나에 해당하는 특별이익을 제공하거나 제공하기로 약속하여서는 아니 된다.

① 금품(대통령령으로 정하는 금액을 초과하지 아니하는 금품은 제외한다)[7]

② 기초서류에서 정한 사유에 근거하지 아니한 보험료의 할인 또는 수수료의 지급

③ 기초서류에서 정한 보험금액보다 많은 보험금액의 지급 약속

④ 보험계약자나 피보험자를 위한 보험료의 대납(代納)

⑤ 보험계약자나 피보험자가 해당 보험회사로부터 받은 대출금에 대한 이자의 대납

⑥ 보험료로 받은 수표 또는 어음에 대한 이자 상당액의 대납

⑦ 상법 제682조에 따른 제3자에 대한 청구권 대위행사의 포기

22. 보험료의 산출

구 분	내 용
예정위험율	과거 발생한 보험사고를 기초로 장래 발생될 사고율을 예측
예정사업비율	보험사업을 영위하는데 필요한 장래 사업비를 예측
예정이율	장래 보험금 및 만기환급금을 지급하기 위해 보장하는 금리

23. 계약자 배당금

예정위험률, 예정이율, 예정사업비율의 예정치와 실제운용결과와의 차이를 계약자에게 환급하는 것이다.

---

7) 보험계약 체결 시부터 최초 1년간 납입되는 보험료의 100분의 10과 3만 원 중 적은 금액을 말한다.

구 분	배당재원	내 용	대 상
위험률차 배당	시차손익	예정위험률과 실제위험률의 차이	1년 이상 계약유지
이자율차 배당	이차손익	예정이율과 실제이율의 차이	
사업비차 배당	비차손익	예정사업비율과 실제사업비율의 차이	
장기유지 특별배당		장기계약자 우대	6년 이상 계약유지

제4절 생명보험

1. 주요 개념

1) 생명보험

생명보험은 보험계약자가 보험자(보험회사)에게 보험료를 납입하고 그 반대급부로 사망, 상해 등 보험계약자의 신체와 관련되는 사고로 손해가 발생할 경우 보험자가 보험계약자 혹은 보험수익자에게 약정한 보험금을 지급할 것을 약속함으로써 성립하는 생명보험계약이다.

2) 생명보험상품

생명보험상품은 위험보장을 목적으로 사람의 생존 또는 사망에 관하여 약정한 금전 및 그 밖의 급여를 지급할 것을 약속하고 대가를 수수하는 계약으로서, 보험업법상 생명보험계약과 연금보험계약(퇴직보험계약을 포함)이 이에 해당된다.

3) 생명보험업

'생명보험업'이란 생명보험상품의 취급과 관련하여 발생하는 보험의 인수, 보험료 수수 및 보험금 지급 등을 영업으로 하는 것을 말한다.

2. 약관의 작성

1) 약관

'약관'(約款)이란 그 명칭이나 형태 또는 범위에 상관없이 계약의 한쪽 당사자가 여러 명의 상대방과 계약을 체결하기 위하여 일정한 형식으로 미리 마련한 계약의 내용을 말한다.

2) 사업자

'사업자'란 계약의 한쪽 당사자로서 상대 당사자에게 약관을 계약의 내용으로 할 것을 제안하는 자를 말한다.

3) 고객

'고객'이란 계약의 한쪽 당사자로서 사업자로부터 약관을 계약의 내용으로 할 것을 제안받은 자를 말한다.

4) 약관의 작성과 설명의무 등

(1) 약관의 작성

사업자는 고객이 약관의 내용을 쉽게 알 수 있도록 한글로 작성하고, 표준화·체계화된 용어를 사용하며, 약관의 중요한 내용을 부호, 색채, 굵고 큰 문자 등으로 명확하게 표시하여 알아보기 쉽게 약관을 작성하여야 한다.

(2) 사본의 교부

사업자는 계약을 체결할 때에는 고객에게 약관의 내용을 계약의 종류에 따라 일반적으로 예상되는 방법으로 분명하게 밝히고, 고객이 요구할 경우 그 약관의 사본을 고객에게 내주어 고객이 약관의 내용을 알 수 있게 하여야 한다.

(3) 설명의무

사업자는 약관에 정하여져 있는 중요한 내용을 고객이 이해할 수 있도록 설명하여야 한다. 다만, 계약의 성질상 설명하는 것이 현저하게 곤란한 경우에는 그러하지 아니하다.

5) 개별약정 우선의 원칙

약관에서 정하고 있는 사항에 관하여 사업자와 고객이 약관의 내용과 다르게 합의한 사항이 있을 때에는 그 합의 사항은 약관보다 우선한다.

6) 약관해석의 일반원칙 : 신의성실의 원칙, 공정성, 차별적용의 금지, 작성자 불이익의 원칙(고객에 유리한 해석)

약관은 신의성실의 원칙에 따라 공정하게 해석되어야 하며, 고객에 따라 다르게 해석되어서는 아니 된다. 약관의 뜻이 명백하지 아니한 경우에는 고객에게 유리하게 해석되어야 한다.

7) 신의성실의 원칙

신의성실의 원칙을 위반하여 공정성을 잃은 약관 조항은 무효이다. 다음의 조항이 있는 경우에는 공정성을 잃은 약관이다.
① 고객에게 부당하게 불리한 조항
② 고객이 계약의 거래형태 등 관련된 모든 사정에 비추어 예상하기 어려운 조항
③ 계약의 목적을 달성할 수 없을 정도로 계약에 따르는 본질적 권리를 제한하는 조항

8) 면책조항의 금지

① 사업자, 이행 보조자 또는 피고용자의 고의 또는 중대한 과실로 인한 법률상의 책임을 배제하는 조항
② 상당한 이유없이 사업자의 손해배상 범위를 제한하거나, 사업자가 부담하여야 할 위험을 고객에게 떠넘기는 조항
③ 상당한 이유없이 사업자의 담보책임을 배제 또는 제한하거나, 그 담보책임에 따르는 고객의 권리행사의 요건을 가중하는 조항
④ 상당한 이유없이 계약목적물에 관하여 견본이 제시되거나, 품질·성능 등에 관한 표시가 있는 경우 그 보장된 내용에 대한 책임을 배제 또는 제한하는 조항

3. 생명보험 약관

1) 보험약관의 제출

보험업을 경영하기 위해 금융위에 허가신청시에는 보험약관을 제출하여야 한다.

2) 생명보험 약관의 성질

유상, 쌍무, 낙성, 불요식 계약이며 부합계약의 성격이 있고, 기타 사행계약, 선의계약, 상행위성의 성질이 있다.

① 유상계약 : 보험계약자는 보험료를 지급하고 보험회사는 보험사고 발생시 보험금을 지급할 것을 약속으로 하는 계약으로서 상호대가적 관계이다.

② 쌍무계약 : 보험계약자는 보험료 납입의무, 보험회사는 보험금 지급의무를 부담한다.

③ 불요식 · 낙성계약 : 쌍방의 의사표시 합치만으로 계약이 성립하고 서면 등 특별한 형식을 요하지 않는다.

④ 부합계약 : 보험자는 계약내용을 작성하고 보험계약자는 체결여부만을 결정하여 성립한다.

⑤ 사행계약 : 우연에 의한 부당이득의 가능성이 있다.

⑥ 선의계약 : 보험계약은 선의와 신의성실을 요한다.

⑦ 상행위성 : 보험계약은 보험자의 상행위이다. 상법도 보험을 영업적 상행위로 규정하고 있다(상법 제46조 제17호).

4. 생명보험 계약

1) 계약의 성립

보험계약자의 청약과 보험회사의 승낙으로 이루어진다.

① 무진단계약 : 보험회사는 청약일에 승낙 또는 거절을 해야 한다.

② 진단계약 : 보험회사는 30일 내에 승낙 또는 거절을 해야 하며, 30일 내에 승낙 또는 거절의 통지가 없으면 승낙된 것으로 본다.

2) 계약불성립시 보험료의 반환

보험회사는 승낙을 거절하였을 경우 납입보험료에 대해 '계약의 표준이율+1%'를 연복리로 계산한 금액을 반환한다.

5. 청약의 철회

1) 청약철회(Cooling Off)

보험증권을 수령한 후 15일 이내에는 언제든지 청약을 철회할 수 있다. 단, 통신판매계약은 청약일로부터 30일 이내, 약관 미교부 혹은 자필서명이 없는 경우, 약관의 중요 설명이 없었던 경우에는 3개월 이내 청약을 철회할 수 있다.

2) 청약철회시 보험료의 반환

청약철회접수일로부터 3일 이내에 반환하며, 지연된 기간에 대해서는 보험계약대출이율을 연복리로 지급한다.

6. 생명보험 실무(표준약관)

1) 계약체결의 당사자

생명보험계약(이하 '계약'이라 한다)은 보험계약자(이하 '계약자'라 한다)와 보험 회사(이하 '회사'라 한다) 사이에 피보험자의 생존이나 사망에 대한 위험을 보장하기 위하여 체결된다.

2) 용어의 정의

① 계약자 : 회사와 계약을 체결하고 보험료를 납입할 의무를 지는 사람이다.
② 보험수익자 : 보험금 지급사유가 발생하는 때에 회사에 보험금을 청구하여 받을 수 있는 사람을 말한다.
③ 보험증권 : 계약의 성립과 그 내용을 증명하기 위하여 회사가 계약자에게 주는 증서이다.

④ 진단계약 : 계약을 체결하기 위하여 피보험자가 건강진단을 받아야 하는 계약이다.

⑤ 피보험자 : 보험사고의 대상이 되는 사람이다.

⑥ 연단위 복리 : 회사가 지급할 금전에 이자를 줄 때 1년마다 마지막 날에 그 이자를 원금에 더한 금액을 다음 1년의 원금으로 하는 이자 계산방법을 말한다.

⑦ 표준이율 : 회사가 최소한 적립해야 할 적립금 등을 계산하기 위해 시장금리를 고려하여 금융감독원장이 정하는 이율로서, 이 계약 체결 시점의 표준이율을 말한다.

⑧ 해지환급금 : 계약이 해지되는 때에 회사가 계약자에게 돌려주는 금액이다.

⑨ 보험기간 : 계약에 따라 보장을 받는 기간이다.

⑩ 영업일 : 회사가 영업점에서 정상적으로 영업하는 날을 말하며, 토요일, '관공서의 공휴일에 관한 규정'에 따른 공휴일과 근로자의 날을 제외한다.

3) 보험금의 지급

회사는 피보험자에게 다음 중 어느 하나의 사유가 발생한 경우에는 보험수익자에게 약정한 보험금을 지급한다.

① 보험기간 중의 특정시점에 살아 있을 경우 : 중도보험금

② 보험기간이 끝날 때까지 살아 있을 경우 : 만기보험금

③ 보험기간 중 사망한 경우 : 사망보험금

④ 보험기간 중 진단 확정된 질병 또는 재해로 장해분류표에서 정한 각 장해지급률에 해당하는 장해상태가 되었을 때 : 장해보험금

⑤ 보험기간 중 질병이 진단 확정되거나 입원, 통원, 요양, 수술 또는 수발이 필요한 상태가 되었을 때 : 입원보험금 등

4) 실종선고 등

① 실종선고를 받은 경우 : 법원에서 인정한 실종기간이 끝나는 때에 사망한 것으로 본다.

② 관공서에서 수해, 화재나 그 밖의 재난을 조사하고 사망한 것으로 통보하는 경우 : 가족관계등록부에 기재된 사망연월일을 기준으로 한다.

5) 보험금의 지급사유

장해지급률이 재해일 또는 질병의 진단 확정일부터 180일 이내에 확정되지 않는 경우에는 재해일 또는 진단 확정일부터 180일이 되는 날의 의사 진단에 기초하여 고정될 것으로 인정되는 상태를 장해지급률로 결정한다. 다만, 장해분류표에 장해판정 시기를 별도로 정한 경우에는 그에 따른다.

① 장해지급률이 결정되었으나 그 이후 보장받을 수 있는 기간(계약의 효력이 없어진 경우에는 보험기간이 10년 이상인 계약은 재해일 또는 진단 확정일부터 2년 이내로 하고, 보험기간이 10년 미만인 계약은 재해일 또는 진단 확정일부터 1년 이내)에 장해상태가 더 악화된 때에는 그 악화된 장해상태를 기준으로 장해지급률을 결정한다.

② 청약서상 계약 전 알릴 의무(중요한 사항에 한함)에 해당하는 질병으로 과거(청약서상 해당 질병의 고지대상 기간을 말함)에 진단 또는 치료를 받은 경우에는 보험금 중 해당 질병과 관련한 보험금을 지급하지 않는다. 다만, 청약일 이전에 진단 확정된 질병이라 하더라도 청약일 이후 5년(갱신형 계약의 경우에는 최초 계약의 청약일 이후 5년)이 지나는 동안 그 질병으로 추가 진단(단순 건강검진 제외) 또는 치료 사실이 없을 경우, 청약일부터 5년이 지난 이후에는 약관에 따라 보장한다.

6) 의견불일치

보험수익자와 회사가 보험금 지급사유에 대해 합의하지 못할 때에는 보험수익자와 회사가 함께 제3자를 정하고, 그 제3자의 의견에 따를 수 있다. 제3자는 종합병원 소속 전문의 중에서 정하며, 보험금 지급사유 판정에 드는 의료비용은 회사가 전액 부담한다.

7) 보험금의 불지급

회사는 다음 중 어느 한 가지로 보험금 지급사유가 발생한 때에는 보험금을 지급하지 않는다.

① 피보험자가 고의로 자신을 해친 경우

다만, 피보험자가 심신상실 등으로 자유로운 의사결정을 할 수 없는 상태에서 자신을 해친 경우와 계약의 보장개시일(부활계약의 경우는 부활청약일)부터 2년이 지난 후에 자살한 경우에는 재해 이외의 원인에 해당하는 사망보험금을 지급한다.

② 보험수익자가 고의로 피보험자를 해친 경우

그러나 그 보험수익자가 보험금의 일부 보험수익자인 경우에는 그 보험수익자에게 해당하는 보험금을 제외한 나머지 보험금을 다른 보험수익자에게 지급한다.

③ 계약자가 고의로 피보험자를 해친 경우

8) 보험금 지급사유 발생의 통지

계약자 또는 피보험자나 보험수익자는 보험금 지급사유의 발생을 안 때에는 지체 없이 이를 회사에 알려야 한다.

9) 보험금 청구서류 등

보험수익자는 다음의 서류를 제출하고 보험금을 청구하여야 한다.
① 청구서(회사 양식)
② 사고증명서(사망진단서, 장해진단서, 입원치료확인서 등)
③ 신분증(주민등록증이나 운전면허증 등 사진이 붙은 정부기관 발행 신분증, 본인이 아니면 본인의 인감증명서 포함)
④ 기타 보험수익자가 보험금 수령에 필요하여 제출하는 서류

10) 보험금의 지급절차

① 서류접수일로부터 3영업일 내 지급

회사는 보험금의 청구서류를 접수한 때에는 접수증을 교부하고 휴대전화 문자메시지 또는 전자우편 등으로도 송부하며, 그 서류를 접수한 날부터 3영업일 이내에 보험금을 지급한다.

② 조사 등 필요시는 10영업일 내 지급

보험금 지급사유의 조사나 확인이 필요한 때에는 접수 후 10영업일 이내에 지급한다.

③ 보험금 지급의 사전통지

회사는 보험금의 지급시기가 되면 지급시기 7일 이전에 그 사유와 회사가 지급하여야 할 금액을 계약자 또는 보험수익자에게 통지한다.

④ 회사가 보험금 지급사유를 조사·확인하기 위하여 지급기일 이내에 보험금을 지급하지 못할 것으로 예상되는 경우에는 그 구체적인 사유, 지급예정일 및 보험금 가지급제도(회사가 추정하는 보험금의 50% 이내를 지급)에 대하여 피보험자 또는 보험수익자에게 즉시 통지하여야 한다. 다만, 지급예정일은 다음의 어느 하나에 해당하는 경우를 제외하고는 서류를 접수한 날부터 30영업일 이내에서 정한다.

ㄱ 소송제기

ㄴ 분쟁조정신청

ㄷ 수사기관의 조사

ㄹ 해외에서 발생한 보험사고에 대한 조사

ㅁ 회사의 조사요청에 대한 동의 거부 등 계약자, 피보험자 또는 보험수익자의 책임 있는 사유로 보험금 지급사유의 조사와 확인이 지연되는 경우

11) 고지의무

(1) 고지의무

계약자 또는 피보험자는 청약할 때(진단계약의 경우에는 건강진단할 때를 말함) 청약서에서 질문한 사항에 대하여 알고 있는 사실을 반드시 사실대로 알려야('계약 전 알릴의무', 상법상 '고지의무'와 같다)한다. 다만, 진단계약에서 종합병원과 병원에서 직장또는 개인이 실시한 건강진단서 사본 등 건강상태를 판단할 수 있는 자료로 건강진단을 대신할 수 있다.

(2) 고지의무 위반의 효과

회사는 계약자 또는 피보험자가 계약 전 알릴 의무에도 불구하고 고의 또는 중대한과실로 중요한 사항에 대하여 사실과 다르게 알린 경우에는 회사가 별도로 정하는 방법에 따라 계약을 해지하거나 보장을 제한할 수 있다. 그러나 다음 중 한 가지에 해당되는 때에는 계약을 해지하거나 보장을 제한할 수 없다.

① 회사가 계약 당시에 그 사실을 알았거나 과실로 인하여 알지 못하였을 때

② 회사가 그 사실을 안 날부터 1개월 이상 지났거나 또는 보장개시일부터 보험금 지급사유가 발생하지 않고 2년(진단계약의 경우 질병에 대하여는 1년)이 지났을 때

③ 계약을 체결한 날부터 3년이 지났을 때

④ 회사가 이 계약을 청약할 때 피보험자의 건강상태를 판단할 수 있는 기초자료(건강진단서 사본 등)에 따라 승낙한 경우에 건강진단서 사본 등에 명기되어 있는 사항으로 보험금 지급사유가 발생하였을 때(계약자 또는 피보험자가 회사에 제출한 기초자료의 내용 중 중요사항을 고의로 사실과 다르게 작성한 때에는 계약을 해지하거나 보장을 제한할 수 있다)

⑤ 보험설계사 등이 계약자 또는 피보험자에게 고지할 기회를 주지 않았거나 계약자 또는 피보험자가 사실대로 고지하는 것을 방해한 경우, 계약자 또는 피보험자에게 사실대로 고지하지 않게 하였거나 부실한 고지를 권유했을 때(다만, 보험설계사 등의 행위가 없었다 하더라도 계약자 또는 피보험자가 사실대로 고지하지 않거나 부실한 고지를 했다고 인정되는 경우에는 계약을 해지하거나 보장을 제한할 수 있다).

⑥ 계약을 해지하였을 때에는 해지환급금을 지급하고, 보장을 제한하였을 때에는 보험료, 보험가입금액 등이 조정될 수 있다.

⑦ 계약 전 알릴 의무를 위반한 사실이 보험금 지급사유 발생에 영향을 미쳤음을 회사가 증명하지 못한 경우에는 고지의무 위반에 불구하고 계약의 해지 또는 보장을 제한하기 이전까지 발생한 해당 보험금을 지급한다.

⑧ 회사는 다른 보험가입내역에 대한 계약 전 알릴 의무 위반을 이유로 계약을 해지하거나 보험금 지급을 거절하지 않는다.

⑨ 계약자 또는 피보험자가 대리 진단, 약물사용을 수단으로 진단절차를 통과하거나 진단서 위·변조 또는 청약일 이전에 암 또는 인간면역결핍바이러스(HIV) 감염의 진단 확정을 받은 후 이를 숨기고 가입하는 등의 뚜렷한 사기의사에 의하여 계약이 성립되었음을 회사가 증명하는 경우에는 보장개시일부터 5년 이내(사기사실을 안 날부터는 1개월 이내)에 계약을 취소할 수 있다.

12) 보험계약의 성립

계약은 계약자의 청약과 회사의 승낙으로 이루어진다. 회사는 피보험자가 계약에 적합하지 않은 경우에는 승낙을 거절하거나 별도의 조건(보험가입금액 제한, 일부보장 제외, 보험금 삭감, 보험료 할증 등)을 붙여 승낙할 수 있다. 회사가 계약의 청약을 받고, 제1회 보험료를 받은 경우에 건강진단을 받지 않는 계약은 청약일, 진단계약은 진단일(재진단의 경우에는 최종 진단일)부터 30일 이내에 승낙 또는 거절하여야 하며, 승낙한 때에는 보험증권을 교부한다. 그러나 30일 이내에 승낙 또는 거절의 통지가 없으면 승낙된 것으로 본다. 회사가 제1회 보험료를 받고 승낙을 거절한 경우에는 거절통지와 함께 받은 금원을 돌려주는데, 보험료를 받은 기간에 대하여 표준이율+1%를 연단위 복리로 계산한 금액을 더하여 지급한다. 다만, 회사는 계약자가 제1회 보험료를 신용카드로 납입한 계약의 승낙을 거절하는 경우에는 신용카드의 매출을 취소하며 이자를 더하여 지급하지 않는다.

13) 청약의 철회

(1) 청약의 철회(Cooling Off)
① 계약자는 청약한 날부터 15일 이내에 그 청약을 철회할 수 있다.
② 통신판매계약의 경우는 30일 이내에 그 청약을 철회할 수 있다. 통신판매계약이란 통신전화·우편·인터넷 등 통신수단을 이용하여 체결하는 계약을 말한다.
③ 약관 및 계약자 보관용 청약서를 청약할 때 계약자에게 전달하지 않거나 약관의 중요한 내용을 설명하지 않은 때 또는 계약을 체결할 때 계약자가 청약서에 자필서명(날인 및 전자서명 또는 공인전자서명 포함)을 하지 않은 때에는 계약자는 청약일부터 3개월 이내에 계약을 취소할 수 있다(다만, 단체[취급]계약은 계약이 성립한 날부터 1개월 이내에 계약을 취소할 수 있음).

(2) 예외
진단계약, 또는 보험기간이 1년 미만인 계약은 청약을 철회할 수 없다.

(3) 청약철회시 보험료 반환
계약자가 청약을 철회한 때에는 회사는 청약의 철회를 접수한 날부터 3영업일 이내에 납입한 보험료를 돌려주고, 보험료 반환이 늦어진 기간에 대하여는 보험계약대출이율을 연단위 복리로 계산한 금액을 더하여 지급한다. 다만, 계약자가 제1회 보험료를 신용카드로 납입한 계약의 청약을 철회하는 경우에는 회사는 신용카드의 매출을 취소하면 되고, 이자를 더하여 지급하지 않는다.

14) 자필서명의 예외

전화를 이용하여 계약을 체결하는 경우에 다음의 어느 하나를 충족하는 때에는 자필서명을 생략할 수 있으며, 음성녹음 내용을 문서화한 확인서를 계약자에게 교부함으로써 계약자 보관용 청약서를 전달한 것으로 본다.
① 계약자, 피보험자 및 보험수익자가 동일한 계약의 경우
② 계약자, 피보험자가 동일하고 보험수익자가 계약자의 법정상속인인 계약일 경우

15) 계약의 무효

다음의 하나에 해당되는 경우에는 계약을 무효로 하며, 이미 납입한 보험료를 환불한다. 다만, 회사의 고의 또는 과실로 계약이 무효로 된 경우와 회사가 승낙 전에 무효임을 알았거나 알 수 있었음에도 보험료를 반환하지 않은 경우에는 보험료를 납입한 날의 다음 날부터 반환일까지의 기간에 대하여 회사는 이 계약의 보험계약 대출이율을 연단위 복리로 계산한 금액을 더하여 환불한다.
① 타인의 사망을 보험금 지급사유로 하는 계약에서 계약을 체결할 때까지 피보험자의 서면에 의한 동의를 얻지 않은 경우. 다만, 단체가 규약에 따라 구성원의 전부 또는 일부를 피보험자로 하는 계약을 체결하는 경우에는 이를 적용하지 않는다.
② 만 15세 미만자, 심신상실자 또는 심신박약자를 피보험자로 하여 사망을 보험금 지급사유로 한 계약의 경우
③ 계약을 체결할 때 계약에서 정한 피보험자의 나이에 미달되었거나 초과되었을 경우. 다만, 회사가 나이의 착오를 발견하였을 때 이미 계약나이에 도달한 경우에는 유효한 계약으로 보나, ②의 만 15세 미만자에 관한 예외가 인정되는 것은 아니다.

16) 계약변경 요청권

계약자는 회사의 승낙을 얻어 다음의 사항을 변경할 수 있다. 이 경우 승낙을 서면으로 알리거나 보험증권의 뒷면에 기재한다.

① 보험종목
② 보험기간
③ 보험료의 납입주기, 납입방법 및 납입기간
④ 보험가입금액
⑤ 계약자
⑥ 기타 계약의 내용

(1) 보험종목의 변경

회사는 계약자가 제1회 보험료를 납입한 때부터 1년 이상 지난 유효한 계약으로서, 그 보험종목의 변경을 요청할 때에는 회사의 사업방법서에서 정하는 방법에 따라 이를 변경하여 준다.

(2) 보험가입금액의 감액

보험가입금액을 감액하고자 할 때에는 그 감액된 부분은 해지된 것으로 보며, 이로써 회사가 지급하여야 할 해지환급금이 있을 때에는 해지환급금을 계약자에게 지급한다.

(3) 계약자 변경

계약자를 변경한 경우, 변경된 계약자에게 보험증권 및 약관을 교부하고 변경된 계약자가 요청하는 경우 약관의 중요한 내용을 설명한다.

(4) 보험수익자의 변경

계약자는 보험수익자를 변경할 수 있으며 이 경우에는 회사의 승낙이 필요하지 않다. 다만, 변경된 보험수익자가 회사에 권리를 대항하기 위해서는 계약자가 보험수익자가 변경되었음을 회사에 통지하여야 한다.

17) 보험 나이

피보험자의 나이는 보험나이를 기준으로 한다(보험 나이는 계약일 현재 피보험자의 실제 만 나이를 기준으로 6개월 미만의 끝수는 버리고 6개월 이상의 끝수는 1년으로 하여 계산하며, 이후 매년 계약 해당일에 나이가 증가하는 것으로 한다). 다만, 약관 제19조(계약의 무효) 제2호의 경우에는 실제 만 나이를 적용한다.

18) 보장 개시

(1) 보장 개시

회사는 계약의 청약을 승낙하고 제1회 보험료를 받은 때부터 약관이 정한 바에 따라 보장을 한다. 또한, 회사가 청약과 함께 제1회 보험료를 받은 후 승낙한 경우에도 제1회 보험료를 받은 때부터 보장이 개시된다. 자동이체 또는 신용카드로 납입하는 경우에는 자동이체신청 또는 신용카드 매출승인에 필요한 정보를 제공한 때를 제1회 보험료를 받은 때로 하며, 계약자의 책임 있는 사유로 자동이체 또는 매출 승인이 불가능한 경우에는 보험료가 납입되지 않은 것으로 본다. 회사가 청약과 함께 제1회 보험료를 받고 청약을 승낙하기 전에 보험금 지급사유가 발생하였을 때에도 보장개시일부터 약관이 정하는 바에 따라 보장을 한다.

(2) 보장 개시일

보장 개시일은 회사가 보장을 개시하는 날로서 계약이 성립되고 제1회 보험료를 받은 날을 말하나, 회사가 승낙하기 전이라도 청약과 함께 제1회 보험료를 받은 경우에는 제1회 보험료를 받은 날을 말한다. 또한, 보장개시일을 계약일로 본다.

19) 연체와 계약해지

계약자가 제2회 이후의 보험료를 납입기일까지 납입하지 않아 보험료 납입이 연체 중인 경우에 회사는 14일(보험기간이 1년 미만인 경우에는 7일) 이상의 기간을 납입최고(독촉)기간(납입최고(독촉)기간의 마지막 날이 영업일이 아닌 때에는 최고(독촉)기간은 그 다음 날까지로 한다)으로 정하여 아래 사항에 대하여 서면(등기우편 등), 전화(음성녹음) 또는 전자문서 등으로 통지한다(다만 해지 전에 발생한 보험금 지급사유에 대하여 회사는 보상한다).

① 계약자(보험수익자와 계약자가 다른 경우 보험수익자를 포함한다)에게 납입최고
(독촉)기간 내에 연체보험료를 납입하여야 한다는 내용

② 납입최고(독촉)기간이 끝나는 날까지 보험료를 납입하지 않을 경우 납입최고(독촉)
기간이 끝나는 날의 다음 날에 계약이 해지된다는 내용(이 경우 계약이 해지되는
때에는 즉시 해지환급금에서 보험계약대출원금과 이자가 차감된다는 내용을 포함)

③ 회사가 ①에 따른 납입최고(독촉) 등을 전자문서로 안내하고자 할 경우에는 계약
자에게 서면, 전자서명법 제2조 제2호에 따른 전자서명 또는 동법 제2조 제3호에
따른 공인전자서명으로 동의를 얻어 수신확인을 조건으로 전자문서를 송신하여야
하며, 계약자가 전자문서에 대하여 수신을 확인하기 전까지는 그 전자문서는 송신
되지 않은 것으로 본다. 회사는 전자문서가 수신되지 않은 것을 확인한 경우에는
①에서 정한 내용을 서면(등기우편 등) 또는 전화(음성녹음)로 다시 알려준다. ①
에 따라 계약이 해지된 경우에는 해지환급금을 계약자에게 지급한다.

20) 보험계약의 부활

보험료의 납입이 연체되는 경우 납입최고(독촉)와 계약의 해지에 따라 계약이 해지되
었으나 해지환급금을 받지 않은 경우(보험계약대출 등에 따라 해지환급금이 차감되었
으나 받지 않은 경우 또는 해지환급금이 없는 경우를 포함) 계약자는 해지된 날부터 3
년 이내에 회사가 정한 절차에 따라 계약의 부활(효력회복)을 청약할 수 있다. 회사가
부활(효력회복)을 승낙한 때에 계약자는 부활(효력회복)을 청약한 날까지의 연체된 보
험료에 표준이율+1% 범위 내에서 각 상품별로 회사가 정하는 이율로 계산한 금액을
더하여 납입하여야 한다. 다만, 금리연동형보험은 각 보험상품별 사업방법서에서 별도
로 정한 이율로 계산한다.

□ 보험계약 부활의 요건
① 보험계약의 효력이 상실된 지 3년 미경과
② 해지환급금을 받지 않았을 것
③ 연체된 보험료의 납부

21) 임의해지

(1) 계약자의 임의해지

계약자는 계약이 소멸하기 전에 언제든지 계약을 해지할 수 있으며(다만, 연금보험의 경우 연금이 지급개시된 이후에는 해지할 수 없음), 이 경우 회사는 해지환급금을 계약자에게 지급한다.

(2) 피보험자의 임의해지

사망을 보험금 지급사유로 하는 계약에서 서면으로 동의를 한 피보험자는 계약의 효력이 유지되는 기간에는 언제든지 서면동의를 장래를 향하여 철회할 수 있으며, 서면동의 철회로 계약이 해지되어 회사가 지급하여야 할 해지환급금이 있을 때에는 해지환급금을 계약자에게 지급한다.

22) 중대사유로 인한 해지

회사는 아래와 같은 사실이 있을 경우에는 그 사실을 안 날부터 1개월 이내에 계약을 해지할 수 있다.
① 계약자, 피보험자 또는 보험수익자가 고의로 보험금 지급사유를 발생시킨 경우
② 계약자, 피보험자 또는 보험수익자가 보험금 청구에 관한 서류에 고의로 사실과 다른 것을 기재하였거나 그 서류 또는 증거를 위조 또는 변조한 경우(다만, 이미 보험금 지급사유가 발생한 경우에는 보험금 지급에 영향을 미치지 않는다.)
③ ①에 따라 계약을 해지한 경우에 회사는 그 취지를 계약자에게 통지하고 해지환급금을 지급한다.

23) 파산선고와 해지

회사가 파산의 선고를 받은 때에는 계약자는 계약을 해지할 수 있다. 해지하지 않은 계약은 파산선고 후 3개월이 지난 때에는 그 효력을 잃는다.

24) 해지환급금

해지환급금은 보험료 및 책임준비금 산출방법서에 따라 계산한다. 해지환급금의 지

급사유가 발생한 경우 계약자는 회사에 해지환급금을 청구하여야 하며, 회사는 청구를 접수한 날부터 3영업일 이내에 해지환급금을 지급한다. 해지환급금 지급일까지의 기간에 대한 이자의 계산은 '보험금을 지급할 때의 적립이율 계산'에 따른다.

25) 보험금의 가지급 제도

보험금의 지급결정과 관련하여 보험금 지급이 지연되는 경우에는 보험금 수익자의 청구에 따라 회사가 추정하는 보험금을 우선적으로 가지급할 수 있다.

26) 분쟁의 조정

① 금감원장에 조정신청

계약에 관하여 분쟁이 있는 경우 분쟁 당사자 또는 기타 이해관계인과 회사는 금융감독원장에게 조정을 신청할 수 있다.

② 관할법원

이 계약에 관한 소송 및 민사조정은 계약자의 주소지를 관할하는 법원으로 한다. 다만, 회사와 계약자가 합의하여 관할법원을 달리 정할 수 있다.

27) 소멸시효

보험금청구권, 보험료 반환청구권, 해지환급금청구권, 책임준비금 반환청구권 및 배당금청구권은 2년간 행사하지 않으면 소멸시효가 완성된다.

28) 준거법

약관에서 정하지 않은 사항은 상법, 민법 등 관계 법령을 따른다.

29) 예금보험에 의한 지급보장

회사가 파산 등으로 인하여 보험금 등을 지급하지 못할 경우에는 예금자보호법에서 정하는 바에 따라 그 지급을 보장한다.

30) 회사가 제작한 보험안내자료 등의 효력

보험설계사 등이 모집과정에서 사용한 회사 제작의 보험안내자료(계약의 청약을 권유하기 위해 만든 자료 등) 내용이 약관의 내용과 다른 경우에는 계약자에게 유리한 내용으로 계약이 성립된 것으로 본다.

31) 손해배상책임

① 회사는 계약과 관련하여 임직원, 보험설계사 및 대리점의 책임 있는 사유로 계약자, 피보험자 및 보험수익자에게 발생된 손해에 대하여 관계 법령 등에 따라 손해배상의 책임을 진다.

② 회사는 보험금 지급거절 및 지연지급의 사유가 없음을 알았거나 알 수 있었는데도 소를 제기하여 계약자, 피보험자 또는 보험수익자에게 손해를 입힌 경우에는 그에 따른 손해를 배상할 책임을 진다.

③ 회사가 보험금 지급 여부 및 지급금액에 관하여 현저하게 공정을 잃은 합의로 보험수익자에게 손해를 입힌 경우에도 회사는 ②에 따라 손해를 배상할 책임을 진다.

제5절 손해보험

1. 주요 개념

1) 손해보험

손해보험은 우연한 사고로 인하여 발생하는 손해를 보상하는 것을 목적으로 하는 보험이다. 보험금은 보험계약자가 입은 손해액의 범위 내에서 결정된다.

2) 손해보험상품

위험보장을 목적으로 우연한 사건(질병·상해 및 간병은 제외)으로 발생하는 손해(계약상 채무불이행 또는 법령상 의무불이행으로 발생하는 손해를 포함한다)에 관하여 금전 및 그 밖의 급여를 지급할 것을 약속하고 대가를 수수하는 계약으로서 대통령령으로 정하는 다음의 계약이다.

① 화재보험계약

② 해상보험계약(항공 · 운송보험계약 포함)

③ 자동차보험계약

④ 보증보험계약

⑤ 재보험계약

⑥ 책임보험계약

⑦ 기술보험계약

⑧ 권리보험계약

⑨ 도난보험계약

⑩ 유리보험계약

⑪ 동물보험계약

⑫ 원자력보험계약

⑬ 비용보험계약

⑭ 날씨보험계약

3) 손해보험업

'손해보험업'이란 손해보험상품의 취급과 관련하여 발생하는 보험의 인수, 보험료 수수 및 보험금 지급 등을 영업으로 하는 보험이다.

2. 손해보험의 원리

① 위험의 분담

동일위험을 갖는 다수가 하나의 위험집단을 구성하여 각자가 납입한 보험료에 의하여 구성원중 일부가 입는 손해를 보상한다.

② 수지상등의 원칙

순보험료 총액과 지급보험금 총액이 같아야 한다.

③ 대수의 법칙

어떤 표본을 관찰할 때, 그 관찰회수가 많아질수록 표본의 결과가 나타나는 확률은 점차 어떤 법칙상에 의해 지배를 받는다.

④ 실손보상의 법칙

실제 손해받은 부분을 기초로 보상받는다. 전부손실에 대하여도 보험가액을 초과하여 보상받지는 못한다.

3. 보험료 구성(장기손해보험, 통합형 기준)

> 영업보험료 = 순보험료[8] + 부가보험료[9]

4. 질병·상해보험 표준약관

1) 개념

① 계약자 : 회사와 계약을 체결하고 보험료를 납입할 의무를 지는 사람이다.

② 보험수익자 : 보험금 지급사유가 발생하는 때에 회사에 보험금을 청구하여 받을 수 있는 사람이다.

③ 보험증권 : 계약의 성립과 그 내용을 증명하기 위하여 회사가 계약자에게 주는 증서이다.

④ 진단계약 : 계약을 체결하기 위하여 피보험자가 건강진단을 받아야 하는 계약이다.

⑤ 피보험자 : 보험사고의 대상이 되는 사람이다.

⑥ 상해 : 보험기간 중에 발생한 급격하고도 우연한 외래의 사고로 신체(의수, 의족, 의안, 의치 등 신체보조장구는 제외하나, 인공장기나 부분 의치 등 신체에 이식되어 그 기능을 대신할 경우는 포함한다)에 입은 상해를 말한다.

⑦ 중요한 사항 : 계약 전 알릴 의무와 관련하여 회사가 그 사실을 알았더라면 계약의 청약을 거절하거나 보험가입금액 한도 제한, 일부 보장 제외, 보험금 삭감, 보험료

---

8) 순보험료＝위험보험료＋저축보험료
9) 부가보험료＝신계약비＋유지비＋수금비

할증과 같이 조건부로 승낙하는 등 계약 승낙에 영향을 미칠 수 있는 사항을 말한다.

⑧ 연단위 복리 : 회사가 지급할 금전에 이자를 줄 때 1년마다 마지막 날에 그 이자를 원금에 더한 금액을 다음 1년의 원금으로 하는 이자 계산방법을 말한다.

⑨ 표준이율 : 회사가 최소한 적립해야 할 적립금 등을 계산하기 위해 시장금리를 고려하여 금융감독원장이 정하는 이율로서, 이 계약 체결 시점의 표준이율을 말한다.

⑩ 해지환급금 : 계약이 해지되는 때에 회사가 계약자에게 돌려주는 금액이다.

⑪ 보험기간 : 계약에 따라 보장을 받는 기간이다.

2) 보험금의 지급

(1) 보험금의 지급사유

① 보험기간 중에 상해의 직접결과로써 사망한 경우(질병으로 인한 사망은 제외한다) : 사망보험금

② 보험기간 중 진단확정된 질병 또는 상해로 장해분류표에서 정한 각 장해지급률에 해당하는 장해상태가 되었을 때 : 후유장해보험금

③ 보험기간 중 진단확정된 질병 또는 상해로 입원, 통원, 요양, 수술 또는 수발(간병)이 필요한 상태가 되었을 때 : 입원보험금, 간병보험금 등

(2) 사망의제와 인정사망

① 실종선고를 받은 경우 : 법원에서 인정한 실종기간이 끝나는 때에 사망한 것으로 본다.

② 관공서에서 수해, 화재나 그 밖의 재난을 조사하고 사망한 것으로 통보하는 경우 : 가족관계등록부에 기재된 사망연월일을 기준으로 한다.

(3) 보험금의 지급사유

장해지급률이 상해 발생일 또는 질병의 진단확정일부터 180일 이내에 확정되지 않는 경우에는 상해 발생일 또는 질병의 진단확정일부터 180일이 되는 날의 의사 진단에 기초하여 고정될 것으로 인정되는 상태를 장해지급률로 결정한다. 다만, 장해분류표 에서 장해판정시기를 별도로 정한 경우에는 그에 따른다.

장해지급률이 결정되었으나 그 이후 보장받을 수 있는 기간(계약의 효력이 없어진 경우에는 보험기간이 10년 이상인 계약은 상해 발생일 또는 질병의 진단확정일부터 2년 이내로 하고, 보험기간이 10년 미만인 계약은 상해 발생일 또는 질병의 진단확정일부터 1년 이내)에 장해상태가 더 악화된 때에는 그 악화된 장해상태를 기준으로 장해지급률을 결정한다.

(4) 고지의무

청약서상 '계약 전 알릴 의무(중요한 사항에 한한다)'에 해당하는 질병으로서, 과거(청약서상 해당 질병의 고지대상 기간을 말한다)에 진단 또는 치료를 받은 경우에는 보험금의 지급사유의 보험금 중 해당 질병과 관련한 보험금을 지급하지 않는다.

청약일 이전에 진단확정된 질병이라 하더라도 청약일 이후 5년(갱신형 계약의 경우에는 최초 계약의 청약일 이후 5년)이 지나는 동안 그 질병으로 추가 진단(단순 건강검진 제외) 또는 치료사실이 없을 경우, 청약일부터 5년이 지난 이후에는 이 약관에 따라 보장한다.

(5) 후유장해

장해분류표에 해당되지 않는 후유장해는 피보험자의 직업, 연령, 신분 또는 성별 등에 관계없이 신체의 장해정도에 따라 장해분류표의 구분에 준하여 지급액을 결정한다. 다만, 장해분류표의 각 장해분류별 최저 지급률 장해정도에 이르지 않는 후유장해에 대하여는 후유장해보험금을 지급하지 않는다.

(6) 미합의시 조치

보험수익자와 회사가 보험금 지급사유에 대해 합의하지 못할 때에는 보험수익자와 회사가 함께 제3자를 정하고 그 제3자의 의견에 따를 수 있다. 제3자는 의료법 제3조(의료기관)에 규정한 종합병원 소속 전문의 중에 정하며, 보험금 지급사유 판정에 드는 의료비용은 회사가 전액 부담한다.

(7) 두 가지 이상의 후유장해

같은 질병 또는 상해로 두 가지 이상의 후유장해가 생긴 경우에는 후유장해 지급률을 합산하여 지급한다. 다만, 장해분류표의 각 신체부위별 판정기준에 별도로 정한 경우에는 그 기준에 따른다. 다른 질병 또는 상해로 인하여 후유장해가 2회 이상 발생하였을 경우에는 그 때마다 이에 해당하는 후유장해지급률을 결정한다. 그러나 그 후유장해가 이미 후유장해보험금을 지급받은 동일한 부위에 가중된 때에는 최종 장해상태에 해당하는 후유장해보험금에서 이미 지급받은 후유장해보험금을 차감하여 지급한다. 다만, 장해분류표의 각 신체부위별 판정기준에서 별도로 정한 경우에는 그 기준에 따른다. 이미 이 계약에서 후유장해보험금 지급사유에 해당되지 않았거나(보장개시 이전의 원인에 의하거나 또는 그 이전에 발생한 후유장해를 포함한다), 후유장해보험금이 지급되지 않았던 피보험자에게 그 신체의 동일 부위에 또 다시 제11항에 규정하는 후유장해상태가 발생하였을 경우에는 직전까지의 후유장해에 대한 후유장해보험금이 지급된 것으로 보고 최종 후유장해 상태에 해당되는 후유장해보험금에서 이를 차감하여 지급한다. 회사가 지급하여야 할 하나의 진단확정된 질병 또는 상해로 인한 후유장해보험금은 보험가입금액을 한도로 한다.

(8) 보험금 미지급사유

① 고의로 해친 경우 등

　㉠ 피보험자가 고의로 자신을 해친 경우. 다만, 피보험자가 심신상실 등으로 자유로운 의사결정을 할 수 없는 상태에서 자신을 해친 경우에는 보험금을 지급한다.

　㉡ 보험수익자가 고의로 피보험자를 해친 경우. 다만, 그 보험수익자가 보험금의 일부 보험수익자인 경우에는 다른 보험수익자에 대한 보험금은 지급한다.

　㉢ 계약자가 고의로 피보험자를 해친 경우

　㉣ 피보험자의 임신, 출산(제왕절개를 포함한다), 산후기. 그러나 회사가 보장하는 보험금 지급사유로 인한 경우에는 보험금을 지급한다.

　㉤ 전쟁, 외국의 무력행사, 혁명, 내란, 사변, 폭동

② 직업, 직무 또는 동호회 활동 목적으로 아래에 열거된 행위

　㉠ 전문등반(전문적인 등산용구를 사용하여 암벽 또는 빙벽을 오르내리거나, 특수한 기술, 경험, 사전훈련을 필요로 하는 등반을 말한다), 글라이더 조종, 스카이다이빙, 스쿠버다이빙, 행글라이딩, 수상보트, 패러글라이딩

　㉡ 모터보트, 자동차 또는 오토바이에 의한 경기, 시범, 흥행(이를 위한 연습을 포

함한다) 또는 시운전(다만, 공용도로상에서 시운전을 하는 동안 보험금 지급사
유가 발생한 경우에는 보장한다)

ⓒ 선박승무원, 어부, 사공, 그 밖에 선박에 탑승하는 것을 직무로 하는 사람이 직
무상 선박에 탑승하고 있는 동안

3) 보험금 지급사유의 통지의무

계약자 또는 피보험자나 보험수익자는 보험금의 지급사유에서 정한 보험금 지급 사
유의 발생을 안 때에는 지체 없이 그 사실을 회사에 알려야 한다.

4) 보험금 청구서류

보험수익자는 다음의 서류를 제출하고 보험금을 청구하여야 한다.

① 청구서(회사 양식)

② 사고증명서(진료비계산서, 사망진단서, 장해진단서, 입원치료확인서, 의사처방전,
처방조제비 등)

③ 신분증(주민등록증이나 운전면허증 등 사진이 붙은 정부기관발행 신분증, 본인이
아니면 본인의 인감증명서 포함)

④ 기타 보험수익자가 보험금의 수령에 필요하여 제출하는 서류

5) 보험금의 지급절차

(1) 청구

회사는 서류를 접수한 때에는 접수증을 교부하고 휴대전화 문자메시지 또는 전자 우
편 등으로도 송부하며, 그 서류를 접수한 날부터 3영업일 이내에 보험금을 지급한다.

(2) 가지급

회사가 보험금 지급사유를 조사·확인하기 위해 필요한 기간이 지급기일을 초과할
것이 명백히 예상되는 경우에는 그 구체적인 사유와 지급예정일 및 보험금 가지급 제
도(회사가 추정하는 보험금의 50% 이내를 지급)에 대하여 피보험자 또는 보험수익자에
게 즉시 통지한다. 다만, 지급예정일은 다음의 어느 하나에 해당하는 경우를 제외하고

는 서류를 접수한 날부터 30영업일 이내에서 정한다.

① 소송제기

② 분쟁조정 신청

③ 수사기관의 조사

④ 해외에서 발생한 보험사고에 대한 조사

⑤ 회사의 조사요청에 대한 동의 거부 등 계약자, 피보험자 또는 보험수익자의 책임 있는 사유로 보험금 지급사유의 조사와 확인이 지연되는 경우

⑥ 보험금 지급사유에 대해 제3자의 의견에 따르기로 한 경우

장해지급률의 판정 및 지급할 보험금의 결정과 관련하여 확정된 장해지급률에 따른 보험금을 초과한 부분에 대한 분쟁으로 보험금 지급이 늦어지는 경우에는 보험수익자의 청구에 따라 이미 확정된 보험금을 먼저 가지급한다.

추가적인 조사가 이루어지는 경우, 회사는 보험수익자의 청구에 따라 회사가 추정하는 보험금의 50% 상당액을 가지급보험금으로 지급한다.

(3) 지연지급시 이율

지급기일 내에 보험금을 지급하지 않았을 때(지급예정일을 통지한 경우를 포함)에는 그 다음날부터 지급일까지의 기간에 대하여 '보험금을 지급할 때의 적립이율 계산'에서 정한 이율로 계산한 금액을 보험금에 더하여 지급한다. 그러나 계약자, 피보험자 또는 보험수익자의 책임있는 사유로 지급이 지연된 때에는 그 해당기간에 대한 이자는 더하여 지급하지 않는다.

6) 만기환급금

(1) 지급시기

회사는 보험기간이 끝난 때에 계약자 및 보험수익자의 청구에 의하여 만기환급금을 지급하는 경우 청구일부터 3영업일 이내에 지급한다.

(2) 지급전 통지의무

회사는 만기환급금의 지급시기가 되면 지급시기 7일 이전에 그 사유와 지급할 금액을 계약자 또는 보험수익자에게 통지하고, 만기환급금을 지급함에 있어 지급일까지의

기간에 대한 이자의 계산은 '보험금을 지급할 때의 적립이율 계산'에 따른다.

(3) 보험금을 받는 방법의 변경

계약자(보험금 지급사유 발생 후에는 보험수익자)는 회사의 사업방법서에서 정한 바에 따라 보험금의 전부 또는 일부에 대하여 나누어 지급받거나 일시에 지급받는 방법으로 변경할 수 있다. 회사는 일시에 지급할 금액을 나누어 지급하는 경우에는 나중에 지급할 금액에 대하여 표준이율을 연단위 복리로 계산한 금액을 더하며, 나누어 지급할 금액을 일시에 지급하는 경우에는 표준이율을 연단위 복리로 할인한 금액을 지급한다.

(4) 주소변경시 통지의무

계약자(보험수익자가 계약자와 다른 경우 보험수익자를 포함)는 주소 또는 연락처가 변경된 경우에는 지체 없이 그 변경내용을 회사에 알려야 한다.

(5) 수익자 미지정시

보험수익자를 지정하지 않은 때에는 보험수익자를 계약자로 한다.

(6) 대표자 지정

계약자 또는 보험수익자가 2명 이상인 경우에는 각 대표자를 1명 지정하여야 한다. 이 경우 그 대표자는 각각 다른 계약자 또는 보험수익자를 대리하는 것으로 한다. 지정된 계약자 또는 보험수익자의 소재가 확실하지 않은 경우에는 이 계약에 관하여 회사가 계약자 또는 보험수익자 1명에 대하여 한 행위는 각각 다른 계약자 또는 보험수익자에게도 효력이 미친다. 계약자가 2명 이상인 경우에는 그 책임을 연대로 한다.

7) 고지의무

(1) 계약 전 알릴 의무 등

계약자 또는 피보험자는 청약할 때(진단계약의 경우에는 건강진단할 때를 말함) 청약서에서 질문한 사항에 대하여 알고 있는 사실을 반드시 사실대로 알려야('계약 전 알릴 의무', 상법상 '고지의무'와 같다)한다. 다만, 진단계약의 경우 의료법 제3조(의료기관)의 규정에 따른 종합병원과 병원에서 직장 또는 개인이 실시한 건강진단서 사본 등 건강 상태를 판단할 수 있는 자료로 건강진단을 대신할 수 있다.

(2) 상해보험 계약 후 알릴 의무

① 계약자 또는 피보험자는 보험기간 중에 피보험자가 그 직업 또는 직무를 변경(자가용 운전자가 영업용 운전자로 직업 또는 직무를 변경하는 등의 경우를 포함한다)하거나 이륜자동차 또는 원동기장치 자전거를 계속적으로 사용하게 된 경우에는 지체 없이 회사에 알려야 한다.

② 회사는 ①에 따라 위험이 감소된 경우에는 그 차액보험료를 돌려주고, 계약자 또는 피보험자의 고의 또는 중대한 과실로 위험이 증가된 경우에는 통지를 받은 날부터 1개월 이내에 보험료의 증액을 청구하거나 계약을 해지할 수 있다.

③ ①의 통지에 따라 보험료를 더 내야 할 경우 회사의 청구에 대해 계약자가 그 납입을 게을리했을 때, 회사는 직업 또는 직무가 변경되기 전에 적용된 보험료율('변경 전 요율')의 직업 또는 직무가 변경된 후에 적용해야 할 보험료율('변경 후 요율')에 대한 비율에 따라 보험금을 삭감하여 지급한다. 다만, 변경된 직업 또는 직무와 관계없이 발생한 보험금 지급사유에 관해서는 원래대로 지급한다.

④ 계약자 또는 피보험자가 고의 또는 중대한 과실로 직업 또는 직무의 변경사실을 회사에 알리지 아니하였을 경우 변경 후 요율이 변경전 요율보다 높을 때에는 회사는 동 사실을 안 날부터 1개월 이내에 계약자 또는 피보험자에게 ③에 의해 보장됨을 통보하고 이에 따라 보험금을 지급한다.

8) 고지의무 위반의 효과

회사는 아래와 같은 사실이 있을 경우에는 손해의 발생여부에 관계없이 이 계약을 해지할 수 있다.

① 계약자 또는 피보험자가 고의 또는 중대한 과실로 계약 전 알릴 의무(보험법 제14조)를 위반하고 그 의무가 중요한 사항에 해당하는 경우

② 뚜렷한 위험의 증가와 관련된 상해보험계약 후 알릴 의무(보험법 제15조 제1항)에서 정한 계약 후 알릴 의무를 계약자 또는 피보험자의 고의 또는 중대한 과실로 이행하지 않았을 때

③ ①의 경우에도 불구하고 다음 중 하나에 해당하는 경우에는 회사는 계약을 해지할 수 없다.

㉠ 회사가 계약당시에 그 사실을 알았거나 과실로 인하여 알지 못하였을 때

㉡ 회사가 그 사실을 안 날부터 1개월 이상 지났거나 또는 제1회 보험료를 받은 때부터 보험금 지급사유가 발생하지 않고 2년(진단계약의 경우 질병에 대하여는 1년)이 지났을 때

㉢ 계약을 체결한 날부터 3년이 지났을 때

㉣ 회사가 이 계약을 청약할 때 피보험자의 건강상태를 판단할 수 있는 기초자료(건강진단서 사본 등)에 따라 승낙한 경우에 건강진단서 사본 등에 명기되어 있는 사항으로 보험금 지급사유가 발생하였을 때(계약자 또는 피보험자가 회사에 제출한 기초자료의 내용 중 중요사항을 고의로 사실과 다르게 작성한 때에는 계약을 해지할 수 있다)

㉤ 보험설계사 등이 계약자 또는 피보험자에게 고지할 기회를 주지 않았거나 계약자 또는 피보험자가 사실대로 고지하는 것을 방해한 경우, 계약자 또는 피보험자에게 사실대로 고지하지 않게 하였거나 부실한 고지를 권유했을 때. 다만, 보험설계사 등의 행위가 없었다 하더라도 계약자 또는 피보험자가 사실대로 고지하지 않거나 부실한 고지를 하였다고 인정되는 경우에는 계약을 해지할 수 있다.

④ 회사는 다른 보험가입내역에 대한 계약 전 알릴 의무 위반을 이유로 계약을 해지하거나 보험금 지급을 거절하지 못한다.

9) 사기에 의한 계약

계약자 또는 피보험자가 대리진단, 약물사용을 수단으로 진단 절차를 통과하거나 진단서 위·변조 또는 청약일 이전에 암 또는 인간면역결핍바이러스(HIV) 감염의 진단 확정을 받은 후 이를 숨기고 가입하는 등 사기에 의하여 계약이 성립되었음을 회사가 증명하는 경우에는 계약일부터 5년 이내(사기 사실을 안 날부터 1개월 이내)에 계약을 취소할 수 있다.

10) 보험계약의 성립

계약은 계약자의 청약과 회사의 승낙으로 이루어진다. 회사는 피보험자가 계약에 적

합하지 않은 경우에는 승낙을 거절하거나 별도의 조건(보험가입금액 제한, 일부보장 제외, 보험금 삭감, 보험료 할증 등)을 붙여 승낙할 수 있다. 회사는 계약의 청약을 받고, 제1회 보험료를 받은 경우에 건강진단을 받지 않는 계약은 청약일, 진단계약은 진단일(재진단의 경우에는 최종 진단일)부터 30일 이내에 승낙 또는 거절하여야 하며, 승낙한 때에는 보험증권을 교부한다. 그러나 30일 이내에 승낙 또는 거절의 통지가 없으면 승낙된 것으로 본다. 회사가 제1회 보험료를 받고 승낙을 거절한 경우에는 거절통지와 함께 받은 금액을 계약자에게 돌려줘야 하며, 보험료를 받은 기간에 대하여 표준이율＋1%를 연단위 복리로 계산한 금액을 더하여 지급한다. 다만, 회사는 계약자가 제1회 보험료를 신용카드로 납입한 계약의 승낙을 거절하는 경우에는 신용카드의 매출을 취소하면 되고, 이자를 더하여 지급하지 않는다.

11) 청약의 철회

계약자는 보험증권을 받은 날 부터 15일 이내에 그 청약을 철회할 수 있다. 다만, 진단계약, 보험기간이 1년 미만인 계약 또는 전문보험계약자[10]가 체결한 계약은 청약을 철회할 수 없다.

청약한 날부터 30일이 초과된 계약은 청약을 철회할 수 없다. 계약자는 청약서의 청약철회란을 작성하여 회사에 제출하거나, 통신수단을 이용하여 청약 철회를 신청할 수 있다. 계약자가 청약을 철회한 때에는 회사는 청약의 철회를 접수한 날부터 3일 이내에 납입한 보험료를 돌려주어야 하며, 보험료 반환이 늦어진 기간에 대하여는 이 계약의 보험계약대출 이율을 연단위 복리로 계산한 금액을 더하여 지급한다. 다만, 계약자가 제1회 보험료를 신용카드로 납입한 계약의 청약을 철회하는 경우에 회사는 신용카드의 매출을 취소하면 되고, 이자를 더하여 지급하지 않는다.

12) 청약 철회 전 지급사유의 발생

청약을 철회할 때에 이미 보험금 지급사유가 발생하였으나 계약자가 그 보험금 지급

---

10) 전문보험계약자 : 보험계약에 관한 전문성, 자산규모 등에 비추어 보험계약의 내용을 이해하고 이행할 능력이 있는 자로서 보험업법 제2조(정의), 보험업법 시행령 제6조의2(전문보험계약자의 범위 등) 또는 보험업감독규정 제1-4조의2(전문보험계약자의 범위)에서 정한 국가, 한국은행, 대통령령으로 정하는 금융기관, 주권상장법인, 지방자치단체, 단체보험계약자 등의 전문보험계약자를 말한다.

사유가 발생한 사실을 알지 못한 경우에는 청약철회의 효력은 발생하지 않는다. 보험증권을 받은 날에 대해 다툼이 발생한 경우에는 회사가 이를 증명하여야 한다.

13) 약관교부 및 설명의무 등

회사가 약관 및 계약자 보관용 청약서를 청약할 때 계약자에게 전달하지 않거나 약관의 중요한 내용을 설명하지 않은 때 또는 계약을 체결할 때 계약자가 청약서에 자필서명(날인 : 도장 찍음) 및 전자서명법 제2조 제2호에 따른 전자서명 또는 동법 제2조 제3호에 따른 공인전자서명을 포함)을 하지 않은 때에는 계약자는 계약이 성립한 날부터 3개월 이내에 계약을 취소할 수 있다.

14) 자필서명 생략 등

전화를 이용하여 계약을 체결하는 경우 다음의 어느 하나를 충족하는 때에는 자필서명을 생략할 수 있으며, 음성녹음 내용을 문서화한 확인서를 계약자에게 줌으로써 계약자 보관용 청약서를 전달한 것으로 본다.
① 계약자, 피보험자 및 보험수익자가 동일한 계약
② 계약자, 피보험자가 동일하고 보험수익자가 계약자의 법정상속인인 계약인 경우

15) 계약의 취소 등

(1) 계약의 취소

계약이 취소된 경우에는 회사는 이미 납입한 보험료를 계약자에게 반환하며, 보험료를 받은 기간에 대하여 보험계약대출이율을 연단위 복리로 계산한 금액을 더하여 지급한다.

(2) 계약의 무효

다음 중 한 가지에 해당되는 경우에는 계약을 무효로 하며 이미 납입한 보험료를 반환한다. 다만, 회사의 고의 또는 과실로 계약이 무효로 된 경우와 회사가 승낙 전에 무효임을 알았거나 알 수 있었음에도 보험료를 반환하지 않은 경우에는 보험료를 납입한 날의 다음날부터 반환일까지의 기간에 대하여 회사는 이 계약의 보험계약대출이율을

연단위 복리로 계산한 금액을 더하여 반환하여야 한다.

① 타인의 사망을 보험금 지급사유로 하는 계약에서 계약을 체결할 때까지 피보험자의 서면에 의한 동의를 얻지 않은 경우. 다만, 단체가 규약에 따라 구성원의 전부 또는 일부를 피보험자로 하는 계약을 체결하는 경우에는 이를 적용하지 아니한다. 이 때 단체보험의 보험수익자를 피보험자 또는 그 상속인이 아닌 자로 지정할 때에는 단체의 규약에서 명시적으로 정한 경우가 아니면 이를 적용하여, 그의 동의를 얻어야 한다.

② 만15세 미만자, 심신상실자 또는 심신박약자를 피보험자로 하여 사망을 보험금 지급사유로 한 경우

③ 계약을 체결할 때 계약에서 정한 피보험자의 나이에 미달되었거나 초과되었을 경우. 다만, 회사가 나이의 착오를 발견하였을 때 이미 계약 나이에 도달한 경우에는 유효한 계약으로 본다.

(3) 계약 내용의 변경

계약자는 회사의 승낙을 얻어 다음의 사항을 변경할 수 있다. 이 경우 승낙을 서면 등으로 알리거나 보험증권의 뒷면에 기재하여 준다.

① 보험종목
② 보험기간
③ 보험료 납입주기, 납입방법 및 납입기간
④ 계약자, 피보험자
⑤ 보험가입금액, 보험료 등 기타 계약의 내용

16) 보장 개시

회사는 계약의 청약을 승낙하고 제1회 보험료를 받은 때부터 이 약관이 정한 바에 따라 보장을 한다. 또한, 회사가 청약과 함께 제1회 보험료를 받은 후 승낙한 경우에도 제1회 보험료를 받은 때부터 보장이 개시된다. 자동이체 또는 신용카드로 납입하는 경우에는 자동이체 신청 또는 신용카드 매출승인에 필요한 정보를 제공한 때를 제1회 보험료를 받은 때로 하며, 계약자의 책임 있는 사유로 자동이체 또는 매출승인이 불가능한 경우에는 보험료가 납입되지 않은 것으로 본다. 회사가 청약과 함께 제1회 보험료

를 받고 청약을 승낙하기 전에 보험금 지급사유가 발생하였을 때에도 보장 개시일[11]부터 약관이 정하는 바에 따라 보장을 한다.

17) 계약의 해지 및 해지환급금 등

계약자는 계약이 소멸하기 전에는 언제든지 계약을 해지할 수 있으며, 이 경우 회사는 해지환급금을 계약자에게 지급하여야 한다.

18) 중대사유로 인한 해지

회사는 아래와 같은 사실이 있을 경우에는 안 날부터 1개월 이내에 계약을 해지할 수 있다.

① 계약자, 피보험자 또는 보험수익자가 고의로 보험금 지급사유를 발생시킨 경우
② 계약자, 피보험자 또는 보험수익자가 보험금 청구에 관한 서류에 고의로 사실과 다른 것을 기재하였거나 그 서류 또는 증거를 위조 또는 변조한 경우. 다만, 이미 보험금 지급사유가 발생한 경우에는 보험금 지급에 영향을 미치지 않는다.
회사가 계약을 해지한 경우 회사는 그 취지를 계약자에게 통지하고 해지환급금을 지급한다.

5. 화재보험 실무(표준약관)

1) 개념

① 계약자 : 회사와 계약을 체결하고 보험료를 납입할 의무를 지는 사람이다
② 피보험자 : 보험사고로 인하여 손해를 입은 사람(법인인 경우에는 그 이사 또는 법인의 업무를 집행하는 그 밖의 기관)이다.
③ 보험증권 : 계약의 성립과 그 내용을 증명하기 위하여 회사가 계약자에게 드리는 증서이다.

---

11) 보장 개시일 : 회사가 보장을 개시하는 날로서 계약이 성립되고 제1회 보험료를 받은 날을 말하나, 회사가 승낙하기 전이라도 청약과 함께 제1회 보험료를 받은 경우에는 제1회 보험료를 받은 날을 말한다. 또한, 보장개시일을 계약일로 본다.

④ 보험의 목적 : 약관에 따라 보험에 가입한 물건으로서, 보험증권에 기재된 건물 등이다.

⑤ 보험가입금액 : 회사와 계약자간에 약정한 금액으로서, 보험사고가 발생할 때 회사가 지급할 최대 보험금을 말한다.

⑥ 보험가액 : 재산보험에 있어 피보험 이익을 금전으로 평가한 금액으로 보험목적에 발생할 수 있는 최대 손해액을 말한다(회사가 실제 지급하는 보험금은 보험가액을 초과할 수 없다).

⑦ 자기부담금 : 보험사고로 인하여 발생한 손해에 대하여 계약자 또는 피보험자가 부담하는 일정 금액을 말한다.

⑧ 보험금 분담 : 이 계약에서 보장하는 위험과 같은 위험을 보장하는 다른 계약(공제계약을 포함)이 있을 경우 비율에 따라 손해를 보상한다.

⑨ 대위권 : 회사가 보험금을 지급하고 보험금 수령자 대신 취득하는 법률상의 권리를 말한다.

⑩ 연단위 복리 : 회사가 지급할 금전에 이자를 줄 때 1년마다 마지막 날에 그 이자를 원금에 더한 금액을 다음 1년의 원금으로 하는 이자 계산방법을 말한다.

⑪ 보험개발원이 공시하는 보험계약대출이율 : 보험개발원이 정기적으로 산출하여 공시하는 이율로서, 회사가 보험금의 지급 또는 보험료의 환급을 지연하는 경우 등에 적용한다.

⑫ 보험기간 : 계약에 따라 보장을 받는 기간이다.

2) 보험금의 지급

(1) 보상하는 손해
① 보상대상
회사는 보험의 목적이 화재로 입은 아래의 손해를 보상한다.
ㄱ 사고에 따른 직접손해
ㄴ 사고에 따른 소방손해(화재진압과정에서 발생하는 손해)
ㄷ 사고에 따른 피난손해(피난지에서 5일 동안에 보험의 목적에 생긴 위 ㄱ 및 ㄴ의 손해를 포함)

② 비용의 추가지급

　회사는 ①에서 보장하는 위험으로 인하여 손해가 발생한 경우 계약자 또는 피보험자가 지출한 아래의 비용을 추가로 지급한다.

　㉠ 잔존물 제거비용 : 사고현장에서의 잔존물의 해체비용, 청소비용 및 차에 싣는 비용. 다만, ①에서 보장하지 않는 위험으로 보험의 목적이 손해를 입거나 관계법령에 의하여 제거됨으로써 생긴 손해에 대하여는 보상하지 않는다.

　㉡ 손해방지비용 : 손해의 방지 또는 경감을 위하여 지출한 필요비 또는 유익비

　㉢ 대위권 보전비용 : 제3자로부터 손해의 배상을 받을 수 있는 경우에는 그 권리를 지키거나 행사하기 위하여 지출한 필요비 또는 유익비

　㉣ 잔존물 보전비용 : 잔존물을 보전하기 위하여 지출한 필요비 또는 유익비. 다만, 회사가 잔존물을 취득한 경우에 한한다.

　㉤ 기타 협력비용 : 회사의 요구에 따르기 위하여 지출한 필요비 또는 유익비

③ 보험증권 기재사항 : 아래의 물건은 보험증권에 기재하여야만 ①의 보험의 목적이 된다.

　㉠ 통화, 유가증권, 인지, 우표 등

　㉡ 귀금속, 귀중품[12], 보옥, 보석, 글·그림, 골동품, 조각물 등

　㉢ 원고, 설계서, 도안, 물건의 원본, 모형, 증서, 장부, 금형(쇠틀), 목형(나무틀), 소프트웨어 등

　㉣ 실외 및 옥외에 쌓아둔 동산

④ 보험목적 포함사항 : 다른 약정이 없으면 아래 물건은 ①의 보험목적에 해당된다.

　㉠ 건물인 경우

　　㉮ 건물의 부속물 : 피보험자의 소유인 칸막이, 대문, 담, 곳간 등

　　㉯ 건물의 부착물 : 피보험자 소유인 간판, 네온사인, 안테나, 선전탑 등

　㉡ 건물이외 경우 : 피보험자 또는 그와 같은 세대에 속하는 사람의 소유물(생활용품, 집기·비품 등)

⑤ 보상하지 않는 손해 : 회사는 아래의 사유로 인한 손해는 보상하지 않는다.

　㉠ 계약자, 피보험자 또는 이들의 법정대리인의 고의 또는 중대한 과실

---

12) 귀중품 : 무게나 부피가 휴대할 수 있으며, 점당 300만 원 이상인 것.

ⓛ 화재가 발생했을 때 생긴 도난 또는 분실로 생긴 손해

ⓒ 보험의 목적의 발효, 자연발열, 자연발화로 생긴 손해. 그러나 자연발열 또는 자연발화로 연소된 다른 보험의 목적에 생긴 손해는 보상한다.

ⓔ 화재에 기인되지 않는 수도관, 수관 또는 수압기 등의 파열로 생긴 손해

ⓜ 발전기, 여자기(정류기 포함), 변류기, 변압기, 전압조정기, 축전기, 개폐기, 차단기, 피뢰기, 배전반 및 그 밖의 전기기기 또는 장치의 전기적 사고로 생긴 손해. 그러나 그 결과로 생긴 화재손해는 보상한다.

ⓗ 원인의 직접, 간접을 묻지 않고 지진, 분화 또는 전쟁, 혁명, 내란, 사변, 폭동, 소요, 노동쟁의, 기타 이들과 유사한 사태로 생긴 화재 및 연소 또는 그 밖의 손해

ⓢ 핵연료물질 또는 핵연료 물질에 의하여 오염된 물질의 방사성, 폭발성 그 밖의 유해한 특성 또는 이들의 특성에 의한 사고로 인한 손해

ⓞ 위 ⓢ 이외의 방사선을 쬐는 것 또는 방사능 오염으로 인한 손해

ⓩ 국가 및 지방자치단체의 명령에 의한 재산의 소각 및 이와 유사한 손해

⑥ 손해의 통지 및 조사

보험의 목적에 손해가 생긴 경우 계약자 또는 피보험자는 지체 없이 이를 회사에 알려야 한다. 계약자 또는 피보험자가 통지를 게을리하여 손해가 증가된 때에는 회사는 그 증가된 손해는 보상하지 아니한다. 회사가 손해의 사실을 확인하기 어려운 경우에는 계약자 또는 피보험자에게 필요한 증거자료의 제출을 요청할 수 있다. 회사가 통지를 받은 때에는 사고가 생긴 건물 또는 그 구내와 거기에 들어 있는 피보험자의 소유물을 조사할 수 있다.

⑦ 보험금 청구서류 : 피보험자가 보험금을 청구할 때에는 다음의 서류를 회사에 제출하여야 한다.

ⓛ 보험금 청구서(회사양식)

ⓒ 신분증(주민등록증이나 운전면허증 등 사진이 붙은 정부기관발행 신분증, 본인이 아니면 본인의 인감증명서 포함)

ⓔ 기타 회사가 요구하는 증거자료

⑧ 보험금 지급절차

    ㉠ 지급과 가지급

        회사는 서류를 접수한 때에는 접수증을 교부하고, 그 서류를 접수받은 후 지체 없이 지급할 보험금을 결정하고 지급할 보험금이 결정되면 7일 이내에 이를 지급한다. 또한, 지급할 보험금이 결정되기 전이라도 피보험자의 청구가 있을 때에는 회사가 추정한 보험금의 50% 상당액을 가지급보험금으로 지급한다(정한 지급기일내에 보험금을 지급하지 않았을 때에는 그 다음날부터 지급일까지의 기간에 대하여 보험개발원이 공시하는 보험계약대출이율을 연단위 복리로 계산한 금액을 더하여 지급한다. 그러나 계약자 또는 피보험자의 책임있는 사유로 지급이 지연된 때에는 그 해당기간에 대한 이자를 더하여 지급하지 않는다).

    ㉡ 보험금 등의 지급한도

        손해에 의한 보험금과 잔존물 제거비용은 각각 지급보험금의 계산을 준용하여 계산하며, 그 합계액은 보험증권에 기재된 보험가입금액을 한도로 한다. 다만, 잔존물 제거비용은 손해액의 10%를 초과할 수 없다.

    ㉢ 보상하는 손해

        비용손해 중 손해방지비용, 대위권 보전비용 및 잔존물 보전비용은 지급보험금의 계산 방식을 준용하여 계산한 금액이 보험가입금액을 초과하는 경우에도 이를 지급한다. 비용손해 중 기타 협력비용은 보험가입금액을 초과한 경우에도 이를 전액 지급한다. 회사가 손해를 보상한 경우에는 보험가입금액에서 보상액을 뺀 잔액을 손해가 생긴 후의 나머지 보험기간에 대한 잔존보험가입금액으로 한다. 보험의 목적이 둘 이상일 경우에도 각각 위의 방식을 적용한다.

    ㉣ 지급보험금 계산

        회사가 지급할 보험금은 아래에 따라 계산한다.

        ㉮ 보험가입금액이 보험가액의 80% 해당액과 같거나 클 때 : 보험가입금액을 한도로 손해액 전액. 그러나 보험가입금액이 보험가액보다 클 때에는 보험가액을 한도로 한다.

        ㉯ 보험가입금액이 보험가액의 80% 해당액보다 작을 때 : 보험가입금액을 한도로 아래의 금액

$$\text{손해액} \times \frac{\text{보험가입금액}}{\text{보험가액의 80\% 해당액}}$$

㉣ 동일한 계약의 목적과 동일한 사고에 관하여 보험금을 지급하는 다른 계약 (공제계약을 포함한다)이 있고 이들의 보험가입금액의 합계액이 보험가액 보다 클 경우에는 아래에 따라 지급보험금을 계산한다. 이 경우 보험자 1 인에 대한 보험금 청구를 포기한 경우에도 다른 보험자의 지급보험금 결정 에는 영향을 미치지 않는다.

■ 다른 계약이 이 계약과 지급보험금의 계산방법이 같은 경우

$$\text{손해액} \times \frac{\text{이 계약의 보험가입금액}}{\text{다른 계약이 없는 것으로 하여 각각}\atop\text{계산한 보험가입금액의 합계액}}$$

■ 다른 계약이 이 계약과 지급보험금의 계산방법이 다른 경우

$$\text{손해액} \times \frac{\text{이 계약의 보험금}}{\text{다른 계약이 없는 것으로 하여 각각}\atop\text{계산한 보험금의 합계액}}$$

㉤ 하나의 보험가입금액으로 둘 이상의 보험의 목적을 계약하는 경우에는 전 체 가액에 대한 각 가액의 비율로 보험가입금액을 비례배분하여 ㉮, ㉯, ㉢ 의 규정에 따라 지급보험금을 계산한다.

3) 손해의 보상

(1) 방지의무

보험사고가 생긴 때에는 계약자 또는 피보험자는 손해의 방지와 경감에 힘써야 한다. 만약, 계약자 또는 피보험자가 고의 또는 중대한 과실로 이를 게을리한 때에는 방지 또는 경감할 수 있었을 것으로 밝혀진 값을 손해액에서 제외한다.

(2) 손해액의 조사 결정

회사가 보상할 손해액은 그 손해가 생긴 때와 곳에서의 보험가액에 따라 계산한다.

(3) 현물보상

회사는 손해의 일부 또는 전부에 대하여 재건축, 수리 또는 현물의 보상으로서 보험금의 지급에 대신할 수 있다.

(4) 잔존물

회사가 보험금을 지급하고 잔존물을 취득할 의사표시를 하는 경우에는 그 잔존물은 회사의 소유가 된다.

4) 대위권

회사가 보험금을 지급한 때(현물보상한 경우를 포함)에는 회사는 지급한 보험금 한도 내에서 계약자 또는 피보험자가 제3자에 대하여 가지는 손해배상청구권을 취득한다. 다만, 회사가 보상한 금액이 피보험자가 입은 손해의 일부인 경우에는 피보험자의 권리를 침해하지 않는 범위 내에서 그 권리를 취득한다. 계약자 또는 피보험자는 회사가 취득한 권리를 행사하거나 지키는 것에 관하여 필요한 조치를 하여야 하며, 또한 회사가 요구하는 증거 및 서류를 제출하여야 한다. 회사는 타인을 위한 계약의 경우에는 계약자에 대한 대위권을 포기한다. 회사는 권리가 계약자 또는 피보험자와 생계를 같이 하는 가족에 대한 것인 경우에는 그 권리를 취득하지 못한다. 다만, 손해가 그 가족의 고의로 인하여 발생한 경우에는 그 권리를 취득한다.

5) 고지의무

(1) 청약시 고지의무

계약자, 피보험자 또는 이들의 대리인은 청약할 때 청약서(질문서를 포함)에서 질문한 사항에 대하여 알고 있는 사실을 반드시 사실대로 알려야 한다.

(2) 계약 후 고지의무

① 계약 후 고지

계약을 맺은 후 보험의 목적에 아래와 같은 사실이 생긴 경우에는 계약자나 피보험자는 지체 없이 서면으로 회사에 알리고 보험증권에 확인을 받아야 한다.

㉠ 이 계약에서 보장하는 위험과 동일한 위험을 보장하는 계약을 다른 보험자와 체결하고자 할 때 또는 이와 같은 계약이 있음을 알았을 때

㉡ 양도할 때

㉢ 보험의 목적 또는 보험의 목적을 수용하는 건물의 구조를 변경, 개축, 증축하거나 계속하여 15일 이상 수선할 때

㉣ 보험의 목적 또는 보험의 목적을 수용하는 건물의 용도를 변경함으로써 위험이 변경되는 경우

㉤ 보험의 목적 또는 보험의 목적이 들어있는 건물을 계속하여 30일 이상 비워두거나 휴업하는 경우

㉥ 다른 곳으로 옮길 때

㉦ 위험이 뚜렷이 변경되거나 변경되었음을 알았을 때

② 차액보험료

회사는 ①에 따라 위험이 감소된 경우에는 그 차액보험료를 돌려주고, 위험이 증가된 경우에는 통지를 받은 날부터 1개월 이내에 보험료의 증액을 청구하거나 계약을 해지할 수 있다.

③ 주소의 변경

계약자 또는 피보험자는 주소 또는 연락처가 변경된 경우에는 지체 없이 이를 회사에 알려야 한다.

6) 사기에 의한 계약

계약자, 피보험자 또는 이들의 대리인의 사기에 의하여 계약이 성립되었음을 회사가 증명하는 경우에는 계약일부터 5년 이내(사기 사실을 안 날부터 1개월 이내)에 계약을 취소할 수 있다.

7) 보험계약의 성립

(1) 청약과 승낙

계약은 계약자의 청약과 회사의 승낙으로 성립된다. 회사는 계약의 청약을 받고 보험료 전액 또는 제1회 보험료(이하 '제1회 보험료 등'이라 한다)를 받은 경우에는 청약일부터 30일 이내에 승낙 또는 거절의 통지를 하며, 통지가 없으면, 승낙한 것으로 본다.

회사가 청약을 승낙한 때에는 지체 없이 보험증권을 계약자에게 교부하고, 청약을 거절한 경우에는 거절통지와 함께 받은 금액을 계약자에게 돌려준다. 이미 성립한 계약을 연장하거나 변경하는 경우에는 회사는 보험증권에 그 사실을 기재함으로써 보험증권의 교부에 대신할 수 있다.

(2) 청약의 철회

① 청약 철회

계약자는 보험증권을 받은 날부터 15일 이내에 그 청약을 철회할 수 있다. 보험기간이 1년 미만인 계약 또는 전문보험계약자[13]가 체결한 계약은 청약을 철회할 수 없다.

그러나 청약한 날부터 30일이 초과된 계약은 청약을 철회할 수 없다. 계약자는 청약서의 청약철회란을 작성하여 회사에 제출하거나, 통신수단을 이용하여 청약철회를 신청할 수 있다.

② 보험료의 반환

계약자가 청약을 철회한 때에는 회사는 청약의 철회를 접수한 날부터 3일 이내에

---

13) 전문보험계약자 : 보험계약에 관한 전문성, 자산규모 등에 비추어 보험계약의 내용을 이해하고 이행할 능력이 있는 자로서 보험업법 제2조(정의), 보험업법시행령 제6조의2(전문보험계약자의 범위 등) 또는 보험업감독규정 제1-4조의2(전문보험계약자의 범위)에서 정한 국가, 한국은행, 대통령령으로 정하는 금융기관, 주권상장법인, 지방자치단체, 단체보험계약자 등의 전문보험계약자를 말한다.

납입한 보험료를 계약자에게 돌려주고, 보험료 반환이 늦어진 기간에 대하여는 '보험개발원이 공시하는 보험계약대출이율'을 연단위 복리로 계산한 금액을 더하여 지급한다. 다만, 계약자가 제1회 보험료 등을 신용카드로 납입한 계약의 청약을 철회하는 경우에 회사는 신용카드의 매출을 취소하면 되고, 이자를 더하여 지급하지 않는다. 청약을 철회할 때에 이미 보험금 지급사유가 발생하였으나 계약자가 그 보험금 지급사유가 발생한 사실을 알지 못한 경우에는 청약철회의 효력은 발생하지 않는다. 보험증권을 받은 날에 대한 다툼이 발생한 경우 회사가 이를 증명하여야 한다.

8) 약관의 교부의무 및 설명의무

회사는 계약자가 청약할 때에 계약자에게 약관의 중요한 내용을 설명하여야 하며, 청약 후에 지체 없이 약관 및 계약자 보관용 청약서를 교부해줘야 한다. 다만, 계약자가 동의하는 경우 약관 및 계약자 보관용 청약서 등을 광기록매체(CD, DVD 등), 전자우편 등 전자적 방법으로 송부할 수 있으며, 계약자 또는 그 대리인이 약관 및 계약자 보관용 청약서 등을 수신하였을 때에는 해당 문서를 교부한 것으로 본다. 또한, 통신판매계약의 경우, 회사는 계약자의 동의를 얻어 다음 중 한 가지 방법으로 약관의 중요한 내용을 설명할 수 있다.

① 인터넷 홈페이지에서 약관 및 약관의 중요한 내용을 설명한 문서를 읽거나 내려받게 하는 방법. 이 경우 계약자가 이를 읽거나 내려받은 것을 확인한 때에 당해 약관을 교부하고 그 중요한 내용을 설명한 것으로 본다.
② 전화를 이용하여 청약내용, 보험료 납입, 보험기간, 계약전 알릴의무, 약관의 중요한 내용 등 계약을 체결하는 데 필요한 사항을 질문 또는 설명하는 방법. 이 경우 계약자의 답변과 확인내용을 음성 녹음함으로써 약관의 중요한 내용을 설명한 것으로 본다.

회사가 약관 및 계약자 보관용 청약서를 청약할 때에 계약자에게 전달하지 않거나 약관의 중요한 내용을 설명하지 않은 때 또는 계약을 체결할 때 계약자가 청약서에 자필서명[14]을 하지 않은 때에는 계약자는 계약이 성립한 날부터 3개월 이내에 계약을 취소할 수 있다.

계약이 취소된 경우에는 회사는 이미 납입한 보험료를 계약자에게 돌려 주고, 보험료를 받은 기간에 대하여 보험개발원이 공시하는 보험계약대출이율을 연단위 복리로 계산한 금액을 더하여 지급한다.

9) 계약의 무효

계약을 맺을 때에 보험의 목적인 사고가 이미 발생하였을 경우에는 계약은 무효로 한다. 다만, 회사의 고의 또는 과실로 계약이 무효로 된 경우와 회사가 승낙 전에 무효임을 알았거나 알 수 있었음에도 불구하고 보험료를 반환하지 않은 경우에는 보험료를 납입한 날의 다음날부터 반환일까지의 기간에 대하여 회사는 보험개발원이 공시하는 보험계약대출이율을 연단위 복리로 계산한 금액을 더하여 돌려줘야 한다.

10) 계약내용의 변경

계약자는 회사의 승낙을 얻어 다음의 사항을 변경할 수 있다. 이 경우 승낙을 서면 등으로 알리거나 보험증권의 뒷면에 기재한다.

① 보험종목
② 보험기간
③ 보험료 납입주기, 납입방법 및 납입기간
④ 계약자, 피보험자
⑤ 보험가입금액, 보험료 등 기타 계약의 내용

회사는 계약자가 제1회 보험료 등을 납입한 때부터 1년 이상 지난 유효한 계약에 대해 그 보험종목의 변경을 요청할 때에는 회사의 사업방법서에서 정하는 방법에 따라 이를 변경하여 준다.

---

14) 자필서명 : 날인(도장 찍음) 및 전자서명법 제2조 제2호에 따른 전자서명 또는 동법 제2조 제3호에 따른 공인전자서명을 포함한다.

11) 감액과 계약지 변경

회사는 계약자가 보험가입금액을 감액하고자 할 때에는 그 감액된 부분은 계약이 해지된 것으로 보며, 보험료를 계약자에게 지급한다. 회사는 계약자를 변경한 경우, 변경된 계약자에게 보험증권 및 약관을 교부하여야 하고, 변경된 계약자가 요청하는 경우 약관의 중요한 내용을 설명해줘야 한다.

12) 보험의 목적에 대한 조사

회사는 보험목적에 대한 위험상태를 조사하기 위하여 보험기간 중 언제든지 보험의 목적 또는 이들이 들어 있는 건물이나 구내를 조사할 수 있다.

13) 타인을 위한 계약

계약자는 타인을 위한 계약을 체결하는 경우에 그 타인의 위임이 없는 때에는 반드시 이를 회사에 알려야 하며, 이를 알리지 않았을 때에는 그 타인은 이 계약이 체결된 사실을 알지 못하였다는 사유로 회사에 이의를 제기할 수 없다. 타인을 위한 계약에서 보험사고가 발생한 경우에 계약자가 그 타인에게 보험사고의 발생으로 생긴 손해를 배상한 때에는 계약자는 그 타인의 권리를 해하지 않는 범위 안에서 회사에 보험금의 지급을 청구할 수 있다.

14) 보장 개시

① 회사는 계약의 청약을 승낙하고 제1회 보험료 등을 받은 때부터 이 약관이 정한 바에 따라 보장을 한다.
② 회사가 계약자로부터 계약의 청약과 함께 제1회 보험료 등을 받은 경우에 그 청약을 승낙하기 전에 계약에서 정한 보험금 지급사유가 생긴 때에는 회사는 계약상의 보장을 하여야 한다.

15) 해지

(1) 보험료의 납입이 연체되는 경우 납입최고(독촉)와 계약의 해지
계약자가 제2회 이후의 보험료를 납입기일까지 납입하지 않아 보험료 납입이 연체

중인 경우에는, 회사는 14일(보험기간이 1년 미만인 경우에는 7일) 이상의 기간을 납입최고(독촉)기간으로 정하여 계약자(타인을 위한 계약의 경우 그 특정된 타인을 포함)에게 다음의 내용을 서면(등기우편 등), 전화(음성녹음) 또는 전자문서 등으로 알려준다. 다만, 계약이 해지되기 전에 발생한 보험금 지급사유에 대하여 회사는 계약상의 보장을 한다.

① 납입최고(독촉)기간 내에 연체보험료를 납입하여야 한다는 내용
② 납입최고(독촉)기간이 끝나는 날까지 보험료를 납입하지 않을 경우 그 끝나는 날의 다음날에 계약이 해지된다는 내용

(2) 영업일 아닌 때

(1)의 납입최고(독촉)기간은 납입최고(독촉)의 통지가 계약자(타인을 위한 계약의 경우에는 그 특정된 타인을 포함)에게 도달한 날부터 시작되며, 납입최고(독촉)기간의 마지막 날이 영업일이 아닌 때에는 최고(독촉)기간은 그 다음 날까지로 한다.

(3) 전자문서에 의한 송신

회사가 (1)에 의한 납입최고(독촉) 등을 전자문서로 안내하고자 할 경우에는 계약자의 서면에 의한 동의를 얻어 수신확인을 조건으로 전자문서를 송신하여야 하며, 계약자가 전자문서에 대하여 수신을 확인하기 전까지는 그 전자문서는 송신되지 않은 것으로 본다. 회사는 전자문서가 수신되지 않은 것으로 확인되는 경우에는 (1)의 납입최고(독촉)기간을 설정하여 (1)에서 정한 내용을 서면(등기우편 등) 또는 전화(음성녹음)로 다시 알려줘야 한다.

16) 보험계약의 부활

(1) 보험료의 납입연체로 인한 해지계약의 부활(효력회복)

보험료의 납입이 연체되는 경우 납입최고(독촉)와 계약의 해지에 따라 계약이 해지되었으나 계약자가 보험료의 환급 절차(동법 제33조)에 따라 보험료를 돌려받지 않은 경우에는 계약자는 해지된 날부터 2년 이내에 회사가 정한 절차에 따라 계약의 부활(효력회복)을 청약할 수 있다. 이 경우 회사가 그 청약을 승낙한 때에는 계약자는 부활(효력회복)을 청약한 날까지의 연체된 보험료에 보험개발원이 공시하는 월평균 정기예금

이율+1% 범위 내에서 각 상품별로 회사가 정하는 이율로 계산한 금액을 더하여 납입하여야 한다.

(2) 강제집행 등으로 인한 해지계약의 특별부활(효력회복)

타인을 위한 계약의 경우 보험료의 환급에 따른 계약자의 환급금청구권에 대한 강제집행, 담보권실행, 국세 및 지방세 체납처분절차에 의해 계약이 해지된 경우에는, 회사는 해지 당시의 피보험자가 계약자의 동의를 얻어 계약해지로 인하여 회사가 채권자에게 지급한 금액을 회사에게 지급하고 계약내용의 변경 등의 절차에 따라 계약자 명의를 피보험자로 변경하여 계약의 특별부활(효력회복)을 청약할 수 있음을 피보험자에게 통지하여야 한다. 이 경우 회사는 (1)에 의한 계약자 명의변경 신청 및 계약의 특별부활(효력회복) 청약을 승낙하며, 계약은 청약한 때부터 특별부활(효력회복)된다. 회사는 이 통지를 계약이 해지된 날부터 7일 이내에 하여야 한다. 다만, 회사의 통지가 7일을 지나서 도달하고 이후 피보험자가 계약자 명의변경 신청 및 계약의 특별부활(효력회복)을 청약한 경우에는 계약이 해지된 날부터 7일이 되는 날에 특별부활(효력회복)된다. 피보험자는 통지를 받은 날부터 15일 이내에 이 특별부활 절차를 이행할 수 있다.

17) 계약의 해지

(1) 계약해지의 자유

계약자는 손해가 발생하기 전에는 언제든지 계약을 해지할 수 있다. 다만 타인을 위한 계약의 경우에는 계약자는 그 타인의 동의를 얻거나 보험증권을 소지한 경우에 한하여 계약을 해지할 수 있다.

(2) 고의손해

회사는 계약자 또는 피보험자의 고의로 손해가 발생한 경우 이 계약을 해지할 수 있다.

(3) 고지불성실

회사는 아래와 같은 사실이 있을 경우에는 손해의 발생여부에 관계없이 그 사실을 안 날부터 1개월 이내에 이 계약을 해지할 수 있다.

① 계약자, 피보험자 또는 이들의 대리인이 계약전 알릴 의무(동법 제15조)에도 불구

하고 고의 또는 중대한 과실로 중요한 사항에 대하여 사실과 다르게 알린 때

② 뚜렷한 위험의 변경 또는 증가와 관련된 계약 후 알릴 의무(동법 제16조)에서 정한 계약 후 알릴 의무를 이행하지 않았을 때

다만, 다음 중 하나에 해당하는 경우에는 회사는 계약을 해지할 수 없다.

㉠ 회사가 계약 당시에 그 사실을 알았거나 과실로 인하여 알지 못하였을 때

㉡ 회사가 그 사실을 안 날부터 1개월 이상 지났거나 또는 제1회 보험료 등을 받은 때부터 보험금 지급사유가 발생하지 않고 2년이 지났을 때

㉢ 계약을 체결한 날부터 3년이 지났을 때

㉣ 보험을 모집한 자('보험설계사 등')가 계약자 또는 피보험자에게 알릴 기회를 주지 않았거나 계약자 또는 피보험자가 사실대로 알리는 것을 방해한 경우, 계약자 또는 피보험자에게 사실대로 알리지 않게 하였거나 부실한 사항을 알릴 것을 권유했을 때. 다만, 보험설계사 등의 행위가 없었다 하더라도 계약자 또는 피보험자가 사실대로 알리지 않거나 부실한 사항을 알렸다고 인정되는 경우에는 계약을 해지할 수 있다.

(3)에 의한 계약의 해지는 손해가 생긴 후에 이루어진 경우에도 회사는 그 손해를 보상하지 않는다. 그러나 손해가 (3) ① 및 ②의 사실로 생긴 것이 아님을 계약자 또는 피보험자가 증명한 경우에는 보상한다.

회사는 다른 보험가입내역에 대한 계약 전·후 고지의무의 위반을 이유로 계약을 해지하거나 보험금 지급을 거절하지 못한다.

18) 중대한 사유

① 1개월 내 해지

회사는 아래와 같은 사실이 있을 경우에는 그 사실을 안 날부터 1개월 이내에 계약을 해지할 수 있다.

㉠ 계약자 또는 피보험자가 고의로 보험금 지급사유를 발생시킨 경우

㉡ 계약자 또는 피보험자가 보험금 청구에 관한 서류에 고의로 사실과 다른 것을 기재하였거나 그 서류 또는 증거를 위조 또는 변조한 경우. 다만, 이미 보험금

지급사유가 발생한 경우에는 보험금 지급에 영향을 미치지 아니한다.

② 회사가 ①에 따라 계약을 해지한 경우에는 회사는 그 취지를 계약자에게 통지하고 보험료를 계약자에게 지급하여야 한다.

19) 보험료의 환급

(1) 계약의 무효 등

이 계약이 무효, 효력상실 또는 해지된 때에는 다음과 같이 보험료를 반환한다. 다만, 보험기간 중 보험사고가 발생하고 보험금이 지급되어 보험가입금액이 감액된 경우에는 감액된 보험가입금액을 기준으로 환급금을 계산하여 반환한다.

① 계약자 또는 피보험자의 책임 없는 사유에 의하는 경우 : 무효의 경우에는 회사에 납입한 보험료의 전액, 효력상실 또는 해지의 경우에는 경과하지 않은 기간에 대하여 일단위로 계산한 보험료

② 계약자 또는 피보험자의 책임 있는 사유에 의하는 경우 : 이미 경과한 기간에 대하여 단기요율(1년 미만의 기간에 적용되는 요율)로 계산한 보험료를 뺀 잔액. 다만 계약자, 피보험자의 고의 또는 중대한 과실로 무효가 된 때에는 보험료를 돌려주지 않는다.

(2) 1년 초과인 계약의 무효 등

보험기간이 1년을 초과하는 계약이 무효 또는 효력상실인 경우에는 무효 또는 효력상실의 원인이 생긴 날 또는 해지일이 속하는 보험년도의 보험료는 위 (1)의 규정을 적용하고, 그 이후의 보험년도에 속하는 보험료는 전액을 돌려준다.

(3) 계약자 또는 피보험자의 책임 있는 사유

(1)의 ②에서 '계약자 또는 피보험자의 책임 있는 사유'라 함은 다음의 어느 하나인 사유를 말한다.

① 계약자 또는 피보험자가 임의 해지하는 경우

② 사기에 의한 계약, 계약의 해지 또는 중대사유로 인한 해지에 따라 계약을 취소 또는 해지하는 경우

③ 보험료 미납으로 인한 계약의 효력 상실

(4) 환급금의 청구

계약의 무효, 효력의 상실 또는 계약해지로 인하여 회사가 반환하여야 할 보험료가 있을 때에는 계약자는 환급금을 청구하여야 하며, 회사는 청구일의 다음 날부터 지급일까지의 기간에 대하여 '보험개발원이 공시하는 보험계약대출이율'을 연단위 복리로 계산한 금액을 더하여 지급하여야 한다.

20) 분쟁의 조정

계약에 관하여 분쟁이 있는 경우에는 분쟁당사자 또는 기타 이해관계인과 회사는 금융감독원장에게 조정을 신청할 수 있다.

21) 관할법원

계약에 관한 소송 및 민사조정에 대한 관할법원은 계약자의 주소지를 관할하는 법원으로 한다. 다만, 회사와 계약자가 합의하여 관할법원을 달리 정할 수 있다.

22) 소멸시효

보험금청구권, 보험료 또는 환급금반환청구권은 3년간 행사하지 않으면 소멸시효가 완성된다.

23) 약관의 해석

회사는 신의성실의 원칙에 따라 공정하게 약관을 해석하여야 하며 계약자에 따라 다르게 해석하지 않는다. 약관의 뜻이 명백하지 않은 경우에는 계약자에게 유리하게 해석한다. 회사는 보상하지 않는 손해 등 계약자나 피보험자에게 불리하거나 부담을 주는 내용은 확대하여 해석하지 않는다.

24) 회사가 제작한 보험 안내자료의 효력

보험설계사 등이 모집과정에서 사용한 회사 제작의 보험 안내자료의 내용이 약관의 내용과 다른 경우에는 계약자에게 유리한 내용으로 계약이 성립된 것으로 본다.

25) 회사의 손해배상책임

회사는 계약과 관련하여 임직원, 보험설계사 및 대리점의 책임있는 사유로 인하여 계약자 및 피보험자에게 발생된 손해에 대하여 관계법령 등에 따라 손해배상의 책임을 진다. 회사는 보험금의 지급 거절 및 지연지급의 사유가 없음을 알았거나 알 수 있었음에도 불구하고 소를 제기하여 계약자 또는 피보험자에게 손해를 가한 경우에는 그에 따른 손해를 배상할 책임을 진다.

회사가 보험금 지급 여부 및 지급금액에 관하여 현저하게 공정을 잃은 합의로 계약자 또는 피보험자에게 손해를 가한 경우에도 회사는 제2항에 따라 손해를 배상할 책임을 진다.

26) 예금보험에 의한 지급보장

회사가 파산 등으로 인하여 보험금 등을 지급하지 못할 경우에는 예금자보호법에서 정하는 바에 따라 그 지급을 보장한다.

6. 자동차보험 실무(개인용자동차 표준약관)

□ 자동차보험 종목 및 가입 대상

보험 종목	가입 대상
개인용 자동차보험	법정 정원 10인승 이하의 개인 소유 자가용 승용차. 다만, 인가된 자동차학원 또는 자동차학원 대표자가 소유하는 자동차로서 운전교습, 도로주행교육 및 시험에 사용되는 승용자동차는 제외
업무용자동차보험	개인용 자동차를 제외한 모든 비사업용 자동차
영업용 자동차보험	사업용 자동차
이륜자동차보험	이륜자동차 및 원동기장치자전거
농기계보험	동력경운기, 농용트랙터 및 콤바인 등 농기계

1) 개념

(1) 가지급금

'가지급금'은 자동차사고로 인하여 소요되는 비용을 충당하기 위하여, 보험회사가 피보험자에 대한 보상책임이나 피해자에 대한 손해배상책임을 확정하기 전에 그 비용의 일부를 피보험자 또는 피해자에게 미리 지급하는 것을 말한다.

(2) 단기요율

'단기요율'은 보험기간이 1년 미만인 보험계약에 적용되는 보험요율을 말한다.

(3) 마약 또는 약물 등

'마약 또는 약물은 '도로교통법' 제45조에서 정한 '마약, 대마, 향정신성의약품 그의 행정안전부령이 정하는 것'을 말한다.

(4) 무면허운전(조종)

'무면허운전(조종)'은 '도로교통법' 또는 '건설기계관리법'의 운전(조종)면허에 관한 규정에 위반되는 무면허 또는 무자격운전(조종)을 말하며, 운전(조종)면허의 효력이 정지된 상황이거나 운전(조종)이 금지된 상황에서 운전(조종)하는 것을 포함한다.

(5) 무보험자동차

'무보험자동차'는 피보험자동차가 아니면서 피보험자를 죽게 하거나 다치게 한 자동차로서, 다음 중 어느 하나에 해당하는 것을 말한다. 이 경우 자동차라 함은 '자동차관리법'에 의한 자동차, '건설기계관리법'에 의한 건설기계, '군수품관리법'에 의한 차량, '도로교통법'에 의한 원동기장치자전거 및 '농업기계화촉진법'에 의한 농업기계를 말하며, 피보험자가 소유한 자동차를 제외한다.

① 자동차보험 '대인배상Ⅱ'나 공제계약이 없는 자동차

② 자동차보험 '대인배상Ⅱ'나 공제계약에서 보상하지 않는 경우에 해당하는 자동차

③ 이 약관에서 보상될 수 있는 금액보다 보상한도가 낮은 자동차보험의 '대인배상Ⅱ' 나 공제계약이 적용되는 자동차. 다만, 피보험자를 죽게 하거나 다치게 한 자동차가 2대 이상이고 각각의 자동차에 적용되는 자동차보험의 '대인배상Ⅱ' 또는 공제 계약에서 보상되는 금액의 합계액이 이 약관에서 보상될 수 있는 금액보다 낮은

경우에 한하는 그 각각의 자동차

④ 피보험자를 죽게 하거나 다치게 한 자동차가 명확히 밝혀지지 않은 경우 그 자동차

(6) 부분품, 부속품, 부속기계장치

① 부분품 : 엔진, 변속기(트랜스미션) 등 자동차가 공장에서 출고될 때 원형 그대로 부착되어 자동차의 조성부분이 되는 재료를 말한다.

② 부속품 : 자동차에 정착[15) 또는 장비[16)되어 있는 물품을 말하며, 자동차 실내에서만 사용하는 것을 목적으로 해서 자동차에 고정되어 있는 내비게이션이나 고속도로통행료단말기[17)를 포함한다. 다만 다음의 물품을 제외한다.

    ㉠ 연료, 보디커버, 세차용품

    ㉡ 법령에 의해 자동차에 정착하거나 장비하는 것이 금지되어 있는 물건

    ㉢ 통상 장식품으로 보는 물건

    ㉣ 부속기계장치

③ 부속기계장치 : 의료방역차, 검사측정차, 전원차, 방송중계차 등 자동차등록증상 그 용도가 특정한 자동차에 정착되거나 장비되어 있는 정밀기계장치를 말한다.

(7) 운전(조종)

'운전(조종)'은 '도로교통법'상 도로[도로교통법 제44조(술에 취한 상태에서의 운전금지) · 제45조(과로한 때의 운전 금지) · 제54조(사고발생 시 조치) 제1항 · 제148조(벌칙) 및 제148조의2(벌칙)의 경우에는 도로 외의 곳을 포함]에서 자동차 또는 건설기계를 그 본래의 사용방법에 따라 사용하는 것을 말한다.

(8) 운행

'운행'은 사람 또는 물건의 운송 여부와 관계없이 자동차를 그 용법에 따라 사용하거나 관리하는 것을 말한다('자동차손해배상보장법' 제2조 제2호).

---

15) 정착 : 볼트, 너트 등으로 고정되어 있어서 공구 등을 사용하지 않으면 쉽게 분리할 수 없는 상태
16) 장비 : 자동차의 기능을 충분히 발휘하기 위해 갖추어 두고 있는 상태 또는 법령에 따라 자동차에 갖추어 두고 있는 상태
17) 고속도로통행료단말기 : 고속도로 통행료 등의 지급을 위해 고속도로 요금소와 통행료 등에 관한 정보를 주고받는 송수신장치(예 : 하이패스 단말기)

(9) 음주운전(조종)

'음주운전(조종)'은 '도로교통법'에 정한 술에 취한 상태에서 운전(조종)하거나 음주측정에 불응하는 행위를 말한다.

(10) 의무보험

'의무보험'은 '자동차손해배상보장법' 제5조에 따라 자동차보유자가 의무적으로 가입하는 보험을 말한다.

(11) 자동차보유자

'자동차보험보유자'는 자동차의 소유자나 자동차를 사용할 권리가 있는 자로서 자기를 위하여 자동차를 운행하는 자를 말한다('자동차손해배상보장법' 제2조 제3호).

(12) 자동차 취급업자

'자동차취급업자'는 자동차정비업, 주차장업, 급유업, 세차업, 자동차판매업, 자동차탁송업 등 자동차를 취급하는 일에 종사하는 자를 말하며, 이들 또는 이들의 피용자가 법인인 경우에는 그 법인의 이사와 감사를 포함한다.

(13) 피보험자

'피보험자'는 보험회사에 보상을 청구할 수 있는 자로서 다음의 어느 하나에 해당 하는 자를 말하며, 구체적인 피보험자의 범위는 각각의 보장종목에서 정하는 바에 따른다.

① 기명피보험자 : 피보험자동차를 소유·사용·관리하는 자 중에서 보험계약자가 지정하여 보험증권의 기명피보험자란에 기재되어 있는 피보험자이다.

② 친족피보험자 : 기명피보험자와 같이 살거나 살림을 같이 하는 친족으로서 피보험자동차를 사용하거나 관리하고 있는 자이다.

③ 승낙피보험자 : 기명피보험자의 승낙을 얻어 피보험자동차를 사용하거나 관리하고 있는 자를 말한다.

④ 사용피보험자 : 기명피보험자의 사용자 또는 계약에 따라 기명피보험자의 사용자에 준하는 지위를 얻은 자. 다만, 기명피보험자가 피보험자동차를 사용자의 업무에 사용하고 있는 때에 한한다.

⑤ 운전피보험자 : 다른 피보험자(기명피보험자, 친족피보험자, 승낙피보험자, 사용피

보험자를 말함)를 위하여 피보험자동차를 운전 중인 자(운전보조자를 포함)를 말한다.

(14) 피보험자동차
'피보험자동차'는 보험증권에 기재된 자동차를 말한다.

(15) 피보험자의 부모, 배우자, 자녀
① 피보험자의 부모 : 피보험자의 부모, 양부모이다.
② 피보험자의 배우자 : 법률상의 배우자 또는 사실혼관계에 있는 배우자이다.
③ 피보험자의 자녀 : 법률상의 혼인관계에서 출생한 자녀, 사실혼관계에서 출생한 자녀, 양자 또는 양녀를 말한다.

(16) 휴대품 및 소지품
① 휴대품 : 통상적으로 몸에 지니고 있는 물품으로 현금, 유가증권, 만년필, 소모품, 손목시계, 귀금속, 장신구, 그 밖에 이와 유사한 물품을 말한다.
② 소지품 : 휴대품을 제외한 물품으로 정착[18]되어 있지 않고 휴대할 수 있는 물품이다.[19]

2) 자동차보험의 구성

(1) 구성
보험회사가 판매하는 자동차보험은 '대인배상Ⅰ', '대인배상Ⅱ', '대물배상', '자기신체사고', '무보험자동차에 의한 상해', '자기차량손해'의 6가지 보장종목과 특별약관으로 구성되어 있다.

(2) 가입
보험계약자는 다음과 같은 방법에 의해 자동차보험에 가입한다.
① 의무보험 : '자동차손해배상보장법' 제5조에 의해 보험에 가입할 의무가 있는 자동차보유자는 '대인배상Ⅰ'과 '대물배상'('자동차손해배상보장법'에서 정한 보상한도에

---

18) 정착 : 볼트, 너트 등으로 고정되어 있어서 공구 등을 사용하지 않으면 쉽게 분리할 수 없는 상태
19) 휴대전화기, 노트북, 캠코더, 카메라, 음성재생기(CD 플레이어, MP3 플레이어, 카세트테이프 플레이어 등), 녹음기, 전자수첩, 전자사전, 휴대용라디오, 핸드백, 서류가방, 골프채 등

한함)에 반드시 가입하여야 한다.

② 임의보험 : 의무보험에 가입하는 보험계약자는 의무보험에 해당하지 않는 보장종목을 선택하여 가입할 수 있다.

(3) 보상내용

① 배상책임 : 자동차사고로 인하여 피보험자가 손해배상책임을 짐으로써 입은 손해를 보상한다.

보장종목	보상하는 내용
대인배상 I	자동차사고로 다른 사람을 죽게 하거나 다치게 한 경우에 '자동차손해배상보장법'에서 정한 한도에서 보상
대인배상 II	자동차사고로 다른 사람을 죽게 하거나 다치게 한 경우, 그 손해가 '대인배상 I'에서 지급하는 금액을 초과하는 경우에 그 초과손해를 보상
대물배상	자동차사고로 다른 사람의 재물을 없애거나 훼손한 경우에 보상

② 배상책임 이외의 보장종목 : 자동차사고로 인하여 피보험자가 입은 손해를 보상

보장종목	보상하는 내용
자기신체사고	피보험자가 죽거나 다친 경우에 보상
무보험자동차에 의한 상해	무보험자동차에 의해 피보험자가 죽거나 다친 경우에 보상
자기차량손해	피보험자동차에 생긴 손해를 보상

3) 자동차보험에서 보상하는 내용

(1) 배상책임

① 대인배상 I

㉠ 보상하는 손해 : '대인배상 I'에서 보험회사는 피보험자가 피보험자동차의 운행으로 인하여 다른 사람을 죽거나 다치게 하여 '자동차손해배상보장법' 제3조에

의한 손해배상책임을 짐으로써 입은 손해를 보상한다.

ⓛ 피보험자 : '대인배상 I'에서 피보험자라 함은 다음 중 어느 하나에 해당하는 자를 말하며, 다음에서 정하는 자 외에도 '자동차손해배상보장법'상 자동차 보유자에 해당하는 자가 있는 경우에는 그 자를 '대인배상 I'의 피보험자로 본다.

   ⑦ 기명피보험자

   ⑭ 친족피보험자

   ⑮ 승낙피보험자

   ⑯ 사용피보험자

   ⑰ 운전피보험자

ⓒ 보상하지 않는 손해 : 보험계약자 또는 피보험자의 고의로 인한 손해는 '대인배상 I'에서 보상하지 않는다. 다만, '자동차손해배상보장법' 제10조의 규정에 따라 피해자가 보험회사에 직접 청구를 한 경우, 보험회사는 자동차손해배상 보장법령에서 정한 금액을 한도로 피해자에게 손해배상금을 지급한 다음 지급한 날부터 3년 이내에 고의로 사고를 일으킨 보험계약자나 피보험자에게 그 금액의 지급을 청구한다.

② 대인배상 II와 대물배상

  ⓛ 보상하는 손해

    ⑦ '대인배상 II'에서 보험회사는 피보험자가 피보험자동차를 소유·사용·관리하는 동안에 생긴 피보험자동차의 사고로 인하여 다른 사람을 죽게 하거나 다치게 하여 법률상 손해배상책임을 짐으로써 입은 손해('대인배상 I'에서 보상하는 손해를 초과하는 손해에 한함)를 보상한다.

    ⑭ '대물배상'에서 보험회사는 피보험자가 피보험자동차를 소유·사용·관리하는 동안에 생긴 피보험자동차의 사고로 인하여 다른 사람의 재물을 없애거나 훼손하여 법률상 손해배상책임을 짐으로써 입은 손해를 보상한다.

  ⓛ 피보험자 : '대인배상 II'와 '대물배상'에서 피보험자라 함은 다음 중 어느 하나에 해당하는 자를 말한다.

    ⑦ 기명피보험자

    ⑭ 친족피보험자

    ⑮ 승낙피보험자. 다만, 자동차 취급업자가 업무상 위탁받은 피보험자동차를

사용하거나 관리하는 경우에는 피보험자로 보지 않는다.

   ㉨ 사용피보험자

   ㉩ 운전피보험자. 다만, 자동차 취급업자가 업무상 위탁받은 피보험자동차를 사용하거나 관리하는 경우에는 피보험자로 보지 않는다.

  ㉢ '대인배상Ⅱ'와 '대물배상'에서 보상하지 않는 손해

  다음 중 어느 하나에 해당하는 손해는 '대인배상Ⅱ'와 '대물배상'에서 보상하지 않는다.

   ㉮ 보험계약자 또는 기명피보험자의 고의로 인한 손해

   ㉯ 기명피보험자 이외의 피보험자의 고의로 인한 손해

   ㉰ 전쟁, 혁명, 내란, 사변, 폭동, 소요 또는 이와 유사한 사태로 인한 손해

   ㉱ 지진, 분화, 태풍, 홍수, 해일 등 천재지변으로 인한 손해

   ㉲ 핵연료물질의 직접 또는 간접적인 영향으로 인한 손해

   ㉳ 영리를 목적으로 요금이나 대가를 받고 피보험자동차를 반복적으로 사용하거나 빌려 준 때에 생긴 손해. 다만, 임대차계약(계약기간이 30일을 초과하는 경우에 한함)에 따라 임차인이 피보험자동차를 전속적으로 사용하는 경우에는 보상한다. 그러나 임차인이 피보험자동차를 영리를 목적으로 요금이나 대가를 받고 반복적으로 사용하는 경우에는 보상하지 않는다.

   ㉴ 피보험자가 제3자와 손해배상에 관한 계약을 맺고 있을 때 그 계약으로 인하여 늘어난 손해

   ㉵ 피보험자 본인이 무면허운전을 하였거나, 기명피보험자의 명시적·묵시적 승인하에서 피보험자동차의 운전자가 무면허운전을 하였을 때에 생긴 사고로 인한 손해. 다만, '자동차손해배상보장법' 제5조 제2항의 규정에 따라 자동차보유자가 의무적으로 가입하여야 하는 '대물배상' 보험가입금액 한도에서는 보상한다.

   ㉶ 피보험자동차를 시험용, 경기용 또는 경기를 위해 연습용으로 사용하던 중 생긴 손해. 다만, 운전면허시험을 위한 도로주행시험용으로 사용하던 중 생긴 손해는 보상한다.

  ㉣ '대인배상Ⅱ'에서 보상하지 않는 손해

  다음 중 어느 하나에 해당하는 사람이 죽거나 다친 경우에는 '대인배상Ⅱ'에서

보상하지 않는다.

㉮ 피보험자 또는 그 부모, 배우자 및 자녀

㉯ 배상책임이 있는 피보험자의 피용자로서 '산업재해보상보험법'에 의한 재해보상을 받을 수 있는 사람. 다만, 그 사람이 입은 손해가 같은 법에 의한 보상범위를 넘어서는 경우 그 초과손해를 보상한다.

㉰ 피보험자동차가 피보험자의 사용자의 업무에 사용되는 경우 그 사용자의 업무에 종사 중인 다른 피용자로서, '산업재해보상보험법'에 의한 재해보상을 받을 수 있는 사람. 다만, 그 사람이 입은 손해가 같은 법에 의한 보상범위를 넘는 경우 그 초과손해를 보상한다.

㉢ 대물배상에서 보상하지 않는 손해

다음 중 어느 하나에 해당하는 손해는 '대물배상'에서 보상하지 않는다.

㉮ 피보험자 또는 그 부모, 배우자나 자녀가 소유·사용·관리하는 재물에 생긴 손해

㉯ 피보험자가 사용자의 업무에 종사하고 있을 때 피보험자의 사용자가 소유·사용·관리하는 재물에 생긴 손해

㉰ 피보험자동차에 싣고 있거나 운송중인 물품에 생긴 손해

㉱ 다른 사람의 서화, 골동품, 조각물, 그 밖에 미술품과 탑승자와 통행인의 의류나 휴대품에 생긴 손해

㉲ 탑승자와 통행인의 분실 또는 도난으로 인한 소지품에 생긴 손해. 그러나 훼손된 소지품에 한하여 피해자 1인당 200만 원의 한도에서 실제 손해를 보상한다.

㉢의 ㉯와 관련해서 보험회사가 피보험자 개별적용에 따라 피해자에게 손해배상을 하는 경우, 보험회사는 손해배상액을 지급한 날부터 3년 이내에 고의로 사고를 일으킨 피보험자에게 그 금액의 지급을 청구한다.

(2) 지급보험금의 계산

① 지급액 및 한도

'대인배상Ⅰ', '대인배상Ⅱ', '대물배상'에서 보험회사는 이 약관의 '보험금지급기준에

의해 산출한 금액'과 '비용'을 합한 금액에서 '공제액'을 공제한 후 보험금으로 지급하되 다음의 금액을 한도로 한다.

㉠ '대인배상Ⅰ' : 자동차손해배상보장법령에서 정한 기준에 따라 산출한 금액

㉡ '대인배상Ⅱ' 및 '대물배상' : 보험증권에 기재된 보험가입금액

지급 보험금	=	'보험금지급기준에 의해 산출한 금액' 또는 '법원의 확정판결 등에 따라 피보험자가 배상하여야 할 금액'	+	비용	−	공제액

② 소송(민사조정, 중재를 포함)이 제기되었을 경우에는 대한민국 법원의 확정판결 등[20])에 따라 피보험자가 손해배상청구권자에게 배상하여야 할 금액(지연배상금을 포함)을 제1항의 '보험금지급기준에 의해 산출한 금액'으로 본다.

③ ①의 '비용'은 다음 중 어느 하나에 해당하는 금액을 말한다. 이 비용은 보험 가입 금액과 관계없이 보상한다.

㉠ 손해의 방지와 경감을 위하여 지출한 비용(긴급조치비용을 포함)

㉡ 다른 사람으로부터 손해배상을 받을 수 있는 권리의 보전과 행사를 위하여 지출한 필요비 또는 유익비

㉢ 그 밖에 보험회사의 동의를 얻어 지출한 비용

④ ①의 '공제액'은 다음의 금액을 말한다.

㉠ '대인배상Ⅱ' : '대인배상Ⅰ'에서 지급되는 금액 또는 피보험자동차가 '대인배상 Ⅰ'에 가입되지 않은 경우에는 '대인배상Ⅰ'에서 지급될 수 있는 금액

㉡ '대물배상' : 사고차량을 고칠 때에 엔진, 변속기(트랜스미션) 등 부분품을 교체한 경우 교체된 기존 부분품의 감가상각에 해당하는 금액

4) 사고부담금

(1) 음주운전 또는 무면허운전 관련 사고부담금

① 피보험자 본인이 음주운전이나 무면허운전을 하는 동안에 생긴 사고 또는 기명피

---

20) '법원의 확정판결 등'이라 함은 법원의 확정판결 또는 법원의 확정판결과 동일한 효력을 갖는 조정결정, 중재판정 등을 말한다.

보험자의 명시적·묵시적 승인하에서 피보험자동차의 운전자가 음주운전이나 무면허운전을 하는 동안에 생긴 사고로 인하여 보험회사가 '대인배상Ⅰ', '대인배상Ⅱ' 또는 '대물배상'에서 보험금을 지급하는 경우, 피보험자는 다음에서 정하는 사고 부담금을 보험회사에 납입하여야 한다.

    ㉠ 음주운전 사고부담금 : 1 사고당 '대인배상Ⅰ·Ⅱ'는 200만 원, '대물배상'은 50만 원

    ㉡ 무면허운전 사고부담금 : 1 사고당 '대인배상Ⅰ'는 200만 원, '대물배상'은 50만 원

② 피보험자는 지체 없이 음주운전 또는 무면허운전 사고부담금을 보험회사에 납입하여야 한다. 다만, 피보험자가 경제적인 사유 등으로 이 사고부담금을 미납하였을 때에는 보험회사는 피해자에게 이 사고부담금을 포함하여 손해배상금을 우선 지급하고 피보험자에게 이 사고부담금의 지급을 청구할 수 있다.

(2) 배상책임 이외의 보장종목

① 자기신체사고

    ㉠ 보상하는 손해

      '자기신체사고'에서 보험회사는 피보험자가 피보험자동차를 소유·사용·관리하는 동안에 생긴 자동차의 사고로 인하여 죽거나 다친 때 그로 인한 손해를 보상한다.

> ※ '자기신체사고'에서 보장하는 '자동차의 사고'에 관한 구체적인 사항은 개별 보험회사의 약관에서 규정한다.

    ㉡ 피보험자

      '자기신체사고'에서 피보험자는 보험회사에 보상을 청구할 수 있는 사람이다.

> ※ '피보험자'에 관한 구체적인 사항은 개별 보험회사의 약관에서 규정한다.

ⓒ 보상하지 않는 손해

다음 중 어느 하나에 해당하는 손해는 '자기신체사고'에서 보상하지 않는다.

㉮ 피보험자의 고의로 그 본인이 상해를 입은 때. 이 경우 그 피보험자에 대한 보험금만 지급하지 않는다.

㉯ 상해가 보험금을 받을 자의 고의로 생긴 때에는 그 사람이 받을 수 있는 금액

㉰ 피보험자동차 또는 피보험자동차 이외의 자동차를 시험용, 경기용 또는 경기를 위해 연습용으로 사용하던 중 생긴 손해. 다만, 운전면시험을 위한 도로주행시험용으로 사용하던 중 생긴 손해는 보상한다.

㉱ 전쟁, 혁명, 내란, 사변, 폭동, 소요 및 이와 유사한 사태로 인한 손해

㉲ 지진, 분화 등 천재지변으로 인한 손해

㉳ 핵연료물질의 직접 또는 간접적인 영향으로 인한 손해

㉴ 영리를 목적으로 요금이나 대가를 받고 피보험자동차를 반복적으로 사용하거나 빌려 준 때에 생긴 손해. 다만, 임대차계약(계약기간이 30일을 초과하는 경우에 한함)에 따라 임차인이 피보험자동차를 전속적으로 사용하는 경우에는 보상한다. 그러나 임차인이 피보험자동차를 영리를 목적으로 요금이나 대가를 받고 반복적으로 사용하는 경우는 보상하지 않는다.

보험회사가 '자기신체사고'에서 지급하는 보험금의 종류와 한도의 구체적인 사항은 개별 보험회사의 약관에서 정한다.

ⓓ '자기신체사고'의 지급보험금 계산

> ※ '지급보험금의 계산'에 관한 구체적인 사항은 개별 보험회사의 약관에서 규정한다.

② 무보험자동차에 의한 상해

ⓐ 보상하는 손해

'무보험자동차에 의한 상해'에서 보험회사는 피보험자가 무보험자동차로 인하여 생긴 사고로 죽거나 다친 때에 그로 인한 손해에 대하여 배상의무자[21]가

---

21) '배상의무자'라 함은 무보험자동차로 인하여 생긴 사고로 피보험자를 죽게 하거나 다치게 함으로써 피보험자에게

있는 경우에 이 약관에서 정하는 바에 따라 보상한다.

ⓛ '무보험자동차에 의한 상해'에서 피보험자는 보험회사에 보상을 청구할 수 있는 사람으로서, 그 범위는 다음과 같다.

※ '피보험자'에 관한 구체적인 사항은 개별 보험회사의 약관에서 규정한다.

ⓒ 보상하지 않는 손해

다음 중 어느 하나에 해당하는 손해는 '무보험자동차에 의한 상해'에서 보상하지 않는다.

㉮ 보험계약자의 고의로 인한 손해

㉯ 피보험자의 고의로 그 본인이 상해를 입은 때. 이 경우 당해 피보험자에 대한 보험금만 지급하지 않는다.

㉰ 상해가 보험금을 받을 자의 고의로 생긴 때는 그 사람이 받을 수 있는 금액

㉱ 전쟁, 혁명, 내란, 사변, 폭동, 소요 및 이와 유사한 사태로 인한 손해

㉲ 지진, 분화, 태풍, 홍수, 해일 등 천재지변으로 인한 손해

㉳ 핵연료물질의 직접 또는 간접적인 영향으로 인한 손해

㉴ 영리를 목적으로 요금이나 대가를 받고 피보험자동차를 반복적으로 사용하거나 빌려준 때에 생긴 손해. 다만, 임대차계약(계약기간이 30일을 초과하는 경우에 한함)에 따라 임차인이 피보험자동차를 전속적으로 사용하는 경우는 보상한다. 그러나 임차인이 피보험자동차를 영리를 목적으로 요금이나 대가를 받고 반복적으로 사용하는 경우는 보상하지 않는다.

㉵ 피보험자동차 또는 피보험자동차 이외의 자동차를 시험용, 경기용 또는 경기를 위해 연습용으로 사용하던 중 생긴 손해. 다만, 운전면허시험을 위한 도로주행시험용으로 사용하던 중 생긴 손해는 보상한다.

㉶ 피보험자가 피보험자동차가 아닌 자동차를 영리를 목적으로 요금이나 대가를 받고 운전하던 중 생긴 사고로 인한 손해

입힌 손해에 대하여 법률상 손해배상책임을 지는 사람을 말한다.

㉰ 다음 중 어느 하나에 해당하는 사람이 배상의무자일 경우에는 보상하지 않는다. 다만, 이들이 무보험자동차를 운전하지 않은 경우로, 이들 이외에 다른 배상의무자가 있는 경우에는 보상한다.

- 상해를 입은 피보험자의 부모, 배우자, 자녀
- 피보험자가 사용자의 업무에 종사하고 있을 때 피보험자의 사용자 또는 피보험자의 사용자의 업무에 종사 중인 다른 피용자

㉣ '무보험자동차에 의한 상해'의 지급보험금 계산

※ '지급보험금의 계산'에 관한 구체적인 사항은 개별 보험회사의 약관에서 규정한다.

③ 자기차량손해

㉠ 보상하는 손해

'자기차량손해'에서 보험회사는 피보험자가 피보험자동차를 소유·사용·관리하는 동안에 발생한 사고로 인하여 피보험자동차에 직접적으로 생긴 손해를 보험증권에 기재된 보험가입금액을 한도로 보상한다. 다만, 보험가입금액이 보험가액보다 많은 경우에는 보험가액[22]을 한도로 보상한다. 이 경우 피보험자동차에 통상 붙어있거나 장치되어 있는 부속품과 부속기계장치는 피보험자동차의 일부로 본다. 그러나 통상 붙어 있거나 장치되어 있는 것이 아닌 것은 보험증권에 기재한 것에 한한다.

※ '자기차량손해'에서 보장하는 '사고'에 관한 구체적인 사항은 개별 보험회사의 약관에서 규정한다.

---

22) '보험가액'이라 함은 보험개발원이 정한 차량기준가액표에 따라 보험계약을 맺었을 때에는 사고발생 당시 보험개발원이 정한 최근의 차량기준가액을 말한다. 그러나 위 차량기준가액이 없거나 이와 다른 가액으로 보험계약을 맺었을 경우 보험증권에 기재된 가액이 손해가 생긴 곳과 때의 가액을 현저하게 초과할 때에는 그 손해가 생긴 곳과 때의 가액을 보험가액으로 한다.

ⓒ 피보험자

'자기차량손해'에서 피보험자는 보험회사에 보상을 청구할 수 있는 사람으로서, 보험증권에 기재된 기명피보험자이다.

ⓒ 보상하지 않는 손해

다음 중 어느 하나에 해당하는 손해는 '자기차량손해'에서 보상하지 않는다.

㉮ 보험계약자 또는 피보험자의 고의로 인한 손해

㉯ 전쟁, 혁명, 내란, 사변, 폭동, 소요 및 이와 유사한 사태로 인한 손해

㉰ 지진, 분화 등 천재지변으로 인한 손해

㉱ 핵연료물질의 직접 또는 간접적인 영향으로 인한 손해

㉲ 영리를 목적으로 요금이나 대가를 받고 피보험자동차를 반복적으로 사용하거나 빌려 준 때에 생긴 손해. 다만, 임대차계약(계약기간이 30일을 초과하는 경우에 한함)에 따라 임차인이 피보험자동차를 전속적으로 사용하는 경우에는 보상한다. 그러나 임차인이 피보험자동차를 영리를 목적으로 요금이나 대가를 받고 반복적으로 사용하는 경우는 보상하지 않는다.

㉳ 사기 또는 횡령으로 인한 손해

㉴ 국가나 공공단체의 공권력 행사에 의한 압류, 징발, 몰수, 파괴 등으로 인한 손해. 그러나 소방이나 피난에 필요한 조치로 손해가 발생한 경우에는 그 손해를 보상한다.

㉵ 피보험자동차에 생긴 흠, 마멸, 부식, 녹, 그 밖에 자연소모로 인한 손해

㉶ 피보험자동차의 일부 부분품, 부속품, 부속기계장치만의 도난으로 인한 손해

㉷ 동파로 인한 손해 또는 우연한 외래의 사고에 직접 관련이 없는 전기적, 기계적 손해

㉸ 피보험자동차를 시험용, 경기용 또는 경기를 위해 연습용으로 사용하던 중 생긴 손해. 다만, 운전면허시험을 위한 도로주행시험용으로 사용하던 중 생긴 손해는 보상한다.

㉹ 피보험자동차를 운송 또는 싣고 내릴 때에 생긴 손해

㉺ 피보험자동차가 주정차중일 때 피보험자동차의 타이어나 튜브에만 생긴 손해. 다만, 다음 중 어느 하나에 해당하는 손해는 보상한다(타이어나 튜브의

물리적 변형이 없는 단순 오손의 경우는 제외).

- 다른 자동차가 충돌하거나 접촉하여 입은 손해
- 화재, 산사태로 입은 손해
- 가해자가 확정된 사고[23]로 인한 손해

㉔ 다음 각목의 어느 하나에 해당하는 자가 무면허운전, 음주운전 또는 마약·약물운전[24]을 하였을 때 생긴 손해

- 보험계약자, 기명피보험자
- 30일을 초과하는 기간을 정한 임대차계약에 의해 피보험자동차를 빌린 임차인[25].
- 기명피보험자와 같이 살거나 생계를 같이 하는 친족

㉣ '자기차량손해'의 지급보험금 계산 :

> ※ '지급보험금의 계산'에 관한 구체적인 사항은 개별 보험회사의 약관에서 규정한다.

5) 보험금의 청구

(1) 보험금을 청구할 수 있는 경우

피보험자는 다음에서 정하는 바에 따라 보험금을 청구할 수 있다.

보장종목	보험금을 청구할 수 있는 경우
1. '대인배상 I ', '대인배상II', '대물배상'	대한민국 법원에 의한 판결의 확정, 재판상의 화해, 중재 또는 서면에 의한 합의로 손해배상액이 확정된 때
2. '자기신체사고'	피보험자가 피보험자동차를 소유, 사용, 관리하는 동안에 생긴 자동차의 사고로 인하여 죽거나 다친 때

---

23) '가해자가 확정된 사고'라 함은 피보험자동차에 장착되어 있는 타이어나 튜브를 훼손하거나 파손한 사고로서, 경찰관서를 통하여 가해자(기명피보험자 및 기명피보험자의 부모, 배우자, 자녀는 제외)의 신원이 확인된 사고를 말한다.

24) '마약·약물운전'이라 함은 마약 또는 약물 등의 영향으로 인하여 정상적인 운전을 하지 못할 우려가 있는 상태에서 피보험자동차를 운전하는 것을 말한다.

25) 임차인이 법인인 경우에는 그 이사, 감사 또는 피고용자(피고용자가 피보험자동차를 법인의 업무에 사용하고 있는 때에 한함)를 포함한다.

보장종목	보험금을 청구할 수 있는 경우
3. '무보험자동차에 의한 상해'	피보험자가 무보험자동차에 의해 생긴 사고로 죽거나 다친 때
4. '자기차량손해'	사고가 발생한 때. 다만, 피보험자동차를 도난당한 경우에는 도난사실을 경찰관서에 신고한 후 30일이 지나야 보험금을 청구할 수 있다. 만약, 경찰관서에 신고한 후 30일이 지나 보험금을 청구하였으나 피보험자동차가 회수되었을 경우에는 보험금의 지급 및 피보험자동차의 반환 여부는 피보험자의 의사에 따른다.

① 청구 절차 및 유의 사항

㉠ 보험회사는 보험금 청구에 관한 서류를 받았을 때에는 지체 없이 지급할 보험금액을 정하고 그 정하여진 날부터 7일 이내에 지급하여야 한다.

㉡ 보험회사가 정당한 사유 없이 보험금액을 정하는 것을 지연하였거나 ㉠에서 정한 지급기일 내에 보험금을 지급하지 않았을 때, 지급할 보험금이 있는 경우에는 그 다음날부터 지급일까지의 기간에 대하여 보험개발원이 공시한 보험계약대출이율에 따라 연 단위 복리로 계산한 금액을 보험금에 더하여 준다. 다만, 피보험자의 책임 있는 사유로 지급이 지연될 때에는 그 해당기간에 대한 이자를 더하지 않는다.

㉢ 보험회사가 보험금 청구에 관한 서류를 받은 때부터 30일 이내에 피보험자 에게 보험금을 지급하는 것을 거절하는 이유 또는 그 지급을 연기하는 이유(추가조사가 필요한 때에는 확인이 필요한 사항과 확인이 종료되는 시기를 포함)를 서면(전자우편 등 서면에 갈음할 수 있는 통신수단을 포함)으로 통지하지 않는 경우, 정당한 사유 없이 보험금액을 정하는 것을 지연한 것으로 본다.

㉣ 보험회사는 손해배상청구권자가 손해배상을 받기 전에는 보험금의 전부 또는 일부를 피보험자에게 지급하지 않으며, 피보험자가 손해배상청구권자에게 지급한 손해배상액을 초과하여 피보험자에게 지급하지 못한다.

㉤ 피보험자의 보험금 청구가 손해배상청구권자의 직접청구와 경합할 때에는 보험회사가 손해배상청구권자에게 우선하여 보험금을 지급한다.

㉥ '대인배상Ⅰ', '대인배상Ⅱ', '자기신체사고', '무보험자동차에 의한 상해'에서 보험회사는 피보험자 또는 손해배상청구권자의 청구가 있거나 그 밖의 원인으로

보험사고가 발생한 사실을 알았을 때에는 피해자 또는 손해배상청구권자를 진료하는 의료기관에 그 진료에 따른 자동차보험 진료수가의 지급의사 유무 및 지급한도 등을 통지한다.

② 제출 서류

피보험자는 보장종목별로 다음의 서류 등을 구비하여 보험금을 청구하여야 한다.

보험금 청구시 필요 서류 등	대인 배상	대물 배상	자기 차량 손해	자기 신체 사고	무보험 자동차에 의한 상해
1. 보험금 청구서	○	○	○	○	○
2. 손해액을 증명하는 서류(진단서 등)	○	○	○	○	○
3. 손해배상의 이행사실을 증명하는 서류	○	○			
4. 사고가 발생한 때와 장소 및 사고사실이 신고된 관할 경찰관서			○		○
5. 배상의무자의 주소, 성명 또는 명칭, 차량번호					○
6. 배상의무자의 '대인배상Ⅱ' 또는 공제계약의 유무 및 내용					○
7. 피보험자가 입은 손해를 보상할 '대인배상Ⅱ' 또는 공제계약, 배상의무자 또는 제3자로부터 이미 지급받은 손해배상금이 있을 때에는 그 금액					○
8. 도난 및 전손사고 시 폐차증명서 또는 말소사실 증명서			○		
9. 그 밖에 보험회사가 꼭 필요하여 요청하는 서류 등(수리 개시 전 자동차점검·정비견적서, 사진 등. 이 경우 수리 개시 전 자동차점검·정비견적서의 발급 등에 관한 사항은 보험회사에 구두 또는 서면으로 위임할 수 있으며, 보험회사는 수리 개시 전 자동차점검·정비견적서를 발급한 자동차 정비업자에게 이에 대한 검토의견서를 수리 개시 전에 회신하게 된다.)	○	○	○	○	○

③ 가지급금의 지급

㉠ 피보험자가 가지급금을 청구한 경우 보험회사는 이 약관에 따라 지급할 금액의

한도에서 가지급금(자동차보험 진료수가는 전액, 진료수가 이외의 보험금은 이 약관에 따라 지급할 금액의 50%)을 지급한다.

ⓛ 보험회사는 가지급금 청구에 관한 서류를 받았을 때에는 지체 없이 지급할 가지급액을 정하고 그 정하여진 날부터 7일 이내에 지급한다.

ⓒ 보험회사가 정당한 사유 없이 가지급액을 정하는 것을 지연하거나 ⓛ에서 정하는 지급기일 내에 가지급금을 지급하지 않았을 때, 지급할 가지급금이 있는 경우에는 그 다음날부터 지급일까지의 기간에 대하여 보험개발원이 공시한 보험계약대출이율을 연단위 복리로 계산한 금액을 가지급금에 더하여 준다.

ⓔ 보험회사가 가지급금 청구에 관한 서류를 받은 때부터 10일 이내에 피보험자에게 가지급금을 지급하는 것을 거절하는 이유 또는 그 지급을 연기하는 이유(추가 조사가 필요한 때에는 확인이 필요한 사항과 확인이 종료되는 시기를 포함)를 서면(전자우편 등 서면에 갈음할 수 있는 통신수단을 포함)으로 통지하지 않는 경우, 정당한 사유 없이 가지급액을 정하는 것을 지연한 것으로 본다.

ⓜ 보험회사는 이 약관상 보험회사의 보험금 지급책임이 발생하지 않는 것이 객관적으로 명백할 경우에 가지급금을 지급하지 않을 수 있다.

ⓗ 피보험자에게 지급한 가지급금은 장래 지급될 보험금에서 공제되나, 최종적인 보험금의 결정에는 영향을 미치지 않는다.

ⓢ 피보험자가 가지급금을 청구할 때는 보험금을 청구하는 경우와 동일하게 제출서류에서 정하는 서류 등을 보험회사에 제출하여야 한다.

(2) 손해배상청구권자의 직접 청구

① 손해배상을 청구할 수 있는 경우

피보험자가 법률상의 손해배상책임을 지는 사고가 생긴 경우, 손해배상청구권자는 보험회사에 직접 손해배상금을 청구할 수 있다. 다만 보험회사는 피보험자가 그 사고에 관하여 가지는 항변으로 손해배상청구권자에게 대항할 수 있다.

② 청구 절차 및 유의사항

ⓞ 보험회사가 손해배상청구권자의 청구를 받았을 때에는 지체 없이 피보험자에게 통지한다. 이 경우 피보험자는 보험회사의 요청에 따라 증거확보, 권리보전

등에 협력하여야 하며, 만일 피보험자가 정당한 이유없이 협력하지 않은 경우 그로 인하여 늘어난 손해에 대하여는 보상하지 않는다.

ⓒ 보험회사가 손해배상청구권자에게 지급하는 손해배상금은 이 약관에 의하여 보험회사가 피보험자에게 지급책임을 지는 금액을 한도로 한다.

ⓒ 보험회사가 손해배상청구권자에게 손해배상금을 직접 지급할 때에는 그 금액의 한도에서 피보험자에게 보험금을 지급하는 것으로 한다.

ⓔ 보험회사는 손해배상청구에 관한 서류 등을 받았을 때에는 지체 없이 지급할 손해배상액을 정하고 그 정하여진 날부터 7일 이내에 지급한다.

ⓜ 보험회사가 정당한 사유 없이 손해배상액을 정하는 것을 지연하였거나 ⓔ에서 정하는 지급기일 내에 손해배상금을 지급하지 않았을 때, 지급할 손해배상금이 있는 경우에는 그 다음날부터 지급일까지의 기간에 대하여 보험개발원이 공시한 보험계약대출이율에 따라 연 단위 복리로 계산한 금액을 손해배상금에 더한다. 그러나 손해배상청구권자의 책임 있는 사유로 지급이 지연될 때에는 그 해당기간에 대한 이자를 더하지 않는다.

ⓗ 보험회사가 손해배상 청구에 관한 서류를 받은 때부터 30일 이내에 손해배상청구권자에게 손해배상금을 지급하는 것을 거절하는 이유 또는 그 지급을 연기하는 이유(추가 조사가 필요한 때에는 확인이 필요한 사항과 확인이 종료되는 시기를 포함)를 서면(전자우편 등 서면에 갈음할 수 있는 통신수단을 포함)으로 통지하지 않는 경우, 정당한 사유 없이 손해배상액을 정하는 것을 지연한 것으로 본다.

ⓐ 보험회사는 손해배상청구권자의 요청이 있을 때는 손해배상액을 일정기간으로 정하여 정기금으로 지급할 수 있다. 이 경우 각 정기금의 지급기일의 다음 날부터 다 지급하는 날까지의 기간에 대하여 보험개발원이 공시한 정기예금이율에 따라 연 단위 복리로 계산한 금액을 손해배상금에 더한다.

③ 제출 서류 : 손해배상청구권자는 보장종목별로 다음의 서류 등을 구비하여 보험회사에 손해배상을 청구하여야 한다.

손해배상청구권자가 직접 청구하는 경우 필요 서류 등	대인배상 I · II	대물배상
1. 교통사고 발생사실을 확인할 수 있는 서류	○	○
2. 손해배상청구서	○	○
3. 손해액을 증명하는 서류	○	○
4. 그 밖에 보험회사가 꼭 필요하여 요청하는 서류 등(수리 개시 전 자동차점검 · 정비견적서, 사진 등. 이 경우 수리 개시 전 자동차점검 · 정비견적서의 발급 등에 관한 사항은 보험회사에 구두 또는 서면으로 위임할 수 있으며, 보험회사는 수리 개시 전 자동차점검 · 정비견적서를 발급한 자동차 정비업자에게 이에 대한 검토의견서를 수리개시 전에 회신하게 된다.)	○	○

④ 가지급금의 지급

    ㉠ 손해배상청구권자가 가지급금을 청구한 경우 보험회사는 '자동차손해배상보장법' 또는 '교통사고처리특례법' 등에 의해 이 약관에 따라 지급할 금액의 한도에서 가지급금(자동차보험 진료수가는 전액, 진료수가 이외의 손해배상금은 이 약관에 따라 지급할 금액의 50%)을 지급한다.

    ㉡ 보험회사는 가지급금 청구에 관한 서류 등을 받았을 때에는 지체 없이 지급할 가지급액을 정하고 그 정하여진 날부터 7일 이내에 지급한다.

    ㉢ 보험회사가 정당한 사유 없이 가지급액을 정하는 것을 지연하거나 ㉡에서 정한 지급기일 내에 가지급금을 지급하지 않았을 때에는, 지급할 가지급금이 있는 경우 그 다음날부터 지급일까지의 기간에 대하여 보험개발원이 공시한 보험계약대출이율에 따라 연 단위 복리로 계산한 금액을 가지급금에 더한다.

    ㉣ 보험회사가 가지급금 청구에 관한 서류를 받은 때부터 10일 이내에 손해배상청구권자에게 가지급금을 지급하는 것을 거절하는 이유 또는 그 지급을 연기하는 이유(추가 조사가 필요한 때에는 확인이 필요한 사항과 확인이 종료되는 시기를 포함)를 서면(전자우편 등 서면에 갈음할 수 있는 통신수단을 포함)으로 통지하지 않는 경우, 정당한 사유 없이 가지급액을 정하는 것을 지연한 것으로 본다.

    ㉤ 보험회사는 '자동차손해배상보장법' 등 관련 법령상 피보험자의 손해배상책임이

발생하지 않거나 이 약관상 보험회사의 보험금 지급책임이 발생하지 않는 것이 객관적으로 명백할 경우에는 가지급금을 지급하지 아니할 수 있다.

ⓑ 손해배상청구권자에게 지급한 가지급금은 장래 지급될 손해배상액에서 공제되나, 최종적인 손해배상액의 결정에는 영향을 미치지 않는다.

ⓢ 손해배상청구권자가 가지급금을 청구할 때는 손해배상을 청구하는 경우와 동일하게 제출 서류에 정한 서류 등을 보험회사에 제출하여야 한다.

6) 보험금의 분담

'대인배상Ⅰ·Ⅱ', '대물배상', '무보험자동차에 의한 상해', '자기신체사고', '자기차량손해'에서는 다음과 같이 보험금을 분담한다.

① 이 보험계약과 보상책임의 전부 또는 일부가 중복되는 다른 보험계약(공제계약을 포함)이 있는 경우 : 다른 보험계약이 없는 것으로 가정하여 각각의 보험회사에 가입된 자동차 보험계약에 의해 산출한 보상책임액의 합계액이 손해액보다 많을 때에는 다음의 산식에 따라 산출한 보험금을 지급한다.

$$\text{손해액} \times \frac{\text{이 보험계약에 의해 산출한 보상책임액}}{\begin{array}{c}\text{다른 보험계약이 없는 것으로 하여 각 보험계약에}\\\text{의해 산출한 보험책임액의 합계액}\end{array}}$$

② 이 보험계약의 '대인배상Ⅰ', '대인배상Ⅱ', '대물배상'에서 동일한 사고로 인하여 이 보험계약에서 배상책임이 있는 피보험자가 둘 이상 있는 경우에는 지급보험금의 계산에 의한 보상한도와 범위에 따른 보험금을 각 피보험자의 배상책임의 비율에 따라 분담하여 지급한다.

③ ① 또는 ②의 규정에도 불구하고 대리운전업자(대리운전자를 포함)가 가입한 보험계약에서 보험금이 지급될 수 있는 경우에는 그 보험금을 초과하는 손해를 보상한다.

7) 보험회사의 대위

① 보험회사가 피보험자 또는 손해배상청구권자에게 보험금 또는 손해배상금을 지급한 경우에는 지급한 보험금 또는 손해배상금의 범위에서 제3자에 대한 피보험자의 권리를 취득한다. 다만, 보험회사가 보상한 금액이 피보험자의 손해의 일부를 보상한 경우에는 피보험자의 권리를 침해하지 않는 범위에서 그 권리를 취득한다.

② 보험회사는 다음의 권리는 취득하지 않는다.
　㉠ '자기신체사고'의 경우 제3자에 대한 피보험자의 권리. 다만, 보험금을 '대인 배상, 무보험자동차에 의한 상해 지급기준'에 의해 지급할 때는 피보험자의 권리를 취득한다.
　㉡ '자기차량손해'의 경우 피보험자동차를 정당한 권리에 따라 사용하거나 관리하던 자에 대한 피보험자의 권리. 다만, 다음의 경우에는 피보험자의 권리를 취득한다.
　　㉮ 고의로 사고를 낸 경우, 무면허운전이나 음주운전을 하던 중에 사고를 낸 경우, 또는 마약 또는 약물 등의 영향으로 정상적인 운전을 하지 못할 우려가 있는 상태에서 운전을 하던 중에 사고를 낸 경우
　　㉯ 자동차 취급업자가 업무로 위탁받은 피보험자동차를 사용하거나 관리하는 동안에 사고를 낸 경우

8) 보험회사의 불성실행위로 인한 손해배상책임

보험회사는 보험계약과 관련하여 임직원, 보험설계사, 보험대리점의 책임 있는 사유로 인하여 보험계약자 및 피보험자에게 발생된 손해에 대하여 관계법률 등에서 정한 바에 따라 손해배상책임을 진다.

9) 보험계약의 성립

① 이 보험계약은 보험계약자가 청약을 하고 보험회사가 승낙을 하면 성립한다. 보험계약자가 청약을 할 때 '제1회 보험료(보험료를 분납하기로 약정한 경우)' 또는 '보험료 전액(보험료를 일시에 지급하기로 약정한 경우)'(이하 '제1회 보험료 등'이라

함)을 지급하였을 때, 보험회사가 이를 받은 날부터 15일 이내에 승낙 또는 거절의 통지를 발송하지 않으면 승낙한 것으로 본다.

② 보험회사가 청약을 승낙했을 때에는 지체 없이 보험증권을 보험계약자에게 주도록 한다. 그러나 보험계약자가 제1회 보험료 등을 지급하지 않은 경우에는 그러하지 아니하다.

③ 보험계약이 성립되면 보험회사는 보험기간의 첫 날부터 보상책임을 진다(동법 제42조(보험기간). 다만, 보험계약자로부터 제1회 보험료 등을 받은 경우에는, 그 이후 승낙 전에 발생한 사고에 대해서도 청약을 거절할 사유가 없는 한 보상한다.

10) 약관의 교부의무 및 설명의무

보험회사는 보험계약자가 청약을 한 경우 보험계약자에게 약관 및 보험계약자 보관용 청약서(청약서 부본)를 교부하고 약관의 중요한 내용을 설명해줘야 한다.

다음 중 어느 하나에 해당하는 경우 보험계약자는 계약체결일부터 1개월 이내에 계약을 취소할 수 있다(다만, 의무보험은 제외)

① 보험계약자가 청약을 했을 때 보험회사가 보험계약자에게 약관 및 보험계약자 보관용 청약서(청약서 부본)를 교부하지 않은 경우

② 보험계약자가 청약을 했을 때 보험회사가 청약 시 보험계약자에게 약관의 중요한 내용을 설명하지 않은 경우

③ 보험계약자가 보험계약을 체결할 때 청약서에 자필서명을 하지 않은 경우

11) 보험안내자료의 효력

보험회사가 보험모집과정에서 제작·사용한 보험안내자료(서류·사진·도화 등 모든 안내자료 포함)의 내용이 보험약관의 내용과 다른 경우에는 보험계약자에게 유리한 내용으로 보험계약이 성립된 것으로 본다.

12) 청약의 철회

① 보험계약자는 보험증권을 받은 날부터 15일 이내에 보험계약의 청약을 철회할 수 있다. 다음 중 어느 하나에 해당하는 경우에는 보험계약의 청약을 철회할 수 없다.

㉠ 전문보험계약자가 보험계약의 청약을 한 경우

　　㉡ 청약한 날로부터 30일이 지난 경우

　　㉢ 의무보험에 해당하는 보험계약

　　㉣ 보험기간이 1년 미만인 보험계약

② 보험회사는 보험계약자의 청약의 철회를 접수한 날부터 3일 이내에 받은 보험료를 보험계약자에게 돌려줘야 한다.

③ 청약을 철회할 당시에 이미 보험사고가 발생하였으나 보험계약자가 보험사고가 발생한 사실을 알지 못한 경우에는 청약 철회의 효력은 발생하지 않는다.

13) 보험기간

구 분	보험기간
1. 원칙	보험증권에 기재된 보험기간의 첫날 24시부터 마지막 날 24시까지. 다만, 의무보험(책임공제를 포함)의 경우 전(前) 계약의 보험기간과 중복되는 경우에는 전 계약의 보험기간이 끝나는 시점부터 시작한다.
2. 예외 : 자동차보험에 처음 가입하는 자동차[26] 및 의무보험	보험료를 받은 때부터 마지막 날 24시까지. 다만, 보험증권에 기재된 보험기간 이전에 보험료를 받았을 경우에는 그 보험기간의 첫날 0시부터 시작한다.

14) 계약 전 알릴 의무

① 보험계약자는 청약을 할 때 다음의 사항에 관해서 알고 있는 사실을 보험회사에 알려야 하며, ㉢호의 경우에는 기명피보험자의 동의가 필요하다.

　　㉠ 피보험자동차의 검사에 관한 사항

　　㉡ 피보험자동차의 용도, 차종, 등록번호(이에 준하는 번호도 포함하며 이하 같음), 차명, 연식, 적재정량, 구조 등 피보험자동차에 관한 사항

---

26) '자동차보험에 처음 가입하는 자동차'라 함은 자동차 판매업자 또는 그 밖의 양도인 등으로부터 매수인 또는 양수인에게 인도된 날부터 10일 이내에 처음으로 그 매수인 또는 양수인을 기명피보험자로 하는 자동차보험에 가입하는 신차 또는 중고차를 말한다. 다만, 피보험자동차의 양도인이 맺은 보험계약을 양수인이 승계한 후 그 보험기간이 종료되어 이 보험계약을 맺은 경우를 제외한다.

ⓒ 기명피보험자의 성명, 연령 등에 관한 사항

ⓡ 그 밖에 보험청약서에 기재된 사항 중에서 보험료의 계산에 영향을 미치는 사항

② 보험회사는 이 보험계약을 맺은 후 보험계약자가 계약 전 알릴 의무를 위반한 사실이 확인되었을 때에는 추가보험료를 더 내도록 청구하거나, 해지할 수 있다.

③ 보험계약자는 보험계약을 맺은 후 다음의 사실이 생긴 것을 알았을 때에는 지체 없이 보험회사에 그 사실을 알리고 승인을 받아야 한다. 이 경우 그 사실에 따라 보험료가 변경되는 때에는 보험회사는 보험료를 더 받거나 돌려주고 계약을 승인하거나, 해지할 수 있다.

ⓖ 용도, 차종, 등록번호, 적재정량, 구조 등 피보험자동차에 관한 사항이 변경된 사실

ⓛ 피보험자동차에 화약류, 고압가스, 폭발물, 인화물 등 위험물을 싣게 된 사실

ⓒ 그 밖에 위험이 뚜렷이 증가하는 사실이나 적용할 보험료에 차이가 발생한 사실

④ 보험계약자는 보험증권에 기재된 주소 또는 연락처가 변경된 때에는 지체 없이 보험회사에 알려야 한다. 보험계약자가 이를 알리지 않으면 보험회사가 알고 있는 최근의 주소로 알리게 되므로 불이익을 당할 수 있다.

15) 사고 발생시의 의무

보험계약자 또는 피보험자는 사고가 생긴 것을 알았을 때에는 다음의 사항을 이행하여야 한다.

① 지체 없이 손해의 방지와 경감에 힘쓰고, 다른 사람으로부터 손해배상을 받을 수 있는 권리가 있는 경우에는 그 권리(공동불법행위에서 연대채무자 상호간의 구상권 포함)의 보전과 행사에 필요한 절차를 밟아야 한다.

② 다음 사항을 보험회사에 지체 없이 알려야 한다.

ⓖ 사고가 발생한 때, 곳, 상황 및 손해의 정도

ⓛ 피해자 및 가해자의 성명, 주소, 전화번호

ⓒ 사고에 대한 증인이 있을 때에는 그의 성명, 주소, 전화번호

ⓡ 손해배상의 청구를 받은 때에는 그 내용

③ 손해배상의 청구를 받은 경우에는 미리 보험회사의 동의 없이 그 전부 또는 일부를 합의하여서는 아니 된다. 그러나 피해자의 응급치료, 호송 그 밖의 긴급조치는 보험회사의 동의가 필요하지 않다.

④ 손해배상 청구소송을 제기하려고 할 때 또는 제기 당한 때에는 지체 없이 보험회사에 알려야 한다.

⑤ 피보험자동차를 도난당하였을 때에는 지체 없이 그 사실을 경찰관서에 신고하여야 한다.

⑥ 보험회사가 사고를 증명하는 서류 등 꼭 필요하다고 인정하는 자료를 요구한 경우에는 지체 없이 이를 제출하여야 하며, 또한 보험회사가 사고에 관해 조사하는데 협력하여야 한다.

16) 보험계약 내용의 변경

보험계약자는 의무보험을 제외하고는 보험회사의 승낙을 얻어 다음에 정한 사항을 변경할 수 있다. 이 경우 승낙을 서면 등으로 알리거나 보험증권의 뒷면에 기재하여 준다.

① 보험계약자. 다만, 보험계약자가 이 보험계약의 권리·의무를 피보험자동차의 양수인에게 이전함에 따라 보험계약자가 변경되는 경우에는 피보험자동차의 양도(동법 제48조) 규정에 따른다.

② 보험가입금액, 특별약관 등 그 밖의 계약의 내용

17) 피보험자동차의 양도

① 보험계약자 또는 기명피보험자가 보험기간 중에 피보험자동차를 양도한 경우에는 이 보험계약으로 인하여 생긴 보험계약자 및 피보험자의 권리와 의무는 피보험자동차의 양수인에게 승계되지 않는다. 그러나 보험계약자가 이 권리와 의무를 양수인에게 이전하고자 한다는 뜻을 서면 등으로 보험회사에 통지하여 보험회사가 승인한 경우에는 그 승인한 때부터 양수인에 대하여 이 보험계약을 적용한다.

② 보험회사가 ①에 의한 보험계약자의 통지를 받은 날부터 10일 이내에 승인 여부를 보험계약자에게 통지하지 않으면, 그 10일이 되는 날의 다음 날 0시에 승인한 것

으로 본다.

17) 피보험자동차의 교체

① 보험계약자 또는 기명피보험자가 보험기간 중에 기존의 피보험자동차를 폐차 또는 양도한 다음 그 자동차와 동일한 차종의 다른 자동차로 교체한 경우에는, 보험계약자가 이 보험계약을 교체된 자동차에 승계시키고자 한다는 뜻을 서면 등으로 보험회사에 통지하여 보험회사가 승인한 때부터 이 보험계약이 교체된 자동차에 적용된다.

② 보험회사가 서면 등의 방법으로 통지를 받은 날부터 10일 이내에 ①에 의한 승인 여부를 보험계약자에게 통지하지 않으면, 그 10일이 되는 날의 다음 날 0시에 승인한 것으로 본다.

18) 보험계약의 취소

보험회사가 보험계약자 또는 피보험자의 사기에 의해 보험계약이 체결된 것을 증명한 경우에는, 보험회사는 보험기간이 시작된 날부터 6개월 이내(사기 사실을 안 날부터는 1개월 이내)에 계약을 취소할 수 있다.

19) 보험계약의 효력 상실

보험회사가 파산선고를 받은 날부터 보험계약자가 보험계약을 해지하지 않고 3월이 경과하는 경우에는 보험계약이 효력을 상실한다.

20) 보험계약자의 보험계약 해지·해제

보험계약자는 언제든지 임의로 보험계약의 일부 또는 전부를 해지할 수 있다. 다만, 의무보험은 특정한 경우에만 해지할 수 있다.

21) 보험회사의 보험계약 해지

보험회사는 다음에 해당하는 경우가 발생하였을 때에는 그 사실을 안 날부터 1월 이내에 보험계약을 해지할 수 있다. 다만, 이 계약해지는 의무보험에 대해서는 적용되지 아니한다.

① 보험계약자가 보험계약을 맺을 때 고의 또는 중대한 과실로 계약 전 알릴 의무(동법 제44조 제1항)의 사항에 관하여 알고 있는 사실을 알리지 않거나 사실과 다르게 알린 경우. 다만, 다음 중 어느 하나에 해당하는 경우에는 보험회사는 보험계약을 해지하지 못한다.

  ㉠ 보험계약을 맺은 때에 보험회사가 보험계약자가 알려야 할 사실을 알고 있었거나 과실로 알지 못하였을 때

  ㉡ 보험계약자가 보험금을 지급할 사고가 발생하기 전에 보험청약서의 기재사항에 대하여 서면으로 변경을 신청하여 보험회사가 이를 승인하였을 때

  ㉢ 보험회사가 보험계약을 맺은 날부터 보험계약을 해지하지 않고 6개월이 경과한 때

  ㉣ 보험을 모집한 자('보험설계사 등')가 보험계약자 또는 피보험자에게 계약전 알릴 의무를 이행할 기회를 부여하지 아니하였거나 보험계약자 또는 피보험자가 사실대로 알리는 것을 방해한 경우, 또는 보험계약자 또는 피보험자에 대해 사실대로 알리지 않게 하였거나 부실하게 알리도록 권유했을 때. 다만, 보험 설계사 등의 행위가 없었다 하더라도 보험계약자 또는 피보험자가 사실대로 알리지 않거나 부실하게 알린 것으로 인정되는 경우에는 그러하지 아니다.

  ㉤ 보험계약자가 알려야 할 사항이 보험회사가 위험을 측정하는 데 관련이 없을 때 또는 적용할 보험료에 차액이 생기지 않은 때

② 보험계약자가 보험계약을 맺은 후에 계약 후 알릴 의무(동법 제45조 제1항)에서 정한 사실이 생긴 것을 알았음에도 불구하고 지체 없이 알리지 않거나 사실과 다르게 알린 경우. 다만, 보험계약자가 알려야 할 사실이 뚜렷하게 위험을 증가시킨 것이 아닌 때에는 보험회사가 보험계약을 해지하지 못한다.

③ 보험계약자가 정당한 이유 없이 법령에 정한 자동차검사를 받지 않은 경우 등

④ 보험금의 청구에 관하여 보험계약자, 피보험자, 보험금을 수령하는 자 또는 이들의 법정대리인의 사기행위가 발생한 경우 등

찾 아 보 기

【한글】

공저자 약력

▼ 오영환

- 연세대학교 법학과(학사, 석사, 박사, 증권거래법 전공)
- 증권감독원 조사부(현 금융감독원) 근무
- 메리츠증권(주) (인사)총무부 근무
- 현재 수원과학대학교 교수

▼ 박구용

- 서울대학교 경영학사
- 한국방송통신대학교 이학석사(정보통신, 금융 IT 전공)
- University of North Carolina, Visiting Scholar(전자금융, 금융 IT 연구)
- 한국은행 자금부, 금융결제국 등 근무
- 현재 수원대학교 증권금융과 조교수

▼ 윤명수

- 한국외국어대학교 문학사
- 연세대학교 경영대학원 경영학 석사(증권분석 전공)
- 증권감독원 검사3국, 재무관리국, 시장관리실, 지도평가국 근무
  선물시장과장 역임(1983~1999.12.)
- 금융감독원 은행검사 3국, 증권검사국, 비은행검사 1국, 자산운용검사국
  분쟁조정국 수석조사역 근무(2000.1.~2011.11.)
- 전 안산대학교 금융정보과 강사
- 현재 수원과학대학교 증권금융과, 교양과 강사

최신
금융법

2017년 3월 10일 제1판제1인쇄
2017년 3월 15일 제1판제1발행

공저자 오영환 · 박구용 · 윤명수
발행인 나 영 찬

발행처 **MJ미디어**

서울특별시 동대문구 천호대로 4길 16(신설동 104-29)
전 화 : 2234-9703/2235-0791/2238-7744
FAX : 2252-4559
등 록 : 1993. 9. 4. 제6-0148호

정가 20,000원